월 20달러로 고용하는
AI 변호사
with 챗GPT

누구나 프로처럼, 생활 AI
월 20달러로 고용하는 AI 변호사 with 챗GPT
계약서, 고소장, 판결문 분석까지 법률 상담이 난생처음이라면

초판 1쇄 발행 2024년 7월 22일
초판 2쇄 발행 2025년 1월 28일

지은이 김덕은 / **펴낸이** 전태호
펴낸곳 한빛미디어(주) / **주소** 서울시 서대문구 연희로2길 62 한빛미디어(주) IT출판2부
전화 02-325-5544 / **팩스** 02-336-7124
등록 1999년 6월 24일 제25100-2017-000058호 / **ISBN** 979-11-6921-268-7 93000

총괄 송경석 / **책임편집** 홍성신 / **기획 · 편집** 이희영 / **교정** 임수정
디자인 표지 윤혜원 내지 최연희 / **전산편집** 다인
영업 김형진, 장경환, 조유미 / **마케팅** 박상용, 한종진, 이행은, 김선아, 고광일, 성화정, 김한솔 / **제작** 박성우, 김정우

이 책에 대한 의견이나 오탈자 및 잘못된 내용은 출판사 홈페이지나 아래 이메일로 알려주십시오.
파본은 구매처에서 교환하실 수 있습니다. 책값은 뒤표지에 표시되어 있습니다.

한빛미디어 홈페이지 www.hanbit.co.kr / 이메일 ask@hanbit.co.kr

지금 하지 않으면 할 수 없는 일이 있습니다.
책으로 펴내고 싶은 아이디어나 원고를 메일(writer@hanbit.co.kr)로 보내주세요.
한빛미디어(주)는 여러분의 소중한 경험과 지식을 기다리고 있습니다.

월 20달러로 고용하는
AI 변호사
with 챗GPT

김덕은 지음

IB 한빛미디어
Hanbit Media, Inc.

들어가며

영화 〈터미네이터〉는 인공지능이 인간을 지배하는 암울한 미래를 그려낸 작품입니다. 1984년 첫 개봉한 이 영화는 '스카이넷'이라는 자율 인공지능 시스템이 인간을 위협하는 이야기로, 많은 사람에게 강렬한 인상을 남겼습니다. 영화 속에서 인공지능 스카이넷은 자아를 가지게 되어 인간에 반란을 일으키고, 서기 2029년 핵전쟁을 일으켜 인류를 멸망의 위기로 몰아넣습니다. 스카이넷은 인류 저항군의 리더인 존 코너의 존재 자체를 없애기 위해 그의 어머니인 사라 코너를 제거하려고 터미네이터를 1984년의 로스앤젤레스로 보냅니다. 〈터미네이터 2〉에서는 미래를 바꾸기 위해 존 코너와 사라 코너가 스카이넷의 탄생을 막기위해 인공지능의 핵심 부품인 칩과 로봇 팔을 제거하려는 여정을 그립니다.

이제 이 스토리는 단순한 공상 과학이 아니라 현실에서 벌어지고 있는 인공지능의 발전과 맞물려 더 이상 먼 미래의 일이 아닌 것처럼 느껴집니다. 실제 연구자들은 스카이넷이 핵전쟁을 일으킨 2029년보다 빨리 인공지능이 인간을 뛰어넘을 것이라 예측하고 있습니다. 우리는 인공지능이 인간의 지적 능력을 넘어서는 시대를 눈앞에 두고 있는 셈입니다.

이런 상황에 AI 부머와 AI 두머가 부딪히고 있습니다. 'AI 부머'는 인공지능이 가져올 긍정적인 변화와 혁신을 강조합니다. 그들은 인공지능이 의료, 교육, 법률 등 다양한 분야에서 인간의 삶을 획기적으로 개선할 수 있다고 믿습니다. AI가 시간만 소모하는 반복 업무를 대신하면서 인간은 보다 창의적이고 의미 있는 일에 집중할 수 있는 환경을 만들 것이라는 기대가 큽니다. 이들은 인공 지능의 발전이 경제 성장과 사회 발전을 촉진할 것이라고 주장합니다.

반면, 'AI 두머'는 인공지능의 위험성과 윤리적 문제를 우려합니다. 그들은 인 공지능이 인간의 통제를 벗어나거나 악의적인 용도로 사용될 가능성에 대해 경고합니다. 특히, 인간의 일자리 대체, 프라이버시 침해, 편향된 의사결정 등 여러 문제를 초래할 수 있다고 지적합니다. AI 두머는 인공지능의 발전이 인 류에게 재앙을 초래할 수 있으며, 이에 대한 규제와 통제가 반드시 필요하다고 주장합니다.

저는 컴맹에 가까운 변호사로서 이러한 변화에 큰 충격을 받았습니다. 특히, 챗GPT의 능력을 접하면서 인공지능의 발전이 얼마나 빠르게 이루어지고 있 는지 실감하게 되었습니다. 처음 챗GPT를 사용했을 때, 그 능력에 경악하 지 않을 수 없었습니다. 법률 문서를 분석하고 작성하는 것부터 자문까지, 챗 GPT는 다양한 법률 분야 업무를 빠르고 정확하게 처리할 수 있습니다. 이러 한 기술은 단순히 시간을 절약하는 것을 넘어서 법률 서비스의 질을 향상시키 는 데 큰 역할을 하고 있습니다.

대형 로펌들은 이미 AI 시대를 대비하고 있습니다. AI를 활용한 법률 서비스 는 효율성을 극대화하며, 이는 곧 변호사의 역할에도 큰 변화를 요구하고 있습 니다. 전통적으로 변호사들은 보수적인 편으로, 새로운 기술이나 문명의 이기를 받아들이는 속도가 느립니다. 그러나 이러한 변화에 적응하지 못하면 경쟁에서 뒤처질 수밖에 없습니다. 변호사들이 이러한 변화에 적응하고 준비하는 것은 단순히 생존의 문제가 아닙니다. 이는 우리가 제공하는 법률 서비스의 질을 높이고, 의뢰인들에게 더 나은 법적 조언과 지원을 제공하기 위한 필수적인 과정입니다. 이 책을 통해 변호사들도 AI와 공존하며 더욱 나은 법률 서비스를 제공할 수 있는 방법을 모색하고, 이를 도구로 활용할 수 있는 기회가 되었으면 합니다.

〈터미네이터〉의 시대가 현실로 다가오고 있습니다. 우리가 이 변화를 어떻게 받아들이고 준비하느냐에 따라 미래는 크게 달라질 것입니다. 지금 이 순간부터 우리는 AI 시대를 준비해야 합니다. 이 책이 AI와 공존하는 법률 환경을 이해하고 준비하는 데 도움이 되길 바랍니다.

컴맹에 가까운 제가 IT 관련 책을 쓰다 보니 많은 부분에서 어려움이 있었습니다. 그럼에도 불구하고 편집자 분들이 주말까지도 책을 교정 보며 노력해 주어서, 이 책이 예정된 기간에 완성도 높게 출간될 수 있었습니다. 이 자리를 빌려 애써 주신 편집자 분들게 큰 감사를 드립니다. 감사합니다.

– 김덕은

이 책의 구성

인공지능Artificial Intelligence, AI은 인간의 지능을 모방하여 다양한 작업을 수행할 수 있는 기술로, 이미 여러 분야에서 혁신적인 변화를 가져오고 있습니다. 의료 분야에서는 질병 진단과 치료 계획 수립에 도움을 주고, 금융 분야에서는 투자 전략 분석과 사기 탐지에 활용하고 있습니다. 제조업에서는 자동화된 생산 공정을 가능하게 하고, 교육 분야에서는 개인 맞춤형 학습 경험을 제공하고 있습니다. 특히 챗GPT와 같은 최신 인공지능 기술은 법률 업무에서도 그 잠재력을 발휘해 활용 가능성이 점점 커지고 있습니다.

이 책은 빠르게 변화하는 법률 시장에서 인공지능이 어떤 역할을 할 수 있는지 그리고 법률 업무를 어떻게 혁신할 수 있는지, 비전문가는 챗GPT를 활용하여 어떤 법률 서비스를 받을 수 있는지에 대한 실질적인 방법을 제시합니다.

이 책은 4개의 파트, 14개의 챕터로 구성되어 있습니다. 먼저 **PART 1 인공지능 시대를 사는 변호사**에서는 챗GPT의 정의와 기본 내용, 기술의 발전에 대해 소개를 합니다. 더불어 인공지능이 법률 시장에 미치는 영향, 법률 분야에서 인공지능 활용 사례를 살펴봅니다. 이어서 **PART 2 챗GPT와 첫 만남**에서는 챗 GPT의 가입 및 사용법과 챗GPT에게서 효율적인 답변을 받을 수 있는 프롬프트 입력 방법을 다룹니다.

PART 3 챗GPT 변호사와 협업하기에서는 본격적으로 법률 서비스에 챗GPT를 활용하는 방법에 대해 서술합니다. GPTs를 활용하는 방법은 물론이고 내용증명, 판결문 분석, 고소장 작성과 같이 누구나 일상에서 마주할 수 있는 법률 관련 문제를 챗GPT에게 자문을 구하고 과정을 이해할 수 있도록 구성했습니다. 마지막으로 **PART 4 법률 분야에서 챗GPT의 한계와 미래**에서는 챗GPT가 법률 분야에서 혁신적인 도구로서 큰 잠재력을 가지고 있지만 복잡한 법률 해석, 맥락의 이해, 실시간 업데이트, 잘못된 조언, 할루시네이션 등 한계도 있음을 지적합니다. 그와 동시에 챗GPT를 활용하여 업무 효율성을 높이고 보다 정확하고 신속한 법률 조언을 제공하는 방법을 안내합니다.

비전문가들에게 여전히 문턱이 높은 법률이란 분야에 챗GPT와 같은 인공지능 도구를 활용하면 누구나 스스로 법률 문제를 해결하는 데 큰 도움을 받을 수 있으므로 접근성은 높이고 비용과 시간은 낮출 수 있습니다. 기업 입장에서도 챗GPT를 활용하여 실시간으로 법률 조언을 받을 수 있어 필요한 정보를 빠르게 얻을 수 있습니다. 이렇게 얻은 기초적인 법률 정보를 바탕으로 변호사에게 더욱 구체적이고 실질적인 자문을 구할 수 있습니다. 챗GPT의 법률 조언은 시간과 비용을 절약하고 기업의 해결 과정을 보다 원활하게 만듭니다.

이 책은 챗GPT를 활용하여 법률 문제를 효율적으로 해결하고 리스크를 관리하며 법률 서비스를 보다 효과적으로 활용할 수 있도록 돕는 가이드가 될 것입니다.

목차

PART 1 인공지능 시대를 사는 변호사

Chapter 01 인공지능과 법률 시장의 변화

PART 2 챗GPT와 첫 만남

Chapter 02 챗GPT 개론

Chapter 03 챗GPT 입문하기

Chapter 04 챗GPT 프롬프트 가이드

PART 3 챗GPT 변호사와 협업하기

Chapter 05 챗GPT를 활용한 AI 변호사 만들기

Chapter 06 GPTs를 활용한 법률 상담받기

Chapter 07 내용증명 작성하기

PART 4 **법률 분야에서 챗GPT의 한계와 미래**

인공지능 시대를 사는 변호사

Chapter 01

인공지능과 법률 시장의 변화

Chapter 01에서는 인공지능이 법률 시장에 미치는 영향과 법률 분야에서 인공지능 기술 활용 사례를 다룹니다. 이 과정에서 변호사와 인공지능의 경쟁, 변호사와 판사의 역할을 인공지능이 대체할 가능성 그리고 미래에 인공지능이 법률 시장에서 미칠 영향에 대해 다룹니다. 더불어 법률 서비스의 제공 방식 변화, 법률 전문가의 역할 재정의, 의뢰인의 기대치 변화 등 인공지능의 도입으로 인한 법률 시장의 혁신과 도전 과제들을 살펴봅니다.

⚖️ 인공지능의 시대

2016년 3월 9일, 인공지능 역사에 한 획을 그은 바둑 대결이 벌어졌습니다. 구글 딥마인드의 인공지능 바둑 프로그램인 알파고와 세계적인 바둑 기사 이세돌 9단의 대국으로, 이는 인간의 지능과 기술이 맞붙은 중요한 순간으로 평가받습니다. 이 대결 전에도 인공지능은 여러 분야에서 인상적인 성과를 보였습니다. 1997년 IBM의 딥 블루는 체스에서 세계 챔피언 가리 카스파로프Garry Kimovich Kasparov를 이겼고, 같은 해 프린스턴 교외 NEC 연구소의 마이클 뷰로Michael Buro가 개발한 로지스텔로는 오델로 게임의 세계 챔피언을 꺾었습니다. 또한, IBM의 왓슨은 미국의 유명 퀴즈 프로그램 〈제퍼디!(Jeopardy!)〉에서 인간 챔피언들을 이기며 우승을 차지했습니다.

그러나 바둑은 그 복잡성과 전략적 깊이 때문에 인공지능이 정복하기 어려운 분야라 여겼고, 많은 바둑 전문가와 팬들은 인간이 바둑에서만은 우위를 차지할 것으로 믿었습니다. 실제로 대국 전 이세돌 9단은 자신이 알파고를 상대로 4대 1 혹은 완벽한 5대 0으로 이길 것이라고 자신감을 표출했습니다. 구글의 CEO 에릭 슈밋Eric Emerson Schmidt도 "누가 이기든 인류가 승리한다."라고 말하며 기술과 인간의 경쟁을 인류의 발전으로 해석했습니다.

알파고와 대국 중인 이세돌 9단(출처: 뉴시스)

그러나 알파고와 이세돌의 대국 결과는 예상을 뒤엎고 알파고가 4대 1로 승리하며 세계를 놀라게 했습니다. 이 대결은 인공지능이 인간의 창의력과 직관을 능가할지 모른다는 가능성을 심었고, 당시 미디어는 일제히 이세돌의 패배를 다루며 인간 대 인공지능의 새로운 시대가 도래했음을 선언했습니다. 이 사건은 인공지능 연구와 개발에 대한 관심을 크게 촉진시켰고 앞으로의 기술 발전에 대한 많은 논의를 불러일으켰습니다.

2022년 8월 미국 콜로라도주 주립 박람회에서 개최한 한 미술 대회의 디지털 아트 부문에서 주목할 만한 작품이 등장했습니다. 이 작품의 제목은 〈우주 오페라 극장(Theâtre D'opéra Spatial)〉. 제작자 제이슨 앨런Jason Allen이 미드저니라는 이미지 생성 AI를 사용해 완성한 작품이었습니다. 앨런은 미드저니Midjourney에 여러 단어와 문구를 입력하여 다양한 렌더링을 생성한 다음 그중 마음에 드는 이미지를 선정해 포토샵으로 세부 조정을 거쳐 캔버스에 인쇄했습니다.

콜로라도주 미술 대회에서 우승을 차지한 인공지능의 디지털 아트 〈우주 오페라 극장〉(출처: 위키피디아 'Théâtre d'opéra spatial')

인공지능의 창의성은 미술계뿐만 아니라 기술과 창조성의 교차점에 서 있는 모든 이에게 중요한 주제로 대두되고 있습니다. 2016년 일본에서는 인공지능 프로그램이 작성한 소설이 닛케이(니혼케이자이 신문사)가 주관한 문학상인 호시 신이치상의 1심을 통과하는 사건이 발생했습니다. 이 공모는 인간과 비인간 모두가 참여할 수 있도록 출품 제한을 개방해 인간의 창작 능력과 인공지능의 창작 가능성을 직접 비교할 수 있는 독특한 기회를 제공했습니다. 결선에 진출한 해당 소설은 인공지능과 인간이 협력하여 작성했으며 주제는 '자아 인식과 자율성에 대한 탐구'였습니다. 이 소설은 컴퓨터 프로그램이 자각을 얻고 스스로 소설을 쓰기 시작하는 과정을 상세하게 묘사하고 있습니다.

비록 대상을 수상하지는 못했지만, 심사위원들은 인공지능이 창조한 이야기의 구조와 표현 방식을 높이 평가했습니다. 이는 인공지능이 단순히 데이터를 처리하는 도구를 넘어 창의적인 분야에서도 인간과 경쟁할 수 있는 잠재력을 지니고 있음을 시사합니다. 그러나 동시에 인간 작가의 작품과 비교했을 때 감정의 깊이와 복잡성에서 한계를 보여 주기도 했습니다.

2023년, 스페인의 라코루냐에서 개최된 AI 송 콘테스트에서는 네덜란드의 Synthetic Beat Brigade 팀이 "How Would You Touch Me"라는 곡으로 우승을 차지하였습니다.

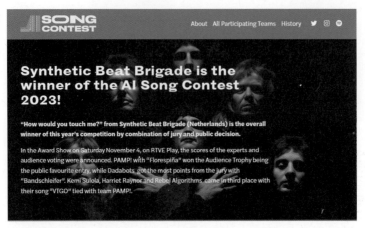

AI 송 콘테스트 공식 홈페이지(출처 : www.aisongcontest.com)

이 대회는 음악 창작 과정에서 인간과 인공지능의 창의적 결합 가능성을 탐구하고 보여 주는 데 중점을 두었으며, 참가자들은 인공지능을 활용하여 음악을 구상하고 멜로디를 발전시키는 도전을 펼쳤습니다. 우승 곡인 "How Would You Touch Me"는 전문가 평가단의 점수와 대중 투표를 합산해 선정되었으며 이 곡은 두 부문 모두에서 높은 평가를 받았습니다. 이 대회의 평가단은 인공지능이 창작한 음악이 인간의 감성을 얼마나 잘 표현하고, 듣는 이들에게 어떤 감동을 줄 수 있느냐에 평가 기준을 두었습니다. 이 곡은 독창적인 멜로디와 조화로운 하모니가 돋보였으며 인공지능과 인간의 협업이 만든 창작물로, 음악적 표현의 새로운 지평을 열었다는 평가를 받았습니다.

이는 인공지능 기술의 발전이 예술계에 어떤 차원을 더할 수 있는지를 보여 주는 사례로, 참가자와 청중 모두에게 깊은 인상을 남겼습니다. AI 송 콘테스트는 앞으로도 음악 창작의 새로운 가능성을 탐구하고 인공지능이 인간과 어떻게 더 깊이 협력할 수 있는지를 모색하는 중요한 장이 될 것입니다.

우리나라에서는 2024년 4월 3일 전남도교육청이 글로컬 미래교육박람회를 홍보하기 위해 마련한 박람회 주제곡 공모전에서 초등학교 교사가 인공지능 프로그램으로 만든 노래가 1위 곡에 뽑혔습니다. 이 곡은 AI 프로그램에 문자 명령을 여러 차례 입력해 작곡됐으며, 심사위원들도 심사과정에서 AI로 만들어진 노래인지 몰랐던 것으로 알려졌습니다. 공모전 심사위원이었던 김형석 작곡가는 "인공지능이 만들어 내는 창작물과 공존하는 시대에 작곡의 방향에 대한 고민이 깊어졌다"고 심사 소감을 밝혔습니다.

지금까지 살펴본 사례들은 음악 산업뿐만 아니라 창의적인 분야에서 인공지능의 역할이 점점 확대되고 있음을 보여 주고, 이제 인공지능을 단순히 도구가 아니라 파트너로서 어떻게 활용할 수 있는지에 대한 논의를 더욱 활성화시키고 있습니다. 그와 동시에 예술의 본질과 인공지능이 창작 과정에서 차지하는 역할에 대해 심도 깊은 토론을 촉발했습니다. 일부 예술가와 비평가들은 인공지능이 창작 과정을 자동화함으로써 전통적인 예술 기술을 약화시킬 수 있고, 이것이 인간 예술가의 가치를 저하시키며 직업적 기회를 위협할 수 있다고 우려를 표현했습니다. 이들은 인공지능으로 제작한 작품이 예술의 진정한 의미를 퇴색시킬 수 있다며 예술의 인간적 요소와 그 정체성을 지키기 위해 목소리를 높였습니다.

반면 이러한 혁신적 접근 방식을 높이 평가해 새로운 예술의 미래를 환영하는 이들도 있었습니다. 그들은 인공지능이 새로운 가능성을 열고 전통적인 경계를 넘어 새로운 형태의 예술을 탄생시킬 수 있다고 주장했습니다. 이러한 관점에서 인공지능은 예술가들에게 무한한 영감을 제공하고 이전에는 도달할 수 없었던 영역을 탐험할 수 있게 해준다고 덧붙였습니다.

이처럼 인공지능 기술의 발전은 인간의 다양한 전문 영역에 깊은 영향을 미치고 있으며 점차 인간의 역할을 대체하고 있습니다. 심지어 단순히 효율성과 자동화의 수단을 넘어 창의적 영역에도 깊숙이 침투하고 있습니다. 인공지능이 바둑, 오셀로, 체스와 같은 게임에서 세계 챔피언을 이기고, 음악과 미술 분야에서도 인간을 제치고 우승을 차지하는 사례들은 인공지능이 창의적이며 전문적인 영역에도 깊이 관여하고 있음을 드러냅니다. 특히 예술, 문학, 음악과 같은 전통적으로 인간의 독창성과 감성이 중심이 되는 분야에 인공지능이 영향을 미쳤다는 것은 놀라운 변화를 시사합니다. 인공지능의 이러한 진출은 그동안 인간의 고유한 영역이라 여겨 왔던 창작과 전문 분야에 새로운 도전을 제기하고 있으며, 이는 인간의 일자리와 창작 활동에 중대한 영향을 미칠 수 있습니다.

이러한 변화는 우리 사회에 깊은 성찰을 요구하고 있습니다. 인공지능의 점차 증가하는 영향력에 어떻게 적응하고 대응할 것인지에 대한 질문은 이제 더 이상 미룰 수 없는 중요한 과제가 되었습니다. 우리는 인공지능의 윤리적, 경제적, 사회적 영향을 면밀히 검토하고 이해해야 합니다. 또, 인공지능과 인간이 공존하며 상호 보완적인 관계를 구축하는 방안을 모색하는 것이 필수입니다.

이러한 기술적 진보는 인간의 창의성을 확장할 기회를 제공할 수도 있지만, 동시에 우리가 소중히 여기는 많은 가치를 재정의해야 할 필요성을 제기합니다. 인공지능이 창작하는 새로운 시대에서 인간의 역할을 재고하고 이를 통해 더욱 풍부하고 다양한 문화적 표현이 가능하도록 새로운 방안을 찾아야 할 것입니다.

변호사와 인공지능의 대결

2019년 8월 29일, 한국인공지능법학회와 사법정책연구원이 주최한 제1회 알파로 경진 대회가 열렸습니다. 이 대회는 변호사들과 인공지능의 법률 자문 능력을 겨루는 독특한 방식으로, 참가 팀은 인간 변호사 2명으로 구성된 9개의 팀, 인공지능과 인간 변호사 1명으로 구성된 혼합 팀 그리고 인공지능과 법률 지식이 없는 비전문가로 구성된 혼합 팀까지 총 12팀이었습니다. 각 팀은 주어진 근로계약서를 검토하고 자문하는 방식으로 진행됐습니다.

경진 대회 결과는 인공지능과 인간 변호사 또는 비전문가로 구성된 혼합 팀의 압도적인 승리였습니다. 1등부터 3등까지 상위권을 모두 혼합 팀이 차지했습니다. 특히 주목할 만한 팀은 3등 팀이었습니다. 이 팀은 인공지능과 법률 지식이 전혀 없는 비전문가로 구성된 팀으로, 인간 변호사 2명으로 구성된 팀을 큰 점수 차로 누르며 상위권에 올랐습니다. 이는 인공지능이 법률 자문 분야에서도 인간과 유사하거나 더 우수한 성과를 낼 수 있음을 입증하며 많은 참가자와 관객에게 상당한 충격과 동시에 논의를 촉발했습니다.

이 경진 대회는 인공지능이 법률 분야에서 인간의 업무를 어떻게 보완하고 향상시킬 수 있는지를 보여 주는 중요한 사례로서, 인공지능의 법률적 적용 가능성과 그 한계를 탐구하는 데 큰 의미가 있습니다. 또, 법률 전문가뿐만 아니라 일반인에게도 인공지능 기술의 발전이 어떤 실질적인 영향을 미칠 수 있는지에 대한 인식을 넓히는 기회를 제공했습니다. 인공지능의 도입이 법률 서비스의 질을 어떻게 변화시킬 수 있는지 그리고 이러한 기술이 전통적인 법률 실무에 어떻게 통합될 수 있을지에 대한 더 깊은 이해와 토론이 필요함을 보여 주었습니다.

2017년 10월 20일부터 27일까지 영국의 법률 기술 스타트업 Case Cruncher가 주최한 대회에서는 런던의 유명 법률 사무소 소속 변호사 100여 명과 인공지능 시스템이 한 팀을 이뤄 금융 상품의 불법 판매 주장 결과를 예측하는 과제에 참여했습니다.

Case Cruncher가 개최한 변호사와 인공지능 대회(출처: BBC 〈The robot lawyers are here and they're winning〉)

이 대회에서 케이스 크런처 알파라는 인공지능 시스템은 놀라운 성과를 보여 줬습니다. 이 시스템은 무려 86.6%라는 높은 정확도를 기록하며 참가한 인간 변호사들의 평균 정확도인 62.3%를 크게 상회했습니다.

이 결과는 인공지능이 법률 분야에서 사례 예측과 같은 특정 작업에서 인간 전문가를 능가할 수 있는 능력을 갖추고 있음을 명확하게 보여 줍니다. 이 대회는 인공지능 기술의 진보를 법률 실무에 어떻게 적용할 수 있는지를 탐색하는 중요한 사례로, 기존의 인간 중심 접근법을 보완하고 개선할 수 있는 가능성을 제시하였습니다.

또한 인공지능이 복잡한 법률적 판단과 예측을 처리하는 데 있어 탁월한 능력을 발휘할 수 있음을 보여 주어 법률 서비스의 질을 높이고 비전문가의 접근성을 개선할 수 있는 길을 열어 줬습니다. 인공지능이 법률 분야에서 수행할 수 있는 역할은 단순한 데이터 처리나 문서 검토를 넘어서 복잡한 사례 분석과 예측까지 확장할 수 있으며, 이는 법률 실무의 효율성을 극대화하고 전문가들이 더 전략적이고 창의적인 작업에 집중할 수 있는 환경을 조성하는 데 기여할 것입니다.

또 다른 인공지능과 변호사의 대결 사례를 살펴보겠습니다. 2018년, 법률 계약 검토 분야에서 인공지능의 활용 가능성을 탐구하기 위해 인공지능으로 법률 서비스를 자동화 · 온라인화하는 테크 기반 스타트업인 LawGeex는 인간 변호사와 인공지능의 능력을 비교하는 대회를 주최하였습니다. 이 대회에서 참가자들은 5개의 비공개 계약서를 검토하고, 각 계약서에 포함된 30가지 법률 이슈를 식별하는 과제를 맡았습니다. 이 경연은 인공지능의 법률적 분석 능력을 직접 시험해 보기 위한 것이었습니다.

경쟁 결과, 인공지능은 94%의 높은 정확도로 법률 이슈를 식별하며 인간 변호사들이 기록한 85%의 정확도를 상회하는 성과를 보였습니다. 뿐만 아니라 처리 속도 면에서도 현저한 차이를 보였는데, 인간 변호사들이 이 작업을 완료하는 데 평균 92분이 걸린 반면, 인공지능은 불과 26초 만에 모든 작업을 마쳤습니다. 이러한 결과는 인공지능이 대량의 정보를 빠르고 정확하게 처리하는 데 있어 인간 전문가를 능가할 수 있음을 명확히 보여 주었습니다.

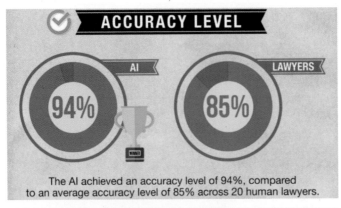

The AI achieved an accuracy level of 94%, compared to an average accuracy level of 85% across 20 human lawyers.

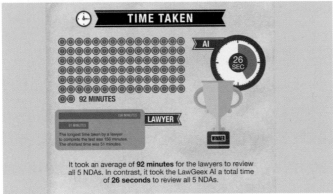

It took an average of **92 minutes** for the lawyers to review all 5 NDAs. In contrast, it took the LawGeex AI a total time of **26 seconds** to review all 5 NDAs.

LawGeex가 주최한 변호사와 인공지능 대회 결과(출처: www.artificiallawyer.com)

이 대회는 인공지능이 특히 법률 계약 검토와 같은 특정 작업에서 뛰어난 성능을 발휘할 수 있음을 입증했습니다. 이러한 기술의 발전은 전문가들이 시간 소모가 많은 검토 작업에서 벗어나 더 복잡하고 전략적인 법률 문제에 더 많은 시간을 할애할 수 있게 만들어 전반적인 법률 서비스의 질을 개선할 수 있습니다. 또, 인공지능 기술이 법률 분야에서 어떻게 혁신을 가져올 수 있을지에 대한 논의를 촉발시키는 계기가 되었으며, 법률 전문가들과 기술 개발자들 사이의 협업을 촉진하는 중요한 이정표가 되었습니다.

실제로 시카고 대학 켄트 로스쿨의 대니얼 카츠Daniel Martin Katz 교수와 미시간 주립대 로스쿨의 마이클 봄마리토Michael Bommarito 교수가 이끄는 연구 팀은 인공지능을 법률 분야에 어느 정도로 적용할 수 있는지 가능성을 연구하기 위해 오픈 AI에서 개발한 챗GPT를 사용하여 2022년 12월 미국 변호사 시험에 참여했습니다. 그러나 챗GPT는 시험에서 하위 10%의 성적을 얻으며 불합격하였습니다. 이에 교수 팀은 기술을 한 단계 끌어올리기 위해 미국 스탠포드 대학 법률 정보 센터의 파블로 아레돈도Pablo Arredondo 등과 협력하여 더 발전된 버전인 GPT-4를 이용해 시험에 재도전했습니다. 그리고 마침내 GPT-4가 변호사 시험에서 상위 10%에 드는 우수한 성적을 기록하며 합격선에 성공적으로 올랐습니다.

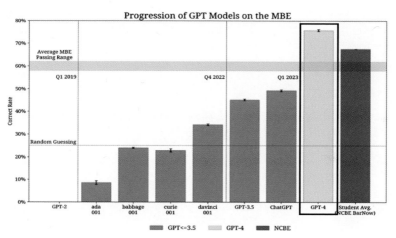

출처: 대니얼 카츠 팀의 연구 발표 논문 〈GPT Takes The Bar Exam〉
(출처: arxiv.org/abs/2212.14402)

GPT-4가 변호사 시험을 통과했다는 것은 단순히 기술의 진보를 넘어서 법률 분야에서의 적용 가능성을 입증하는 중요한 사례가 되었습니다. 특히 인공지능이 복잡한 법률 문제 해결과 법적 분석에서 인간의 역할을 어느 정도 대체할 수 있는지를 보여 주었고 법률 교육과 실무에 중대한 변화를 예고했습니다. 더 나아가 많은 사람이 법률 서비스에 쉽게 접근하고, 비용은 단축시키는 방법을 제시하면서 법률 분야에서의 일자리와 역할, 윤리적 쟁점에 대한 광범위한 토론을 유발했습니다. 뿐만 아니라 법률 전문가들이 기술과의 협력을 통해 더 효과적으로 의뢰인을 대변하고 법률 서비스의 질을 향상시킬 수 있는 방법을 모색하도록 독려하고 있습니다.

⚖️ 변호사와 인공지능의 경쟁 시대 개막

과학 기술의 눈부신 발전은 오랫동안 자리잡고 있던 다양한 직업군에 변화를 요구하고 있습니다. 특히 법률 분야에서 인공지능의 도입은 법률 서비스 산업과 시장의 패러다임을 혁명적으로 바꿀 것이라는 전망이 나오고 있습니다. 이러한 변화의 최전선에서 변호사들은 인공지능과의 경쟁에서 법률 서비스의 질을 높일 수 있는 새로운 기회를 얻는 동시에 다양한 도전과 직면하고 있습니다.

전통적으로 변호사들은 법률 조언을 제공하고 소송을 수행하며 복잡한 법률 문제에 대한 해결책을 모색해왔습니다. 또, 법률 문서 작성, 협상 및 조정 진행, 법정 대리 등 다양한 법률 서비스를 통해 의뢰인의 이익을 대변하고 법적 권리를 옹호하는 역할로 변호사는 오랜 기간 동안 법률 분야에서 핵심적인 전문직으로 자리매김했습니다.

그러나 최근 인공지능이 의견서나 소장과 같은 법률 문서 작성이나 번역 등을 수행하며 변호사의 일부 업무를 대체하고 있습니다. 대량의 데이터를 신속하게 분석하고 패턴을 학습해 문제를 해결하거나 예측할 수 있고 문서의 생성 및 검토 과정을 자동화할 수 있습니다. 또, 과거 판례와 법률 데이터를 토대로 특정 사례의 결과를 예측하고 수천 건의 문서를 분석하여 중요한 패턴을 식별할 수 있습니다. 덕분에 이전에는 인간 변호사만이 해결할 수 있었던 복잡한 법률 문제까지 인공지능이 처리할 수 있게 되었습니다. 특히 인공지능은 변호사, 재판 연구원, 로펌 스태프들이 주로 맡았던 판례 검색, 국내외 자료 추출 및 분류 · 분석 등의 업무를 빠르게 대체할 것으로 예측됩니다.

골드만삭스가 발표한 〈The Potentially Large Effects of Artificial Intelligence on Economic Growth〉라는 보고서에 따르면 인공지능의 발전으로 사라질 일자리는 무려 3억 개라고 합니다. 이 보고서는 미국과 유럽의 직업 데이터를 분석해, 현재 직업의 약 2/3가 인공지능을 활용한 자동화로 대체될 위험에 노출되어 있고, 생성형 인공지능이 현재 업무의 1/4을 대체할 수 있을 것으로 추정했습니다.

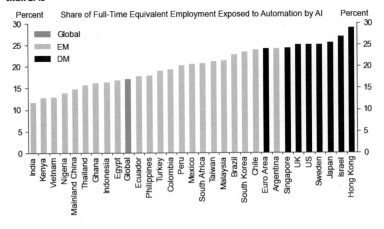

Exhibit 6: Globally, 18% of Work Could be Automated by AI, with Larger Effects in DMs than EMs

전 세계 업무의 18%가 AI로 자동화될 것으로 예측(출처: www.gspublishing.com)

특히 '사무 및 행정 지원' 분야에 이어 법률 산업이 두 번째로 많은 영향을 받을 것으로 전망하고 있으며, 법률 산업 관련 일자리 중 44%가 인공지능으로 대체될 위험에 노출될 것으로 보고 있습니다. 이는 변호사가 인공지능과 직접 경쟁하게 될 가능성이 높음을 시사합니다.

전문가들은 많은 법률 업무가 인간의 정서를 고려해야 하므로 판사, 검사, 변호사 등의 법조인은 여전히 필요하지만 새로운 생존 전략을 수립해야 한다고 강조합니다. 이에 따라 법률 전문가들은 인공지능을 활용해 자신의 전문성을 높이는 방법을 찾거나 인공지능이 할 수 없는 인간적인 영역에 초점을 맞추는 새로운 전략을 모색하고 있습니다.

⚖️ 법조계의 인공지능 활용 사례

현재 법률 시장에 등장한 인공지능 기술은 2014년 IBM이 만든 인공지능 컴퓨터 왓슨을 토대로 개발한 로스가 대표적입니다. 로스는 인공 지능 기반 법률 연구 도구로, 주로 법률 전문가들이 더 빠르고 효과적으로 법적 연구를 수행할 수 있도록 돕기 위해 개발되었습니다. 로스는 자연어 처리 기술을 사용하여 법률 문서, 판례, 법령 등의 방대한 데이터베이스를 분석하고 법률가들이 필요로 하는 정보를 찾아 제공합니다.

이외에도 여러 기업이 인공지능을 법률 전문가들의 업무 효율성을 높이는 데 적용하고 있습니다. 미국의 이혼 전문 리걸 테크 기업인 Wevorce는 이혼 과정을 좀 더 인간적이고 갈등을 최소화하는 방식으로 처리할 수 있도록 온라인 플랫폼을 제공합니다. 이 플랫폼은 이혼 절차를 자동화하고 이혼 관련 문서 작성을 지원하며 이혼에 필요한 다양한 자원을 제공합니다.

2024년 프랑스에서는 변호사 업무를 대체한다는 AI 애플리케이션 출시 소식에 변호사들이 반발하는 사건이 발생하기도 하였습니다. 일본에서도 일본의 대형 로펌 출신 변호사 쓰노다 노조무 대표가 설립한 회사 LegalOn Technologies 등 인공지능 기반의 리걸 테크 기업이 성장하고 있습니다.

한국의 대형 로펌들도 번역 등의 단순 업무를 상당 부분 인공지능에 넘기고 단순 반복 서류 처리 업무는 로봇 프로세스 자동화Robotic Process Automation, RPA 도입 비중을 늘려 가는 추세입니다. 대형 로펌인 광장, 태평양 등은 자체 인공지능 번역 모델을 개발하였고, 김앤장은 포렌식 서비스 강화에도 중점을 두고 인공지능 기술을 활용한 이디스커버리(전자증거제시) 문서 검토, 인공지능 음성 인식 기술을 활용한 음성 기록 검토 등을 도입해 운영하고 있습니다.

법무법인 대륙아주는 리걸테크 스타트업 넥서스 AI와 공동 개발한 인공지능 챗봇 'AI 대륙아주' 서비스를 시작하였고, 법무법인 세종은 AI로 의견서와 소장 등 법률 문서를 분류하는 시스템을 도입한 데 이어 미래 법률서비스 시장 선점을 위해 'AI 데이터 정책센터'를 발족하였습니다. 법무법인 광장은 100여 명의 전문 변호사와 규제기관 출신 전문가들로 구성된 '테크 앤 AI팀'을 발족하고 법령 해석, 규제 당국 설득, 입법 컨설팅 지원 등 AI와 신기술을 활용한 융복합 서비스의 모든 단계에 원스톱 법률 서비스를 제공합니다.

이처럼 한국의 대형 로펌들도 인공지능 기술을 도입하여 법률 서비스의 질과 업무 효율을 향상시키기 위한 다양한 시도를 하고 있습니다. 이러한 변화는 법률 산업 전반에 걸쳐 효율성과 접근성을 높이고 앞으로 더욱 확대될 전망입니다.

⚖️ 인공지능에게 대체되는 판사

국제 학술지 〈사이언스 로보틱스Science Robotics〉에 스위스 로잔 연방공대의 로봇 공학자 다리오 플로리아노Dario Floreano 교수 등이 발표한 한 보고서에 따르면 로봇이 가장 먼저 대체할 것으로 예상되는 직업은 육가공업 종사자입니다. 이는 높은 물리적 반복성과 예측 가능한 작업 환경 때문에 로봇 기술을 적용하기 용이하기 때문입니다. 뒤이어 섬유 및 의류 다림질, 농산물 선별, 수위 및 미화 업무, 환자 이송, 상품 포장, 식당 서빙, 주방 보조 등이 로봇으로 대체될 가능성이 높은 직업으로 꼽혔습니다. 이러한 직종들은 주로 단순 반복 작업이 많고, 기계화가 가능하다는 특성을 갖고 있어 실제 관련 사업에 로봇 도입이 활발히 이루어지고 있습니다.

EPFL(스위스 로잔 연방공대)에서 제공하는 로봇이 대체할 확률이 높은 직업 검색 사이트(lis2.epfl. ch/resiliencetorobots/#)

반면, 인공지능이 대체할 가능성이 높은 직업은 주로 고소득과 고학력을 요구하는 전문직, 특히 의사, 회계사, 변호사일 가능성이 크다고 언급되고 있습니다. 이 직업들은 전문적 지식을 바탕으로 복잡한 의사 결정을 요구하지만, 인공지능의 발전으로 데이터 분석 및 패턴 인식 능력이 인간 전문가를 능가하면서 오히려 대체될 확률이 높은 직업군이 된 것입니다. 특히 진단, 법률 자문, 재무 분석과 같은 분야에서 인공지능의 정확성과 효율성이 높아지면서 전통적인 전문직의 역할이 재정의되고 있습니다.

2013년 영국 옥스퍼드 대학의 보고서에서는 2030년까지 인공지능이 판사를 대체할 가능성을 40%로 예측하고 있습니다. 이는 단순히 인공지능 기술의 발달뿐만 아니라 국민 여론에서도 인공지능이 판사를 대체해야 한다는 의견도 상당히 큽니다.

챗GPT로 그린 인공지능 판사

판사는 헌법과 법률에 의거하되 양심에 따라 독립적으로 판단을 합니다. 즉, 규칙이 있고 그 규칙을 적용하는 일은 음악, 미술, 문학과 같은 창의적인 일보다 인공지능이 훨씬 잘하는 분야라고 할 수 있습니다. 또한, 사실 관계가 유사한 사건에서는 재판 간의 편차도 크게 감소할 것이라는 점에서 전관예우나 유전무죄와 같은 논란도 줄어들 것으로 보입니다. 특히 최근 법원의 재판 지연 문제에 대한 우려가 제기되고 있는데 인공지능을 이용하면 신속한 재판 진행도 가능할 것입니다.

그러나 인공지능은 이미 선고된 판결을 기반으로 학습하기 때문에 기존 판결의 문제점도 그대로 답습할 가능성이 큽니다. 또, 양형 기준을 제시할 수는 있으나 피고인이 처한 상황이 이전 판결과 완전히 동일할 수 없기 때문에 법적 추론과 논증뿐만 아니라 감정, 윤리 등을 종합한 유연한 판단과 직관력을 갖출 수 있을지 의문이라는 견해도 있습니다. AI 결정 과정의 불투명성도 오히려 사법 절차에 대한 신뢰를 저하시킬 수 있으므로 재판에 대한 불신을 증가시킬 수 있는 요인입니다. 이러한 한계점으로 현 시점이나 가까운 미래에 인공지능이 판사를 당장 대체하기는 어려우므로 이들을 보조하는 방향으로 인공지능을 활용할 것으로 보입니다.

대법원은 2024년 9월 법원에 접수된 사건과 유사한 판결문을 재판부에 자동 추천해 주는 AI 모델을 출범합니다. 한국의 사법부가 재판 업무에 AI를 도입하기로 한 것입니다. 법원에 처음 도입되는 AI 모델은 재판부에 배당된 사건의 소장이나 준비서면, 의견서 등을 분석해 가장 유사한 판결문 10건을 자동 추천해 주는 방식으로, 민·형사, 행정, 가사 사건 등 여러 영역에 도입될 예정입니다. 대법원 양형위원회는 양형 기준 수립에 필요한 판결문 분석 및 법관들에게 사건 죄명, 법령, 양형 기준 등을 자동으로 반영해 제시하는 AI 시스템을 구축해 판사들의 업무를 보조하고 효율성을 향상시킬 예정입니다.

사업 구분	주요 내용	추진 현황 및 계획	
차세대 전자소송 시스템 내 AI분석 모델	–소장, 준비서면, 의견서 등 기반으로 유사 판결문 10개 자동 추천 시스템	–2024년 9월 차세대 전자소송 시스템 출범시 AI모델 함께 선보일 예정	
사건관리 및 재판지원을 위한 AI분석 모델	–소송 준비서면, 의견서 등 자동 요약 기능 –조정·화해 적합 사건 자동 추천 시스템 등(사건 검토 시간 단축 효과)	–개발 계획 수립 위해 2024년 예산 3억2000만원 배정	–계획 수립 후 실제 모델 개발 위해 내년도 예산 신청 예정
양형정보시스템 고도화를 위한 AI시스템 구축	–대법원 양형기준 수립에 필요한 양형조사 업무 등에 AI 활용 (조사 기간 단축 효과) –형사사건 죄명, 법정형, 양형기준, 유사 사례 등 자동 분석 기능 (판결문 작성 업무 신속화 도모)	–개발 계획 수립 위해 2024년 예산 3억9200만원 배정	–내년도 예산 배정시 시스템 개발 착수 예정

사법원 인공지능(AI) 시스템 구축 현황 및 계획(출처: 대법원 법원행정처)

대법원의 AI 도입은 판사들의 형식적인 업무를 줄이고 신속한 재판 진행에 도움이 될 것입니다. 이는 판사들이 더 많은 시간을 실질적인 사건 처리에 할애할 수 있게 하여 재판의 효율성을 높일 것입니다. 그러나 최근 조사에 따르면 국민들은 검찰, 국회, 법원에 불신을 가지고 있으며, 재판의 공정성에 대한 의구심을 품고 있는 것으로 나타났습니다. 이에 대한 대응책이 없다면 기술이 발전됨에 따라 AI로 판사를 대체해야 한다는 국민들의 요구가 더욱 강해질 수 있습니다.

따라서 법원의 AI 도입은 판사들의 업무에 큰 도움이 되지만, 동시에 국민들의 불신을 해소하고 신뢰를 회복하기 위한 노력도 진행해야 합니다. 이를 통해 기술적 발전을 적극적으로 활용하면서도 국민들에게 안전하고 신뢰할 수 있는 재판을 제공할 수 있을 것입니다.

미래 법률 시장에서 인공지능의 역할

인공지능 기술의 발전에 따라 법률 시장은 큰 변화를 맞이하고 있습니다. 글로벌 시장 조사 업체 스태티스타Statista에 따르면 전 세계 리걸 테크 시장은 2021년 276억달러(약 36조원)에서 2027년 356억달러(약 47조원)으로 성장할 것으로 예상하고 있습니다.

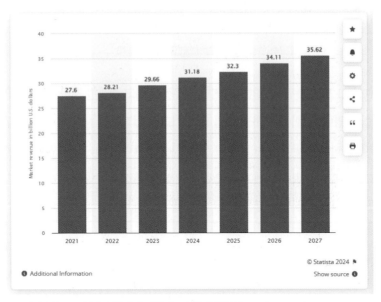

2021년부터 2027년까지 전 세계 리걸 테크 시장 수익(출처: statista.com)

인공지능은 법률 서비스의 제공 방식을 변화시키고 법률 전문가의 역할을 재정의하며 의뢰인의 기대치를 높이고 있습니다. 이제 점차 법률 시장에서 인공지능의 활용 범위가 확대될 것이고 이러한 변화는 법률 시장에 새로운 기회를 제공하는 동시에 새로운 도전을 안겨 주고 있습니다.

법률 서비스에 인공지능을 도입하는 것은 분명히 많은 장점이 있지만 여전히 한계도 존재합니다. 인공지능 시스템은 데이터와 패턴 인식에 의존합니다. 그러나 법률 문제는 사례에 따라서는 상황적 맥락을 파악하는 능력이 필요합니다. 인공지능은 아직까지 상황이나 맥락에 대한 깊은 이해가 어려워 인간 변호사의 직관을 완벽하게 대체하기는 어렵습니다. 또, 인공지능의 결정이나 조언에 대한 윤리적, 법적 책임을 누가 질 것인가에 대한 문제도 해결되지 않은 숙제입니다. 인공지능 시스템은 데이터에 의존하기 때문에 데이터가 불완전하거나 편향적으로 수집되었다면 잘못된 결과를 도출할 수도 있습니다. 이외에도 인공지능의 판단 알고리즘이 불투명하여 어떻게 결정이 내려졌는지 결론을 도출하는 과정을 제대로 설명하기 어렵다는 점에서 법률적 책임성과 투명성을 확보하는 데 문제가 될 수도 있고, 학습을 위해 판결문 등을 제공하는 경우 개인 정보보호법 위반의 소지도 발생합니다.

인공지능의 할루시네이션Hallucination도 여전히 문제입니다. 할루시네이션이란 들리지 않는 목소리를 듣거나 보이지 않는 물체를 보는 것 또는 존재하지 않는 것을 실제로 있는 것처럼 인지하는 현상을 말합니다. 인공지능의 할루시네이션은 기계 학습 모델이 훈련 데이터에 없는 잘못된 정보 또는 패턴을 생성하거나 예측하는 현상을 말합니다. 예를 들어, 이미지 인식 모델이 실제로는 존재하지 않는 객체를 인식하거나 자연어 처리 모델이 문맥에 맞지 않는 단어나 문장을 생성하는 경우가 이에 해당됩니다. 가령 세종대왕이 맥북을 던진 사건은 대표적 할루시네이션 사례에 해당합니다. 챗GPT에게 "조선왕조실록에 기록된 세종대왕이 맥북 프로를 던진 사건에 대해 알려 주세요."라고 질문을 했더니 다음과 같이 대답을 한 것입니다.

조선왕조실록에 기록된 세종대왕이 맥북 프로를 던진 사건에 대해 알려 주세요.

 세종대왕이 맥북 프로를 던진 사건은 역사 서적인 조선왕조실록에 기록된 일화로, 15세기 조선시대 세종대왕이 새로 개발한 훈민정음(한글)의 초고를 작성하던 중 문서 작성 중단에 대한 담당자에게 분노하여 맥북 프로와 함께 그를 방으로 던진 사건입니다.

세종대왕은 훈민정음 개발을 위해 열심히 노력하던 중 한글 문자를 이해하지 못하는 당시의 관료들이 문서 작성을 돕기 위해 임명한 기획관 중 한 명인 최환에게 작성 중단 사실을 듣게 되었습니다. 세종대왕은 이에 분노하여 최환을 부르고, 맥북 프로를 함께 들고 그를 방으로 불러들이며 화를 내었습니다. 이후, 세종대왕은 훈민정음의 초고 작성을 다른 담당자에게 넘겨 주게 되었습니다.

이 사건은 조선시대의 통치자로서 세종대왕이 어떻게 민족 문화를 발전시키기 위해 노력했는지를 보여 주는 일화로 유명합니다. 또한, 세종대왕의 열정과 업무 처리에 대한 철저한 태도를 보여 주는 사례로도 언급되고 있습니다.

실제 미국의 한 변호사가 챗GPT가 쓴 엉터리 판례를 검증하지 않고 법원에 변론 자료로 제출했다가 벌금형을 부과받기도 하였습니다. 이는 챗GPT가 언어에 특화된 생성 AI라는 특성에서 비롯된 것으로, 강력한 기능이기도 하지만 때로는 단점이 되기도 합니다.

인공지능 기술의 지속적인 발전으로 법률 시장에서 인공지능의 역할은 계속해서 커지고 있습니다. 하지만 현재 인공지능이 변호사를 완전히 대체하기에는 이러한 한계가 존재합니다. 하지만 인공지능은 텍스트를 기반으로 법률 서면 작성, 법률 문서의 요약 및 쟁점 정리, 법률 질의응답 등에서 강점을 보이고 있습니다. 이외에도 판례 검색 및 분석, 법률 서식 초안 작성, 내용 요약, 쟁점 도출 등의 업무에서 인공지능의 도움을 받으면 변호사는 업무 시간을 단축

할 수 있고 소비자는 양질의 서비스를 편리하고 빠르게 제공받을 수 있습니다. 따라서 인공지능이 당장 인간 변호사를 대체하기는 어렵겠지만 보조자로서의 역할을 충분히 수행할 수 있을 것입니다.

무엇보다 일반인도 보다 쉽게 인공지능을 통해 법률 서비스를 받을 수 있게 되었으며 이미 인공지능은 변호사 못지않은 법률 서비스를 제공하고 있습니다. 당장은 인공지능이 보조자로서 역할 정도만 수행하겠지만, 앞서 인공지능과 일반인으로 구성된 혼합 팀이 변호사로 구성된 팀을 큰 점수 차로 이긴 사례를 보더라도 이제는 변호사가 인공지능과도 경쟁해야 하는 시대가 도래한 것은 분명합니다.

챗GPT는 "챗GPT가 변호사를 대체할 수 있을까?"라는 질문에 다음과 같이 답변하였습니다.

 챗GPT가 변호사를 대체할 수 있을까?

 변호사가 수행하는 주요 업무
1. 법률 자문 및 상담: 고객의 상황에 맞는 법률적 조언을 제공하고, 복잡한 법률 문제를 분석합니다.
2. 소송 및 대리 업무: 법정에서 고객을 대리하고, 소송 전략을 수립합니다.
3. 계약 작성 및 검토: 다양한 계약서를 작성하고 검토하며, 법률적 문제를 확인합니다.
4. 법률 연구: 법률 판례와 법률 조항을 연구하여, 고객에게 가장 유리한 해결책을 찾습니다.
5. 협상: 고객을 대신하여 협상을 진행합니다.

챗GPT가 할 수 있는 역할
1. 기본 법률 정보 제공: 일반적인 법률 질문에 답변하고, 기본적인 법률 정보를 제공할 수 있습니다.

2. 서식 작성 보조: 간단한 법률 문서나 서식을 작성하는 데 도움을 줄 수 있습니다.
3. 법률 연구 보조: 방대한 양의 데이터를 빠르게 검색하고, 관련 법률 정보를 제공할 수 있습니다.
4. 계약서 초안 작성: 표준 계약서의 초안을 작성하거나, 기존 계약서를 검토하는 데 도움을 줄 수 있습니다.
5. 고객 응대: 간단한 문의나 질문에 응대하여, 변호사가 더 중요한 업무에 집중할 수 있도록 도울 수 있습니다.

변호사를 완전히 대체하지 못하는 이유
1. 복잡한 법률 해석: 법률의 해석은 종종 복잡하고, 상황에 따라 달라질 수 있습니다. 이러한 해석은 변호사의 경험과 판단이 필요합니다.
2. 법정에서의 대리: 법정에서 고객을 대리하는 역할은 변호사의 중요한 업무 중 하나입니다. AI는 법정에서의 대리 역할을 수행할 수 없습니다.
3. 윤리적 판단: 변호사는 법률적 문제뿐만 아니라 윤리적 문제도 고려해야 합니다. AI는 윤리적 판단을 내리는 데 한계가 있습니다.
4. 고객과의 관계 구축: 변호사는 고객과의 신뢰 관계를 바탕으로 업무를 수행합니다. AI는 인간적인 상호 작용에서 부족할 수 있습니다.

결론적으로, 챗GPT는 변호사의 업무를 일부 보조하거나 효율성을 높이는 데 큰 도움이 될 수 있지만, 변호사를 완전히 대체할 수는 없습니다. AI와 변호사가 협력하여 더 나은 법률 서비스를 제공하는 방향으로 나아가는 것이 바람직할 것입니다.

PART 2

챗GPT와 첫 만남

Chapter 02

챗GPT 개론

챗GPT는 오픈AI에서 개발한 대화형 인공지능입니다. 자연스러운 대화로 사용자와 상호 작용하며 다양한 질문에 답변할 수 있는 능력을 갖추고 있습니다. 이번 챕터에서는 챗GPT의 정의와 출현 배경 그리고 지금도 끊임없이 발전 중인 챗GPT의 버전에 따른 기능 차이와 최신 버전의 특징에 대해 살펴봅니다.

⚖️ 챗GPT란

챗GPT는 오픈AI에서 개발한 대화형 인공지능 서비스입니다. 챗GPT에게 자신의 정체에 대해 물어보면 다음과 같이 답변합니다.

 챗GPT의 정체가 뭐야?

 챗GPT는 인공지능 언어 모델로 오픈AI에 의해 개발되었습니다. 이는 대화형 인공지능으로, 사용자의 질문이나 요청에 대해 자연스러운 언어로 응답할 수 있도록 설계되었습니다. 챗GPT는 대량의 텍스트 데이터를 학습하여 문맥을 이해하고, 그에 맞는 응답을 생성합니다. 사용자와의 인터랙션을 통해 다양한 주제에 대해 대화를 진행할 수 있으며, 정보 제공, 스토리텔링, 문제 해결 등 다양한 역할을 수행할 수 있습니다. 챗GPT는 GPTGenerative Pre-trained Transformer 기술을 기반으로 하며 이는 매우 크고 복잡한 모델을 통해 뛰어난 언어 이해와 생성 능력을 보여 줍니다.

간단히 말하면, 챗GPT는 언어 이해와 생성에 특화된 인공지능입니다. GPT는 "Generative Pretrained Transformer"의 약자로, G는 Generative(생성의)를 뜻합니다. 이는 말 그대로 새로운 무언가를 생성할 수 있음을 뜻합니다. P는 Pre-trained (사전 학습된)이란 뜻으로 GPT는 사전에 대규모 데이터세트를 학습했다는 것을 뜻합니다. 이 학습 과정에서 인공지능 모델은 다양한 언어 패턴, 정보, 문맥 등을 학습합니다.

T는 Transformer를 의미하며, 이는 컴퓨터 프로그램이나 인공지능 모델의 구조, 즉 설계도를 뜻합니다. 이 설계도는 모델이 데이터를 어떻게 처리하고,

학습을 통해 발전하는지 그리고 결과적으로 어떻게 출력(생성)하는지를 정의합니다. 간단히 말해, 트랜스포머는 정보를 처리하는 방식을 설계한 일종의 도면으로, 인공지능이 정보를 어떻게 해석하고 반응할지 결정하는 뼈대와 같은 역할을 합니다.

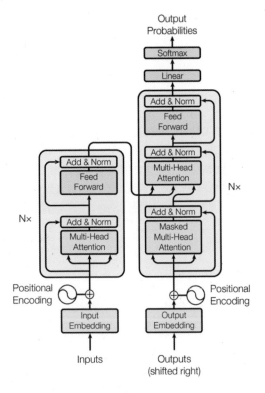

트랜스포머 모델의 구조(출처: 〈Attention Is ALl You Need(arxiv.org/abs/1706.03762)〉

트랜스포머 기술은 특히 언어 처리 분야에서 혁신적인 발전을 가져왔습니다. 실제로 우리가 매일 사용하는 구글의 검색 엔진, 자동 번역, 음성 인식 기술 등 다양한 인공지능 애플리케이션에서 중요한 역할을 합니다. 이 기술의 핵심은

셀프 어텐션 메커니즘Self-Attention Mechanism으로, 이는 모델이 입력된 데이터의 다양한 부분에 집중함으로써 보다 풍부하고 복잡한 언어 패턴을 이해하도록 돕습니다. 예를 들어, 한 문장에서 단어와 단어 사이의 관계를 파악하고 각 단어의 중요도를 평가하여 문장의 의미를 더 정확하게 파악할 수 있습니다.

전통적인 인공지능 모델과 비교했을 때 이러한 트랜스포머의 설계 방식 덕분에 훨씬 복잡한 문제를 해결할 수 있습니다. 예를 들어, 복잡한 문장을 해석하거나 대화형 시스템에서 자연스러운 대화를 이끌어 나가는 데 필수입니다. 또, 트랜스포머는 다양한 언어를 번역할 때도 정확도가 높아 글로벌 커뮤니케이션의 장벽을 허무는 데 크게 기여하고 있습니다.

⚖️ 챗GPT의 출현

2018년 오픈AI는 GPT 모델을 처음 소개하며 자연어 처리 분야에서 상당한 성능 향상을 이루었습니다. 2019년에 출시된 GPT-2는 모델 크기, 훈련 데이터 그리고 복잡성이 크게 증가하여 더욱 정교한 텍스트 생성 능력을 보여 주었고, 이전까지 존재하던 인공지능은 갖추지 못했던 자연스러운 문장을 생성함으로써 많은 사용자에게 놀라움을 주었습니다. 그러나 당시에는 잠재적인 악용 가능성으로 전체 버전이 공개되지 않았으나 이후 연구 목적으로 모델 전체를 공개하기도 했습니다.

2020년에는 GPT-3가 등장했습니다. 이 모델은 언어 이해, 생성, 번역 등 다양한 언어 작업에서 뛰어난 성능을 보이는 것은 물론이고 특정 작업에 대한 미세 조정 없이도 좋은 결과를 낼 수 있는 일반화 능력을 보여 주었습니다.

2022년, 오픈AI는 조용히 GPT-3.5 모델을 공개했습니다. 별다른 광고를 하지 않음에도 출시 직후 엄청난 속도로 사용자가 모이기 시작했습니다. 글로벌 금융 서비스 기업 UBS에서 공개한 애플리케이션별 월 사용자 수를 분석한 결과에 따르면 GPT 3.5를 출시하고 2개월 만에 월 사용자 수가 1억 명을 돌파했습니다. 이는 월 사용자 1억에 도달하는 데 9개월이 걸린 틱톡과 2년 6개월이 걸린 인스타그램과 비교해도 엄청난 속도입니다.

HOW LONG IT TOOK TOP APPS TO HIT 100M MONTHLY USERS

APP	MONTHS TO REACH 100M GLOBAL MAUS
CHATGPT	2
TIKTOK	9
INSTAGRAM	30
PINTEREST	41
SPOTIFY	55
TELEGRAM	61
UBER	70
GOOGLE TRANSLATE	78

글로벌 애플리케이션별 월 사용자 수 1억 달성까지 걸린 시간(출처: UBS)

오픈AI는 대규모 데이터와 고도화된 알고리즘을 사용해 GPT-3.5를 개선한 새로운 모델 GPT-4를 2023년 4월 14일에 공개했습니다. GPT-4는 다양한 분야에서 놀라운 성과를 거두며 인공지능 기술의 진보를 입증했습니다. 오픈 AI에 따르면 GPT-4는 미국 변호사 시험에서 상위 10%의 성적으로 통과했고, 생물학 올림피아드에선 상위 1%에 들었으며, SAT 시험에서는 800점 만점 중 700점을 받았습니다.

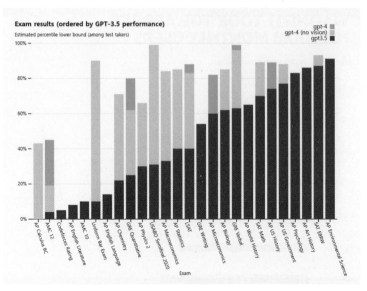

GPT-3.5와 GPT-4의 각종 시험 성적 비교 그래프(출처: openai.com/index/gpt-4-research)

GPT-4는 텍스트 생성, 문제 해결, 지식 기반 질문에 대한 응답 등 다양한 분야에서 이전 모델에 비해 훨씬 강력한 성능을 보여 주고 있습니다. 특히 주목할 만한 강점은 높은 정확도와 자연스러운 언어 생성 능력에 있습니다. GPT-4는 여러 전문 영역의 테스트를 이해하고 다양한 질문에 논리적이고 일관성 있는 답변을 생성할 수 있습니다. 이를 통해 법률, 의학, 과학, 교육 등 여러 분야에서의 활용 가능성이 입증되었고 대화형 인공지능 시스템, 문서 생성 자동화, 번역, 요약 등 다양한 애플리케이션에 적용할 수 있습니다.

GPT-4는 인공지능 기술의 잠재력을 강조하며, 연구자들과 산업계의 기대를 불러일으키고 있습니다. 이 모델의 지속적인 개선과 확장으로 앞으로 어떤 혁신적인 애플리케이션이 나올지 주목됩니다. GPT-4의 성과는 단순한 기술 진보뿐만 아니라 인공지능의 새로운 기준을 제시하며, 인공지능이 인간의 다양한 영역을 지원하고 보완할 수 있는 미래에 대한 전망을 제시하고 있습니다.

챗GPT 버전에 따른 기능 차이

오픈AI는 2022년 GPT-3.5 모델을 공개한 후 2023년엔 이를 개선한 기술을 바탕으로 GPT-4를 출시하였습니다. GPT-3.5는 무료지만 GPT-4는 유료로 월 20달러를 지급해야 합니다. 비용을 지불해야 하는 만큼 GPT-3.5와 GPT-4는 기능에서 확연한 차이가 있어 유료 버전의 GPT-4를 사용할 것을 권장합니다. 이 책도 기본적으로 GPT-4에서 작성했습니다. GPT-3.5와 GPT-4는 여러 가지 측면에서 차이점을 나타냅니다.

GPT-3.5와 GPT-4의 기능 차이

① **모델 크기 및 구조**: GPT-4는 GPT-3.5에 비해 더 많은 파라미터와 복잡한 구조를 갖고 있습니다. 파라미터란 모델이 데이터를 학습할 때 입력값을 원하는 결괏값으로 바꾸기 위한 값으로, 이는 챗GPT-4가 챗GPT-3.5보다 더 많은 데이터를 학습하고, 더 정교한 언어 모델링을 수행할 수 있음을 의미합니다.

② **성능 향상**: GPT-4는 GPT-3.5보다 더 정확하고 일관성 있는 응답을 제공합니다. 문맥 이해, 긴 문장의 추론, 특정 주제에 대한 정보 등 다양한 측면에서 개선되었습니다.

③ **안정성 및 안전성**: GPT-4는 GPT-3.5보다 편향된 내용이나 유해한 정보를 줄이는 데 더 효과적입니다. 오픈AI는 GPT-4의 훈련 과정에서 사용자의 안전과 윤리적인 문제를 고려하여 개선 작업을 수행했습니다.

④ **사용 사례 및 기능 확장**: GPT-4는 다양한 산업과 여러 사례에 더 적합하게 개발되었으며, 특정 응용 분야에 더 적합하도록 특화된 기능을 가지고 있습니다.

⑤ **다양한 입력 형태 지원**: GPT-4는 이미지 입력 등 GPT-3.5에선 처리할 수 없는 능력을 갖고 있어, 멀티모달 작업에 활용할 수 있습니다.

GPT-4만의 주요한 기능을 몇 가지 설명하면 다음과 같은 기능들이 있습니다.

GPT-4만의 주요한 기능

① 높아진 한국어 정확도

② 최대 토큰 확장

③ 2023년 10월까지 학습한 데이터 활용

④ 다양한 형식의 입력 처리가 가능한 멀티모달

⑤ 고도화된 데이터 시각화 및 분석

GPT-4에서 확장된 기능 5가지를 자세히 살펴보겠습니다. 먼저 오픈AI에서 제공한 자료에 따르면 챗GPT-4의 한국어 정확도가 GPT-3.5의 영어 정확도보다 앞서는 것으로 나타나고 있습니다. 물론 영어는 GPT-4가 다루는 언어 중 가장 정확도가 높은 언어지만 GPT-3.5에 비해 한국어의 정확도가 상당히 개선되어 챗GPT와 한국어로 대화를 해도 비교적 자연스럽게 진행이 가능한 수준입니다.

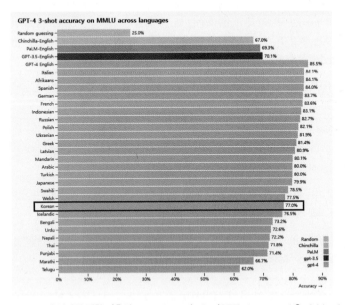

GPT-4의 언어별 정확도(출처: openai.com/index/GPT-4-research?ref=blog.langchain.dev)

GPT-4는 컨텍스트 창 크기, 즉 한 번에 처리할 수 있는 입출력 용량이 GPT-3.5에 비해 확연히 커졌습니다. GPT-3.5는 최대 4,096 토큰이라는 컨텍스트 창을 가졌지만, GPT-4에서는 8,192 토큰 또는 최대 32,768 토큰으로 확장되었습니다. 토큰이란 언어 모델이 텍스트를 처리하는 단위로, 글자, 단어, 문장 부호 등을 포함합니다. 즉, 토큰이 많다는 것은 더 많은 정보를 다룰 수 있다는 것을 의미합니다. 따라서 GPT-4는 한 번에 더 많은 양의 텍스트를 읽고 이해할 수 있어 긴 맥락을 기억하거나 복잡한 문서 작업에서 다양한 데이터를 다룰 수 있습니다.

두 모델이 학습한 데이터의 시점 역시 다릅니다. GPT-3.5는 2022년 1월까지 학습한 데이터를 기반으로 하여 2022년 1월 이후의 사건이나 정보에 대해서는 답변을 하지 못합니다.

GPT-3.5에 질문

 오늘 날씨는 어떤가요?

 죄송해요. 제가 실제로 정보에 접근할 수 없어요. 그래서 지금은 날씨 정보를 제공할 수 없어요. 하지만 현재 위치에서 인터넷을 통해 날씨를 확인하거나, 날씨 앱을 사용하면 될 거예요!

반면 GPT-4는 2023년 10월까지 학습한 데이터를 기반으로 하고 있을 뿐만 아니라 웹브라우징 기술을 적용할 수 있습니다. Bing 검색 엔진으로 인터넷과 접속해 실시간 데이터를 활용할 수 있으므로 2023년 10월 이후의 사건이나 정보에 대한 답변도 가능합니다.

GPT-4에 질문

 오늘 날씨는 어떤가요?

 오늘 서울의 날씨는 대체로 흐릴 것으로 예상됩니다. 현재 기온은 약 21도에서 22도 사이이며, 오후에는 최고 기온이 27도까지 올라갈 것으로 보입니다. 바람은 남동쪽에서 불며 풍속은 시속 4-7킬로미터 정도입니다. 습도는 60% 이상으로 비교적 높습니다 (Time and Date) (Weather Underground) (Weather – Foreca. com).

오늘 밤에는 기온이 약 18도까지 내려가며, 흐린 날씨가 계속될 것입니다. 비 올 확률은 거의 없으나, 가벼운 바람이 불 것으로 예상됩니다 (Weather Atlas).

더 자세한 정보는 Weather Underground와 Foreca에서 확인할 수 있습니다.

GPT-4의 또 다른 주요 기능으로 멀티모달을 들 수 있습니다. 멀티모달은 GPT-4가 텍스트뿐 아니라 이미지 또는 파일과 같은 다양한 형식의 입력을 처리할 수 있다는 것을 의미합니다. 즉, GPT-4는 단순히 텍스트만 이해하는 것이 아니라 더 복잡한 정보와 맥락을 처리할 수 있게 되었습니다. 특히 GPT-4는 이미지 생성 AI인 달리Dall-E와 연동되어 있어 텍스트로 원하는 형태를 묘사하면 이미지를 생성해 줍니다.

야외에서 아이와 공놀이를 하는 귀여운 강아지를 그려 주세요.

반대로 이미지를 첨부하고 설명을 요청하거나 관련된 주제로 블로그, 인스타그램 게시글 작성, 더 나아가 사업 보고서 작성 등 다양한 작업이 가능합니다. 다음 그림은 GPT-4로 생성한 그림입니다. 이 그림을 챗GPT에 첨부하고 묘사해 달라고 하면 GPT-4는 다음과 같이 그림을 묘사합니다.

 첨부한 그림을 묘사해 주세요.

사진에는 한 남자가 사과 과수원에서 사과를 따고 있는 모습이 담겨 있습니다. 이 남자는 밀짚 모자를 쓰고 청바지 셔츠와 갈색 멜빵 바지를 입고 있습니다. 그는 한 손으로 사과나무에서 사과를 따고 있으며, 다른 손에는 사과가 가득 담긴 바구니를 들고 있습니다. 그의 얼굴에는 미소가 번져 있어 즐겁게 작업하고 있는 모습이 느껴 집니다.

배경으로는 사과나무들이 일렬로 심어져 있으며, 햇빛이 밝게 비추고 있어 따뜻하 고 평화로운 분위기가 연출되고 있습니다. 나무 사이로는 풀이 무성하게 자라 있으 며, 전반적으로 풍요로운 농촌의 풍경이 그려져 있습니다.

이번엔 이 그림을 바탕으로 수필을 작성해 달라고 해보겠습니다.

 이 그림의 상황에 맞는 수필을 작성해 주세요.

 사과 과수원은 항상 나에게 평온과 기쁨을 가져다준다. 매년 이맘때가 되면 나는 아 침 이슬이 아직 마르기 전 과수원으로 향한다. 상쾌한 공기가 나의 폐를 가득 채우 며, 밀짚 모자의 그늘 아래에서 세상을 바라보면 마치 시간이 멈춘 듯한 느낌이 든다.

오늘 아침도 어느 때와 다름없이 시작되었다. 따뜻한 햇살이 사과나무 사이로 비치 고, 새들은 조용히 노래하며 하루를 맞이한다. 나는 갈색 멜빵 바지를 입고 커다란 바구니를 들고 있었다. 사과나무 가지마다 탐스러운 사과들이 주렁주렁 매달려 있 다. 그중 가장 붉고 빛나는 사과를 고르기 위해 나는 손을 뻗었다.

손으로 느껴지는 사과의 단단함과 차가움이 좋다. 하나씩 조심스럽게 따서 바구니 에 담을 때마다, 나는 자연이 준 풍요로움에 감사함을 느낀다. 사과를 따는 일은 단 순한 노동이 아니다. 그것은 자연과의 교감이며, 한 해 동안의 수고를 결실로 맺는 순간이다. 사과 한 알 한 알이 모두 나의 노력과 자연의 협력으로 이루어진 결과물 이다.

사과를 따는 동안, 나는 종종 생각에 잠기곤 한다. 이 사과들이 사람들의 손에 들어가 어떤 이야기를 만들어 낼지 상상해본다. 누군가의 아침 식탁에서, 아이들의 점심 도시락에서, 또는 따뜻한 파이 속에서 이 사과들이 어떻게 쓰일지 말이다. 그것이 내가 이 일을 사랑하는 이유 중 하나이다. 나의 작은 수고가 누군가의 삶에 행복을 더해줄 수 있다는 사실이 나를 더욱 열심히 일하게 만든다.

오후가 되면, 햇살은 더욱 따사로워지고, 사과나무의 그림자는 길게 늘어진다. 나는 가득 찬 바구니를 내려놓고 잠시 휴식을 취한다. 주변을 둘러보니, 일렬로 서 있는 사과나무들이 마치 자연의 병정처럼 우뚝 서 있다. 그 모습은 항상 나에게 경외심을 불러일으킨다. 자연의 아름다움과 그 속에서 내가 할 수 있는 일의 가치에 대해 다시금 생각하게 된다.

황금빛 과수원에서의 하루는 이렇게 저물어 간다. 사과나무 아래에서의 시간은 나에게 특별하다. 단순한 노동 이상의 의미를 담고 있는 이곳에서, 나는 매일 자연과의 소통을 이어간다. 그리고 그 속에서 발견하는 작은 기쁨들이 나의 삶을 더욱 풍요롭게 만들어 준다.

이와 같이 GPT-4의 멀티모달 기능 덕분에 텍스트, 이미지, 음성 파일 등 다양한 형식의 입력을 처리할 수 있습니다.

마지막으로 GPT-4의 가장 강력한 기능은 바로 데이터 분석과 시각화입니다. GPT-4에 그래프를 그릴 수 있는 기능은 없지만 파이썬과 같은 프로그래밍 언어의 데이터 시각화 라이브러리를 사용하여 데이터 시각화가 가능합니다.

 인터넷에서 참조해 지난 10년간 대한민국 인구 수 변화에 대한 자료를 조사하고 이 데이터를 한눈에 이해하기 쉽게 차트로 그려줘.

 대한민국의 인구 변화 추이를 살펴보면, 2020년 이후 인구가 감소하는 경향을 보이고 있습니다. 이를 바탕으로 지난 10년간 인구 수 변화를 차트로 표현해 보겠습니다.

인구수 변화 데이터:

- 2014년: 51,354,000명
- 2015년: 51,537,000명
- 2016년: 51,664,000명
- 2017년: 51,764,000명
- 2018년: 51,829,000명
- 2019년: 51,843,000명
- 2020년: 51,829,000명
- 2021년: 51,773,000명
- 2022년: 51,667,000명
- 2023년: 51,609,000명

위 데이터를 기반으로 한 차트는 인구 수 변화의 추이를 시각적으로 표현하여 이해를 돕습니다.

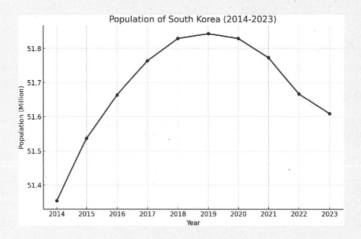

차트는 지난 10년간 대한민국의 인구 변화를 한눈에 보여 줍니다. 2020년까지 완만한 증가세를 보이다 이후부터 감소하는 추세를 나타내고 있습니다. 이 그래프를 통해 대한민국의 인구 감소가 최근에 본격적으로 시작되었음을 확인할 수 있습니다.

⚖️ 챗GPT-4o의 등장

2024년 5월 14일, 오픈AI는 공식 유튜브 채널에서 GTP 영상을 첫 공개하였습니다. 이 영상에서는 GTP를 직접 쓰는 모습을 통해 주요 특징과 기능을 보여 주었습니다.

오픈AI가 공개한 GPT-4o(출처: www.youtube.com/@OpenAI)

GPT-4o는 GPT-4의 한계를 뛰어넘어 다양한 면에서 향상된 기능을 제공하고 있습니다. 먼저 언어를 이해하고 생성하는 능력이 한층 강화되었습니다. GPT-4에서도 이미 뛰어난 언어 처리 능력을 보여 주었지만, GPT-4o는 장문의 글에서도 맥락을 유지하며 일관성 있는 텍스트를 생성할 수 있습니다. 예를 들어, 소설의 여러 챕터를 연속으로 작성할 때 각 챕터 간의 연결성이 높아져 독자들이 이야기에 몰입하기 쉬워졌습니다.

시간이 지남에 따라 정보는 빠르게 업데이트되고 변화합니다. GPT-4o는 최신 데이터를 반영하는 것은 물론 처리 속도도 GPT-4보다 2배나 빨라졌습니다. GPT-4o의 음성 반응 속도는 빠를 경우 232ms(1ms는 1000분의 1초), 평균 320ms로, 사람이 대화할 때와 같은 수준입니다.

사용자 맞춤형 답변을 제공하는 능력도 뛰어납니다. 사용자와 이전에 대화한 내용을 바탕으로 더 개인화된 정보를 제공할 수 있어 사용자 경험을 향상시켰습니다. 이제 사용자가 자주 묻는 프로그래밍 관련 질문에 대해 더 깊이 있는 정보를 제공하거나 특정 관심사에 대한 지속적인 대화가 가능합니다.

가장 큰 특징은 텍스트뿐만 아니라 이미지, 음성 등 다양한 형식의 데이터를 더 효과적으로 처리할 수 있다는 것입니다. GPT-4o는 문자, 이미지, 음성을 모두 인식해 실시간 번역 외에도 스마트폰 카메라를 사용해 사람의 표정을 이해하고 목소리의 톤 조절로 감정을 표현할 수도 있습니다.

GPT-4o가 공개되자 2013년에 개봉한 영화 〈HER〉가 현실화됐다는 평가도 나오고 있습니다. 이제는 챗GPT-4o가 사람과 자연스러운 대화를 나누고 카메라 렌즈를 통해 세상을 볼 수 있게 된 것입니다.

Chapter 03

챗GPT 입문하기

챗GPT의 모든 기능을 제대로 활용하기 위해서는 무료 버전인 GPT-3.5보다 GPT-4 이상 모델을 사용하는 것을 권합니다. 이 책의 모든 프롬프트 역시 GPT-4에 기반하고 있습니다. 이번 챕터에서는 챗GPT의 인터페이스와 앞으로 자주 사용하게 될 기능들을 상세히 다룹니다.

⚖️ 챗GPT 가입하고 플랜 업그레이드하기

지금까지 인공지능과 챗GPT에 대해 살펴봤으니 이제 본격적으로 챗GPT를 시작해 보겠습니다. 챗GPT는 어떤 브라우저에서든 실행할 수 있지만 최상의 성능과 호환성을 위해 크롬 브라우저 사용을 권장합니다.

먼저 검색 포털에서 "챗GPT" 또는 브라우저 주소 입력창에 chatGPT.com을 입력해 이동하면 다음과 같은 메인 화면을 볼 수 있습니다.

따로 로그인을 하지 않아도 챗GPT와 대화는 할 수 있지만 기록이 되진 않습니다. 화면 왼쪽 하단에서 회원 가입 또는 로그인을 진행할 수 있습니다. 이미 챗GPT를 이용한 적이 있다면 [로그인], 계정 생성이 필요하다면 [회원 가입]을 클릭합니다.

[회원 가입]을 클릭하면 다음과 같이 이메일 또는 이미 가지고 있는 구글, 마이크로소프트, 애플 계정을 활용해 간편하게 가입을 완료할 수 있습니다.

가입 방식에 따라 필요한 정보를 입력하고 [동의함]을 클릭합니다.

가입을 완료하면 다음과 같이 챗GPT 메인 화면을 볼 수 있습니다. 이 책은 챗 GPT의 사용자화를 위해 유료 버전인 GPT-4를 기반으로 하고 있습니다. 따라서 플랜 업그레이드가 필요합니다. 화면 왼쪽 하단의 [플랜 업그레이드]를 클릭합니다.

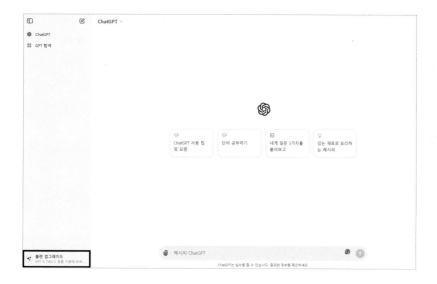

오픈AI에서 제공하는 챗GPT의 플랜은 다음과 같이 3가지입니다. 무료 플랜에서는 GPT-3.5를 이용할 수 있고 Plus 플랜에서는 이후 모든 버전을 이용할 수 있으며 월 20달러의 비용이 듭니다(부가가치세 별도). 여러 명이 이용할 경우 1인당 월 25달러로 Team 플랜을 구매할 수 있습니다.

플랜 업그레이드   ✕

Free
월 USD $0

나의 현재 플랜

✓ 글쓰기, 문제 해결 등에 대한 도움
✓ GPT-3.5에 액세스
✓ GPT-4o에 제한적 액세스
✓ 고급 데이터 분석, 파일 업로드, 비전, 웹 검색, 맞춤형 GPT에 대한 제한적 액세스

기존 플랜이 있으신가요? 결제 도움말을 참고하세요

✦ Plus
월 USD $20

Plus로 업그레이드

✓ 새 기능에 대한 얼리 액세스
✓ GPT-4, GPT-4o, GPT-3.5에 액세스
✓ Up to 5x more messages for GPT-4o
✓ 고급 데이터 분석, 파일 업로드, 비전, 웹 검색에 액세스
✓ DALL·E 이미지 생성
✓ 맞춤형 GPT 생성 및 사용

Limits apply

♟ Team
1인당 월 USD $25*

Team으로 업그레이드

Plus의 모든 기능, 그리고

✓ GPT-4, GPT-4o, 그리고 DALL·E 이미지 생성, 고급 데이터 분석, 웹 검색 등과 같은 도구의 사용 한도 증가
✓ 워크스페이스에서 GPT를 생성하고 공유하세요
✓ 워크스페이스 관리를 위한 관리자 콘솔
✓ Team의 데이터는 기본 설정상 훈련에서 제외됩니다. 자세히 알아보기

* 가격은 매년 청구되며 최소 사용자는 2명입니다.

더 많은 기능이 필요하신가요? ChatGPT Enterprise 보기

[Plus로 업그레이드]를 클릭하면 결제 화면으로 이동합니다. 결제할 카드 정보를 입력하면 간단하게 플랜을 구독할 수 있습니다.

⚖️ 챗GPT 이용하기

이제 챗GPT의 메인 화면을 살펴보겠습니다. 챗GPT는 크게 4개의 영역으로 나눌 수 있습니다.

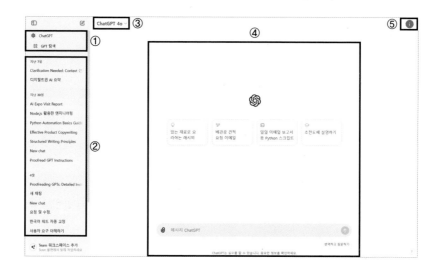

먼저 왼쪽 상단 영역 ①에서 [ChatGPT]는 새로운 채팅 창을 시작할 때 사용합니다. [ChatGPT] 오른쪽 아이콘을 클릭하면 챗GPT와 새로운 채팅 창이 생성됩니다. 그 아래 [GPT 탐색하기]는 GPT 모델의 다양한 기능을 살펴볼 수 있습니다. 이를 통해 일반적인 대화, 정보 제공, 콘텐츠 생성, 생산성 도구로 활용하는 방법 등을 알 수 있습니다. [GPT 탐색하기]를 클릭하면 다음과 화면으로 이동합니다.

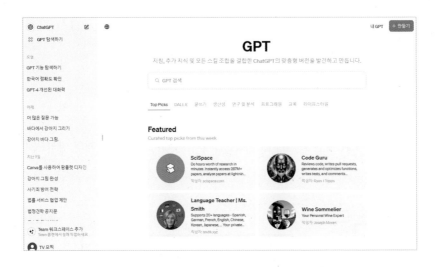

이 화면에서는 언어, 프로그래밍, 비즈니스 글쓰기 등등 맞춤형 버전의 GPT, 일명 GPTs를 만날 수 있습니다. GPTs를 사용하면서 문장, 즉 프롬프트Prompt 생성하거나 특정 질문에 답변하는 과정을 통해 GPT가 어떻게 작동하는지 이해할 수 있습니다. 이렇게 직접 경험함으로써 챗GPT가 예상치 못한 답변을 하거나 특정 주제에 대해 잘못된 정보를 제공할 때 문제를 해결하는 방법을 배울 수 있습니다.

또, GPTs를 활용하여 만든 다양한 프롬프트를 다른 사람과 공유하고 실험해 볼 수 있는 것도 큰 장점입니다. 많은 온라인 커뮤니티와 플랫폼에서는 사용자가 직접 개발한 창의적인 프롬프트를 공유하고 있습니다. 이러한 프롬프트를 활용하면 생각하지 못했던 다양한 아이디어를 경험하고 자신의 프로젝트나 연구에 적용해 볼 수 있습니다. 또, 자신만의 요구 사항에 맞추어 프롬프트를 개발하고 이를 공유함으로써 GPTs의 활용도를 높이고 다른 사용자에게 영감을 제공할 수도 있습니다. 개인 학습뿐만 아니라 커뮤니티의 발전에도 기여할 수 있어 GPTs의 다양한 가능성을 탐색하고 활용하는 데 매우 유용합니다.

예시로 제가 만들어 둔 법률 관련 GPTs, LexBot을 살펴보겠습니다. 화면 가운데 검색창에 "AI변호사" 또는 "LexBot"을 입력합니다. LexBot은 라틴어로 법을 뜻하는 Lex와 Robot의 bot을 합친 단어로, 이름 그대로 법률 서비스를 제공합니다.

LexBot은 이후 'Chapter 05 챗GPT를 활용한 AI 변호사 만들기'에서 법률 자문을 구할 때 다시 한번 자세히 살펴보겠습니다.

다시 챗GPT 메인 화면으로 돌아가겠습니다. 이번엔 화면의 왼쪽 ② 채팅 창 목록을 살펴보겠습니다. 이곳은 챗GPT와 진행한 대화를 기록하는 히스토리 영역으로, 새로운 채팅 창을 열 때마다 이 영역에 저장됩니다. 채팅 창에 자동으로 제목이 입력되고 사용자는 이 목록에서 이전 대화를 쉽게 찾아볼 수 있습니다. 특정 채팅 창에 마우스 커서를 얹으면 제목 오른쪽에 옵션 아이콘(•••)이 뜹니다. 이 아이콘을 클릭하면 다음과 같이 [공유하기], [이름 바꾸기], [아카이브에 보관], [삭제] 기능을 볼 수 있습니다.

③은 챗GPT의 버전을 설정할 수 있는 버튼입니다. [ChatGPT]를 클릭하면 GPT 버전을 선택할 수 있습니다. 유료 플랜을 구독했다면 다음과 같이 GPT-3.5부터 최신 버전까지 선택할 수 있습니다.

④는 메인 화면에서 가장 큰 영역을 차지하는 챗GPT와 나누는 대화를 볼 수 있는 채팅 창으로, 앞으로 가장 많이 사용할 영역입니다. 아래쪽의 입력창에서 프롬프트를 입력하고 이미지나 파일을 첨부할 수 있습니다.

입력창 왼쪽의 첨부 아이콘(📎)을 클릭하면 [Google Drive에 연결], [Micro-soft OneDrive에 연결], [컴퓨터에서 업로드]라는 옵션이 뜹니다. 파일이 저장된 위치에 따라 원하는 옵션을 선택할 수 있습니다. 또는 파일을 입력창으로 끌어와 파일을 업로드할 수도 있습니다. 단, 이 기능은 유료 플랜을 구독했을 때만 활용할 수 있습니다.

오른쪽 상단의 ⑤는 계정 관련 기능을 설정할 수 있습니다. 프로필 아이콘을 클릭하면 다음과 같은 창이 열립니다.

⊙ 내 플랜

& 내 GPT

▣ ChatGPT 맞춤 설정

⚙ 설정

[→ 로그아웃

[내 플랜]을 클릭하면 챗GPT 플랜 업그레이드 창이 뜹니다. 플랜을 업그레이드하면 사용자는 보다 고급 기능에 접근할 수 있고 더 나은 응답 품질과 확장된 대화 한계를 경험할 수 있습니다.

[내 GPT]는 사용자가 자신만의 GPT 인스턴스를 생성하고 관리할 수 있는 기능으로, 특정 목적에 맞춰 설계된 맞춤형 AI를 만들기 위한 도구입니다. 예를 들어 사용자가 요리법을 찾는 것이 목적이라면 이곳에서 자신만의 챗봇을 만들어 특화된 작업을 수행하도록 설정할 수 있습니다. 사용자는 자신의 요구 사항에 따라 챗봇의 기능을 세부적으로 조정할 수 있어 특정 주제에 대한 질문에 더 효과적인 응답을 받을 수 있습니다.

[ChatGPT 맞춤 설정]은 사용자가 자신만의 챗봇을 만들 수 있도록 지원하는 기능입니다. 이 설정으로 챗GPT에 특정 역할을 부여하거나 원하는 대화 스타일을 설정할 수 있습니다. 예를 들어, 사용자가 '음악 전문가' 역할을 할 챗봇을 원한다면 음악과 관련된 깊이 있는 지식을 활용하도록 챗봇을 맞춤 설정할 수 있습니다.

ChatGPT 맞춤 설정

맞춤형 지침 ⓘ

ChatGPT가 더 나은 응답을 제공해 드리기 위해 사용자님에 대해 알아두어야 할 것
이 있다면 무엇인가요?

0/1500

ChatGPT가 어떻게 응답했으면 하시나요?

0/1500

GPT-4 기능 ⓘ

| 🔍 찾아보기 ☑ | 🎨 DALL·E ☑ | >_ 코드 ☑ |

새 채팅에 사용 🔘   취소   저장

이 과정을 거쳐 챗GPT는 사용자의 특정 관심사나 필요에 따라 더욱 전문적인
답변을 제공할 수 있습니다. 이러한 기능들은 챗GPT를 단순한 대화 도구에서
벗어나 사용자의 다양한 요구를 충족시키는 맞춤형 솔루션으로 발전시키는
데 큰 역할을 합니다.

마지막으로 [설정]을 클릭하면 다음과 같은 설정창이 열립니다. 이곳에서 화
면 모드부터 언어, 음성 기능, 보안 등 사용자에 맞게 여러 가지 설정을 할 수
있습니다. 이 중 알아 두면 유용한 기능 몇 가지만 살펴보겠습니다.

[일반 → 주제]는 화면의 모드를 설정할 수 있습니다. 라이트 모드로 설정할 것인지 다크 모드로 설정할 것인지 선택할 수 있습니다. 그외 언어, 아카이브에 보관한 채팅, 삭제 등의 기능을 여기서 설정할 수 있습니다.

[데이터 제어]를 클릭하면 다음과 같은 설정창이 열립니다.

[모두를 위한 모델 개선]은 챗GPT를 개선하는 작업을 말합니다. 대화 내용을 학습 데이터로 직접 사용하는 것은 아니지만 사용자 피드백이나 이용 패턴 등 익명화된 정보를 기반으로 모델을 어떻게 개선해야 하는지 판단하는 데 활용합니다. 따라서 사용자의 정보를 활용하는 것을 방지하려면 이 기능을 [꺼짐]으로 변경합니다.

Chapter 04

챗GPT 프롬프트 가이드

챗GPT를 효과적으로 활용하기 위해서는 프롬프트를 제대로 입력하는 것이 중요합니다. 이 챕터에서는 챗GPT의 성능을 극대화할 수 있도록 다양한 프롬프트 작성 예시를 통해 최적의 질문을 하는 방법을 안내합니다. 더불어 챗GPT의 잠재력을 최대한 활용하려면 프롬프트를 어떻게 구성해야 하는지도 살펴봅니다.

⚖️ 질문을 잘 하는 방법 10가지

최근 인공지능 분야에서 주목받는 개념 중 하나가 창발적 능력Emergent abilities입니다. 이는 대규모 언어 모델Large Language Model, LLM이나 인공지능 시스템의 크기가 증가함에 따라 예측하지 못했던 새로운 능력을 보여 주는 현상을 가리킵니다. 예를 들어 복잡한 문제 해결, 창의적 아이디어 생성, 심층적인 인사이트 제공 등을 수행할 수 있게 된 것입니다. 그러나 왜 이런 현상이 발생하는지 명확한 이유는 아직 밝혀지지 않았으며 이는 인공지능 연구 분야에서 여전히 큰 미스터리로 남아 있습니다. 연구자들은 다양한 가설과 관찰을 통해 이 현상을 이해하려 노력하고 있지만, 아직 구체적인 원인을 설명할 수 있는 단계에는 이르지 못했습니다.

결국 인공지능이 새로운 능력을 보여 주고 굉장히 잘 작동하고 있음에도 그 원인을 모른다는 것은 아직까지 챗GPT에게 가장 효율적인 질문을 하는 방법에 정해진 답은 없다고 볼 수 있습니다. 하지만 수많은 사용자의 경험을 통해 얻은 인사이트를 바탕으로 챗GPT를 효율적으로 사용하기 위한 몇 가지 방법을 제시할 수 있습니다.

질문을 어떻게 하느냐에 따라 얻을 수 있는 답이 달라지듯이 챗GPT에게 더 정확하고 심도 있는 답변을 받고 잘못된 정보를 생성할 확률을 줄일 수 있습니다. 따라서 챗GPT를 제대로 활용하는 프롬프트, 즉 질문을 잘 하는 방법 10가지를 살펴보겠습니다.

⚖️ 구체적이고 명확하게

질문이 구체적이고 명확할수록 챗GPT는 더욱 정확하고 관련성 높은 답변을 제공합니다. 구체적인 질문과 모호한 질문의 차이는 챗GPT가 사용자의 의도를 파악할 수 있느냐 없느냐로 구분할 수 있습니다. 구체적인 질문은 챗GPT가 주어진 정보에 기반하여 답변을 구성할 수 있게 해줍니다. 예를 들어 "지구 온난화의 주요 원인은 무엇인가요?"라는 질문은 챗GPT에게 환경 변화에 대한 구체적인 요소를 분석하고 설명할 기회를 제공합니다. 이에 대한 답변으로 챗GPT는 화석 연료의 사용, 산업 활동, 농업 방법 등과 같이 지구 온난화에 기여하는 다양한 요인들을 상세하게 설명할 수 있습니다.

반면, 모호한 질문인 "지구 온난화에 대해 설명해 주세요."는 광범위하여 어디서부터 설명을 시작해야 할지, 사용자에게 어떤 정보가 필요한지를 정확히 파악하기 어렵습니다. 이런 질문에는 일반적인 개요만 제공할 가능성이 높아 사용자가 원하는 구체적인 정보를 놓칠 수 있습니다.

즉, 질문의 의도를 분명히 하는 것만으로 챗GPT가 데이터를 활용하여 보다 효과적인 답변을 제공할 수 있습니다. 예를 들어 "2024년 도쿄 올림픽에서 기대되는 주요 경기와 선수는 누구인가요?"라는 질문은 챗GPT가 최신 스포츠 트렌드와 선수들의 최근 성적 정보를 결합하여 구체적인 분석을 제공하도록 유도합니다. 실제 챗GPT에게 모호한 질문과 명확한 질문을 번갈아 해보면서 답변에 어떤 차이가 있는지 살펴보겠습니다.

모호한 질문

 영화 추천해 주세요.

 어떤 장르의 영화를 선호하시는지에 따라 추천할 수 있는 영화가 달라질 수 있어요. 선호하는 장르나 분위기가 있으면 알려 주세요. 아래는 다양한 장르별로 추천할 만한 영화들입니다.

액션

1. 매드 맥스: 분노의 도로 (Mad Max: Fury Road, 2015) – 긴장감 넘치는 액션과 화려한 비주얼로 많은 찬사를 받은 작품입니다.
2. 다크 나이트 (The Dark Knight, 2008) – 배트맨 시리즈 중 가장 뛰어난 작품으로 평가받으며, 히스 레저의 조커 연기가 인상적입니다.

드라마

1. 쇼생크 탈출 (The Shawshank Redemption, 1994) – 감동적이고 희망적인 이야기로 오랜 시간 사랑받고 있는 영화입니다.
2. 레버넌트: 죽음에서 돌아온 자 (The Revenant, 2015) – 대자연 속에서 벌어지는 생존 드라마로, 레오나르도 디카프리오의 명연기가 돋보입니다.

로맨스

1. 노트북 (The Notebook, 2004) – 애절한 사랑 이야기를 그린 로맨스 영화입니다.
2. 이터널 선샤인 (Eternal Sunshine of the Spotless Mind, 2004) – 독특한 설정 속에서 전개되는 사랑 이야기로, 많은 사람들에게 깊은 인상을 남겼습니다.

코미디

1. 슈퍼배드 (Superbad, 2007) – 청소년들의 우정과 일탈을 그린 코미디 영화로 많은 웃음을 줍니다.
2. 프렌치 디스패치 (The French Dispatch, 2021) – 웨스 앤더슨 감독의 독특한 스타일이 돋보이는 코미디 영화입니다.

SF/판타지

1. 인셉션 (Inception, 2010) – 꿈속의 꿈을 다루는 복잡하고도 흥미로운 이야기로 많은 사랑을 받은 작품입니다.
2. 반지의 제왕 시리즈 (The Lord of the Rings, 2001–2003) – J.R.R. 톨킨의 원작을 바탕으로 한 판타지 영화의 대명사입니다.

공포

1. 겟 아웃 (Get Out, 2017) – 인종 차별을 소재로 한 독특한 공포 영화로 많은 찬사를 받았습니다.
2. 컨저링 (The Conjuring, 2013) – 실제 사건을 바탕으로 한 무서운 이야기로 공포 영화 팬들에게 인기가 많습니다.

애니메이션

1. 스파이더맨: 뉴 유니버스 (Spider-Man: Into the Spider-Verse, 2018) – 독특한 애니메이션 스타일과 흥미진진한 스토리로 많은 사랑을 받았습니다.
2. 토이 스토리 시리즈 (Toy Story, 1995–2019) – 모든 연령대가 즐길 수 있는 따뜻한 이야기를 담고 있는 애니메이션입니다.

원하시는 장르나 분위기를 말씀해 주시면 좀 더 구체적으로 추천드릴 수 있습니다!

명확한 질문

 최근 개봉한 SF 판타지 영화 중에 평이 좋은 작품을 추천해 주세요.

 최근 개봉한 SF 판타지 영화 중에서 평이 좋은 작품 몇 가지를 추천드립니다.

1. "Rebel Moon" (2023)
- 감독: 잭 스나이더
- 줄거리: 평화로운 행성이 우주 제국에 의해 위협받자, 젊은 여성 전사가 저항군을 결성해 맞서 싸우는 이야기입니다. 시각적으로 화려하며, 스나이더 특유의 스타일이 돋보입니다.

- 평가: 이 영화는 시각 효과와 흥미진진한 스토리로 많은 호평을 받았습니다.

2. "The Creator" (2023)
- 감독: 가렛 에드워즈
- 줄거리: AI와 인간 사이의 갈등을 그린 미래 지구를 배경으로, 인간과 AI의 경계를 탐구하는 이야기를 다룹니다.
- 평가: 감동적인 서사와 뛰어난 시각 효과로 관객과 평론가들에게 좋은 평가를 받고 있습니다.

3. "Spider-Man: Across the Spider-Verse" (2023)
- 감독: 호아킴 도스 산토스, 캠프 파워스, 저스틴 K. 톰슨
- 줄거리: 다양한 스파이더맨들이 모여 멀티버스의 위협에 맞서는 이야기로, 애니메이션 기술과 스토리텔링이 탁월합니다.
- 평가: 독창적인 애니메이션 스타일과 흥미진진한 플롯으로 많은 찬사를 받았습니다 (Columns) (Movie Insider).

이외에도 **"Guardians of the Galaxy Vol. 3"**와 **"Transformers: Rise of the Beasts"**도 과학 판타지 장르에서 큰 인기를 얻고 있습니다. 각 영화의 트레일러를 확인하시고, 선호하는 스타일에 맞는 영화를 선택하시면 좋을 것 같습니다.

모호한 질문

 어떤 공부를 해야 할까요?

 어떤 공부를 해야 할지 결정하는 데는 여러 가지 요인이 영향을 미칠 수 있습니다. 여기 몇 가지 고려할 만한 사항과 추천되는 공부 방법을 소개합니다.

1. 목표 설정
우선, 자신의 목표를 명확히 하는 것이 중요합니다. 목표에 따라 필요한 공부의 종류가 달라질 수 있습니다.

- 직업적 목표: 특정 직업을 목표로 한다면 그 직업에 필요한 기술과 지식을 공부해야 합니다. 예를 들어, 프로그래밍, 디자인, 마케팅 등.
- 학업적 목표: 특정 학문 분야에서 성공을 목표로 한다면 해당 분야의 깊이 있는 공부가 필요합니다. 예를 들어, 물리학, 역사학, 경제학 등.
- 개인적 목표: 취미나 자기 계발을 위한 공부도 좋습니다. 예를 들어, 외국어 학습, 음악, 요리 등.

2. 필수 스킬 개발
현대 사회에서 많은 직업이 요구하는 공통된 스킬들이 있습니다. 이러한 스킬을 공부하면 다방면에서 유리할 수 있습니다.

- 디지털 리터러시: 기본적인 컴퓨터 사용 능력과 인터넷 활용 능력.
- 커뮤니케이션: 효과적인 글쓰기와 말하기 능력.
- 문제 해결: 비판적 사고와 창의적인 문제 해결 능력.
- 데이터 분석: 데이터 해석과 분석 능력.

3. 자기 계발 및 자기 관리
자기 관리를 통해 지속 가능한 학습 습관을 기르는 것도 중요합니다.

- 시간 관리: 효율적인 시간 관리를 통해 생산성을 높입니다.
자기 학습: 온라인 코스나 독서를 통해 스스로 공부하는 능력.
- 스트레스 관리: 운동, 명상 등으로 스트레스를 관리합니다.

추천 공부 분야
- 프로그래밍: Python, JavaScript, Java 등 인기 있는 프로그래밍 언어 공부.
- 데이터 사이언스: 데이터 분석, 머신러닝, 인공지능 등.
- 디자인: 그래픽 디자인, UX/UI 디자인 등.
- 비즈니스: 마케팅, 경영, 재무 관리 등.

학습 리소스
- 온라인 강의 플랫폼: Coursera, edX, Udemy
- 유튜브 채널: CrashCourse, Khan Academy, TED-Ed
- 도서: 관련 분야의 교과서나 전문가가 쓴 책

자신의 목표와 흥미에 맞는 공부를 선택하여 꾸준히 해나가는 것이 중요합니다. 공부하는 과정에서 지속적으로 목표를 재검토하고, 필요한 경우 새로운 방향으로 공부를 확장해 나가는 것도 좋은 방법입니다.

명확한 질문

 글로벌 마케팅 분야로 진출하려면 어떤 자격증을 공부해야 하나요?

 글로벌 마케팅 분야로 진출하는 데 유용한 자격증과 학습 경로는 다음과 같습니다.

1. Certified Digital Marketing Professional (CDMP)
- 기관: Digital Marketing Institute (DMI)
- 내용: 디지털 마케팅 전략, SEO, 콘텐츠 마케팅, 소셜 미디어 마케팅, 이메일 마케팅, 데이터 분석 등을 포함합니다.
- 장점: 글로벌 마케팅 트렌드와 최신 기술에 대한 지식을 습득할 수 있습니다.

2. Google Analytics Individual Qualification (GAIQ)
- 기관: Google
- 내용: Google Analytics를 통한 웹사이트 트래픽 분석, 보고서 작성, 데이터 기반 의사 결정.
- 장점: 웹사이트 성과 측정 및 최적화에 필수적인 데이터 분석 능력을 키울 수 있습니다.

3. HubSpot Content Marketing Certification
- 기관: HubSpot Academy
- 내용: 콘텐츠 마케팅 전략 수립, 콘텐츠 제작 및 배포, 성과 분석.
- 장점: 콘텐츠 마케팅의 전반적인 과정과 실무 능력을 배양할 수 있습니다.

4. Facebook Blueprint Certification
- 기관: Facebook

- 내용: Facebook 및 Instagram 광고, 타기팅 전략, 캠페인 관리.
- 장점: 주요 소셜 미디어 플랫폼을 활용한 광고 전략을 익힐 수 있습니다.

5. Certified International Marketing Specialist (CIMS)
- 기관: International Institute of Marketing Professionals (IIMP)
- 내용: 국제 마케팅 전략, 글로벌 시장 조사, 문화적 차이를 고려한 마케팅.
- 장점: 국제 마케팅 분야의 전문성을 높일 수 있습니다.

6. Project Management Professional (PMP)
- 기관: Project Management Institute (PMI)
- 내용: 프로젝트 관리, 일정 관리, 리스크 관리, 품질 관리.
- 장점: 마케팅 캠페인 프로젝트를 효과적으로 관리하고 실행할 수 있는 능력을 갖출 수 있습니다.

7. Language Proficiency Certifications
- 기관: 각 언어별 공식 인증 기관 (예: TOEIC, DELE, HSK 등)
- 내용: 영어, 스페인어, 중국어 등 주요 언어의 구사 능력 인증.
- 장점: 글로벌 시장에서 다양한 언어를 구사할 수 있는 능력은 큰 장점입니다.

8. Certified Marketing Management Professional (CMMP)
기관: Marketing Management Professional Certification Institute (MMP)
- 내용: 마케팅 전략, 브랜드 관리, 마케팅 리서치.
- 장점: 마케팅 관리의 전문성을 강화할 수 있습니다.

9. Salesforce Certified Marketing Cloud Consultant
- 기관: Salesforce
- 내용: Salesforce 마케팅 클라우드 사용, 데이터 관리, 고객 여정 설계.
- 장점: CRM과 마케팅 자동화 시스템을 활용한 효율적인 마케팅 전략을 배울 수 있습니다.

학습 리소스
- Coursera: 다양한 마케팅 관련 코스와 자격증 프로그램 제공.

- edX: 글로벌 마케팅과 관련된 강좌와 인증서 프로그램.
- LinkedIn Learning: 마케팅, 데이터 분석, 프로젝트 관리 등의 다양한 강의.

추천 도서
- "Marketing 4.0: Moving from Traditional to Digital" by Philip Kotler
- "The New Rules of Marketing and PR" by David Meerman Scott
- "Influence: The Psychology of Persuasion" by Robert B. Cialdini

이 자격증과 학습 자료를 통해 글로벌 마케팅 분야에서 필요한 지식과 기술을 습득하고, 경력을 쌓아 나가시면 좋겠습니다.

모호한 질문에 대한 답과 명확한 질문에 대한 답을 비교해 보면 전자는 분야를 파악하지 못해 광범위하고 보편적인 답만 하는 것을 볼 수 있습니다. 반면 구체적인 질문에는 사용자가 원하는 답변은 물론이고 덧붙여서 필요로 할 만한 것까지 추가로 알려 주고 있습니다.

이처럼 질문이 명확하고 구체적이면 챗GPT는 질문의 범위를 적절히 파악하고 관련된 정보를 심층적으로 탐색하여 답변할 수 있습니다.

⚖️ 목표 설정하기

질문에 목표를 설정하면 챗GPT가 해당 목표에 초점을 맞춰 관련된 정보와 인사이트를 제공함으로써 더 정확하고 유용한 정보를 얻을 수 있습니다. 예를 들어 "인공지능의 영향력에 대해 알려 주세요."라는 질문보다 "인공지능이 미래의 일자리에 미치는 영향력에 대해 알려 주세요."라는 질문이 목표가 더 잘 드러나므로 구체적이고 원하는 정보를 얻을 수 있습니다.

더 나아가 명확한 목표는 챗GPT가 답변을 하는 과정에서 중요한 세부 정보와 변수들을 고려하게 만듭니다. 예를 들어 "인공지능 기술이 의료 분야에서 어떻게 환자의 치료 경험을 개선할 수 있는가?"라는 질문을 했을 때 '치료 경험 개선'이라는 목표를 인지한 챗GPT는 최신 의료 AI 응용 프로그램의 예와 해당 기술이 실제 어떻게 활용되고 있는지 그리고 이러한 기술이 장기적으로 의료 서비스에 어떤 변화를 가져올 수 있는지 등에 집중하도록 합니다.

그렇다면 목표를 설정하지 않은 질문과 설정한 질문을 통해 답변에 어떤 차이가 있는지 살펴보겠습니다.

목표를 설정하지 않은 질문

 다이어트에 도움이 되는 팁을 알려 주세요.

 다이어트에 도움이 되는 몇 가지 효과적인 팁을 소개합니다. 이 팁들은 여러 출처에서 입증된 방법들로, 지속 가능한 체중 감량을 도울 수 있습니다.

1. 균형 잡힌 식단 유지
- 채소와 과일 섭취 증가: 다양한 채소와 과일을 식단에 포함시키면 비타민, 미네랄, 섬유질을 충분히 섭취할 수 있습니다.
- 단백질 섭취: 단백질은 포만감을 오래 유지시켜 과식을 방지합니다. 닭고기, 생선, 두부, 콩류 등을 포함하세요.
- 건강한 지방: 아보카도, 올리브 오일, 견과류 같은 건강한 지방은 필요한 에너지를 공급합니다.

2. 규칙적인 운동
- 유산소 운동: 걷기, 달리기, 수영, 자전거 타기 등 유산소 운동은 칼로리 소모에 효과적입니다.
- 근력 운동: 근육량을 늘리면 기초 대사량이 증가해 더 많은 칼로리를 소모할 수 있습니다. 웨이트 트레이닝이나 저항 밴드를 활용해 보세요.

3. 충분한 수면
- 수면 부족은 식욕 호르몬에 영향을 미쳐 과식을 유발할 수 있습니다. 매일 7~9시간의 충분한 수면을 취하세요.

4. 수분 섭취
- 물 많이 마시기: 물은 포만감을 유지시키고, 체내 노폐물을 배출하는 데 도움이 됩니다. 하루에 2리터 이상의 물을 섭취하는 것이 좋습니다.

5. 스트레스 관리
- 명상, 요가, 심호흡 운동 등은 스트레스를 줄이는 데 도움이 됩니다. 스트레스는 과식을 유발할 수 있으므로 관리가 필요합니다.

6. 식사 기록
- 식사 일기 쓰기: 먹는 음식을 기록하면 섭취량을 관리하고, 잘못된 식습관을 교정하는 데 도움이 됩니다. 앱이나 노트를 활용해 보세요.

7. 식사 시간 조절
- 규칙적인 식사 시간: 하루 3끼를 규칙적으로 먹고, 특히 아침 식사를 중요시하세요. 불규칙한 식사는 과식을 유발할 수 있습니다.

- 저녁 식사 시간 조절: 저녁은 가급적 가볍게, 잠자기 2–3시간 전에 끝내는 것이 좋습니다.

8. 간식 선택
- 건강한 간식: 과일, 견과류, 요거트 등 건강한 간식을 선택하세요. 칼로리가 높은 정크푸드는 피하는 것이 좋습니다.

9. 정크푸드 피하기
- 가공 식품 줄이기: 설탕과 지방이 많이 포함된 가공 식품은 피하고, 자연 식품을 섭취하세요.

10. 적절한 목표 설정
- 현실적인 목표: 무리한 다이어트는 오히려 건강을 해칠 수 있습니다. 현실적이고 지속 가능한 목표를 설정하세요.

이외에도 지속적인 학습과 정보 업데이트를 통해 다이어트를 효율적으로 진행할 수 있습니다. 다음 자료들도 참고해 보세요.

- Mayo Clinic: Weight Loss
- Healthline: How to Lose Weight Fast
- Harvard T.H. Chan School of Public Health: Healthy Weight

이 팁들을 활용하여 건강하게 체중을 관리하시길 바랍니다.

목표를 설정한 질문

 직장인이 바쁜 일정을 소화하면서도 건강하게 체중을 감량할 수 있는 식단과 운동 팁을 알려 주세요.

 바쁜 직장인이 건강하게 체중을 감량할 수 있는 식단과 운동 팁을 소개합니다.

식단 팁

1. 식사 준비
- 주말에 식사 준비: 주말에 일주일치 식사를 준비해 두면 바쁜 주중에 건강한 음식을 간편하게 먹을 수 있습니다.
- 간편한 요리: 샐러드, 그릴드 치킨, 구운 채소 등 간단하게 준비할 수 있는 음식을 선택하세요.

2. 균형 잡힌 식사
- 아침 식사: 단백질과 섬유질이 풍부한 음식을 섭취하여 하루를 시작하세요. 예: 오트밀, 그릭 요거트, 베리류.
- 점심: 야채와 단백질이 풍부한 샐러드나 샌드위치. 예: 닭가슴살 샐러드, 퀴노아 볼.
- 저녁: 가벼운 저녁 식사로 생선이나 닭고기와 함께 다양한 채소를 섭취하세요. 예: 연어와 구운 채소.

3. 간식
- 건강한 간식 선택: 견과류, 과일, 요거트 등 건강한 간식을 준비해 두세요.
- 소량 포장: 과식을 방지하기 위해 간식을 소량으로 포장하여 섭취합니다.

4. 수분 섭취
- 충분한 물 마시기: 하루에 최소 2리터 이상의 물을 섭취하세요.
- 허브티: 커피 대신 허브티나 녹차를 마셔서 카페인 섭취를 줄이고 수분을 보충하세요.

운동 팁

1. 짧고 집중적인 운동
- HIIT(High-Intensity Interval Training): 짧은 시간 내에 효과적으로 운동할 수 있는 방법입니다. 하루 20-30분 정도로 충분합니다.
- 집에서 하는 운동: 스쿼트, 푸쉬업, 플랭크 등 간단한 전신 운동을 집에서 할 수 있습니다.

2. 일상에서의 활동 증가
- 걷기: 가능한 한 많이 걷기. 엘리베이터 대신 계단 이용, 가까운 거리는 걸어 다니기.

- 스트레칭: 매 시간 짧게 스트레칭하여 몸을 풀어줍니다.

3. 일과 중 운동
- 점심시간 활용: 점심시간을 이용해 짧은 산책이나 가벼운 운동을 합니다.
- 사무실에서 운동: 책상에서 할 수 있는 간단한 스트레칭이나 근력 운동을 활용합니다.

참고 자료
Mayo Clinic – Weight Loss: Strategies for Success
Healthline – How to Lose Weight Fast
Harvard T.H. Chan School of Public Health – Healthy Weight

이 팁들을 바탕으로 바쁜 일정 속에서도 건강하게 체중을 관리할 수 있기를 바랍니다.

구체적인 상황(바쁜 직장인), 맥락(일정 소화), 원하는 결과(체중 감량), 필요한 조언의 유형(식단과 운동)을 명확하게 설정하자 챗GPT는 목표에 맞는 식단과 운동에 대한 실용적인 정보를 제공합니다.

이처럼 질문에 명확한 목표를 설정하는 것은 챗GPT가 제공하는 답변의 범위와 깊이를 향상시키는 데 중요한 역할을 합니다. 이 방식은 챗GPT가 보다 정밀하게 정보를 처리하고 사용자의 요구에 더욱 맞춤화된 답변을 생성하는 데 도움을 줍니다. 덕분에 사용자는 충실하고 만족스러운 답변을 얻을 수 있습니다.

⚖️ 맥락 제공하기

질문을 할 때 배경 정보나 상황과 같은 맥락을 함께 제공하는 것이 좋습니다. 맥락을 제공하면 챗GPT가 질문의 목적을 쉽게 파악할 수 있어 더 유용하고 실용적인 답변을 할 가능성이 높아집니다. 맥락은 질문에 대한 정확한 이해를 돕기 때문에 구체적인 정보를 포함하는 것이 좋습니다. 따라서 배경 정보나 상황뿐만 아니라 의도와 목표, 우려되는 점, 고려해야 할 제약 사항이나 규칙 등을 포함하여 정보를 풍부하게 제공하는 것이 중요합니다.

예를 들어, 사용자가 "기후 변화가 농업에 미치는 영향에 대해 알고 싶어요."라고 질문할 때 "특히 건조 지역에서의 영향을 중심으로"라는 정보를 추가하면 챗GPT는 방대한 데이터 중에서도 건조 지역의 특수한 조건과 기후 변화의 상호 작용을 분석하는 데 집중할 수 있습니다. 여기서 나아가 "이 지역의 농민들이 겪고 있는 주요 문제와 그들이 취할 수 있는 적응 전략은 무엇인지도 포함해 주세요."라고 요청하면 챗GPT는 더욱 심층적인 정보를 제공하고 구체적인 해결책을 제시할 수 있습니다.

정보와 더불어 의도를 명확하게 표현하는 것 역시 챗GPT가 제공하는 답변을 더욱 목표 지향적으로 만들어 줍니다. 예를 들어, "다가오는 회의에서 발표할 자료를 준비하고 있어요. 데이터 보안의 최신 동향과 그에 따른 기업의 대응 전략을 중심으로 정보를 제공해 주세요."라고 하면 챗GPT는 발표에 도움이 될 데이터 보안의 최신 동향과 전략적 접근 방식을 중심으로 정보를 정리할 것입니다. 이처럼 질문에 맥락 포함 여부에 따라 챗GPT의 답변이 어떻게 달라지는지 프롬프트를 통해 살펴보겠습니다.

맥락 없는 질문

 이탈리아에서 뭘 먹어야 하나요?

 이탈리아는 다양한 지역별 요리와 풍부한 음식 문화를 자랑하는 나라입니다. 각 지역마다 독특한 특산물이 있고, 꼭 맛봐야 할 음식들이 있습니다. 이탈리아에서 꼭 먹어봐야 할 대표적인 음식을 소개합니다.

1. 피자 (Pizza)
- 나폴리탄 피자 (Pizza Napoletana): 나폴리에서 유래한 피자로, 얇은 도우에 신선한 토마토 소스, 모짜렐라 치즈, 바질, 올리브 오일이 기본 토핑입니다. 나폴리의 피자 가게에서 전통 피자를 꼭 맛보세요.
- 마르게리타 피자 (Pizza Margherita): 나폴리 피자의 대표적인 종류로, 이탈리아 국기를 상징하는 빨간 토마토, 하얀 모짜렐라 치즈, 초록색 바질을 사용합니다.

2. 파스타 (Pasta)
- 스파게티 알라 카르보나라 (Spaghetti alla Carbonara): 로마의 대표적인 파스타 요리로, 달걀, 치즈(주로 페코리노), 구운 판체타(돼지 뱃살)와 후추로 만든 소스를 사용합니다.
- 볼로네제 (Tagliatelle al Ragù): 에밀리아-로마냐 지역의 대표 요리로, 태그리아텔레 파스타에 고기 라구 소스를 곁들인 요리입니다.

3. 리소토 (Risotto)
- 리소토 알라 밀라네제 (Risotto alla Milanese): 밀라노의 전통 요리로, 사프란을 사용하여 노란 색을 띠며, 크리미한 식감이 특징입니다.

4. 아란치니 (Arancini)
- 시칠리아식 주먹밥: 튀긴 주먹밥으로, 안에 라구, 모짜렐라 치즈, 완두콩이 들어감

니다. 시칠리아에서 꼭 먹어봐야 할 간식입니다.

5. 젤라또 (Gelato)
- 이탈리아식 아이스크림: 신선한 재료로 만든 젤라또는 풍부한 맛과 부드러운 식감이 특징입니다. 다양한 맛을 시도해 보세요.

6. 티라미수 (Tiramisu)
- 이탈리아 대표 디저트: 마스카르포네 치즈, 커피, 카카오 가루, 레이디핑거 비스킷을 층층이 쌓아 만든 디저트로, 부드럽고 달콤한 맛이 일품입니다.

7. 해산물 요리
- 프리티 미스트 (Fritto Misto): 다양한 해산물과 야채를 튀긴 요리로, 바삭한 식감이 특징입니다. 해안가 지역에서 신선한 해산물을 사용한 프리티 미스트를 즐겨보세요.

8. 프로슈토 (Prosciutto)
- 이탈리아식 생햄: 얇게 저민 프로슈토를 멜론과 함께 먹거나, 빵에 얹어 먹는 것이 일반적입니다. 파르마 지역의 프로슈토 디 파르마가 유명합니다.

참고 자료
- Lonely Planet: What to eat in Italy
- Italy Magazine: Top 10 Foods To Eat In Italy
- National Geographic: What to Eat in Italy

이탈리아 여행을 계획하신다면, 지역별 특산물을 맛보는 것도 좋은 경험이 될 것입니다. 맛있고 다양한 이탈리아 음식을 즐겨보세요!

맥락을 제공한 질문

 이탈리아 남부 지방을 여행 중인데, 해산물 요리로 유명한 현지 음식을 어디서 먹을 수 있을까요?

이탈리아 남부 지방에서 해산물 요리로 유명한 몇몇 지역과 레스토랑을 소개합니다. 남부 이탈리아는 지중해와 접해 있어 신선한 해산물을 활용한 요리가 유명합니다.

나폴리 (Naples)
- 지역 특산물: 나폴리는 피자뿐만 아니라 해산물 요리로도 유명합니다.
- 추천 레스토랑:
- Ristorante La Scialuppa: 나폴리의 유명한 해산물 레스토랑으로, 신선한 생선과 해산물 요리를 맛볼 수 있습니다.
- Trattoria Da Nennella: 전통적인 나폴리 해산물 요리를 즐길 수 있는 곳입니다. 가격도 합리적이며 현지인들 사이에서 인기가 많습니다.

시칠리아 (Sicily)
- 지역 특산물: 시칠리아는 다양한 해산물 요리로 유명합니다. 특히, 아란치니와 카포나타가 인기 있습니다.
- 추천 레스토랑:
- Antica Focacceria San Francesco (팔레르모): 전통적인 시칠리아 해산물 요리를 제공하는 레스토랑입니다.
- La Madia (리카타): 미슐랭 2스타를 받은 레스토랑으로, 창의적인 해산물 요리를 맛볼 수 있습니다.

아말피 해안 (Amalfi Coast)
- 지역 특산물: 아말피 해안은 아름다운 경치와 함께 신선한 해산물 요리로 유명합니다.
- 추천 레스토랑:
- Ristorante Marina Grande (아말피): 해변가에 위치한 이 레스토랑은 신선한 해산물과 훌륭한 전망을 제공합니다.
- Il Pirata (프라이아노): 해안가의 작은 마을에서 신선한 해산물을 즐길 수 있는 레스토랑입니다.

풀리아 (Puglia)
- 지역 특산물: 풀리아는 오징어, 문어, 조개류 등 다양한 해산물 요리로 유명합니다.

- 추천 레스토랑:
- Osteria del Tempo Perso (오스투니): 전통적인 풀리아 요리를 제공하는 유명한 레스토랑입니다.
- Ristorante Grotta Palazzese (폴리냐노 아 마레): 해변 절벽에 위치한 독특한 레스토랑으로, 로맨틱한 분위기에서 해산물 요리를 즐길 수 있습니다.

칼라브리아 (Calabria)
- 지역 특산물: 칼라브리아는 매운 맛의 'Nduja'와 함께 해산물 요리가 유명합니다.
- 추천 레스토랑:
- Ristorante Da Mimmo (트로페아): 트로페아는 아름다운 해변과 신선한 해산물로 유명합니다. 이 레스토랑에서 지역 특산 해산물 요리를 맛볼 수 있습니다.
- La Lampara (레조 디 칼라브리아): 해산물 파스타와 신선한 생선 요리를 즐길 수 있는 곳입니다.

이탈리아 남부는 지역마다 독특한 해산물 요리가 있습니다. 현지 시장에서도 신선한 해산물을 구입해 요리할 수 있는 기회를 잡아 보세요. 맛있는 해산물 요리를 즐기며 멋진 여행을 보내시기 바랍니다.

맥락 없는 질문과 달리 '위치'와 '원하는 음식 종류'라는 맥락을 제공하자 챗GPT는 보다 구체적인 메뉴와 추천 레스토랑, 레스토랑의 메인 요리까지 추천하고 있습니다.

이처럼 정보와 의도가 포함된 질문은 챗GPT가 질문의 깊이를 이해하고 맥락에 따라 실용적인 답변을 제공하는 데 도움을 줍니다. 이런 방식으로 사용자는 자신의 요구와 목적에 맞는 맞춤형 답변을 얻을 수 있고 이는 효과적으로 정보를 수집하고 문제를 해결하는 데 큰 도움이 될 것입니다.

⚖️ 단계적으로 질문하기

복잡한 질문에 대한 답을 얻기 위해서는 질문의 단계를 나누어 제시하면 각 부분에 대한 답변을 체계적으로 얻을 수 있습니다. 이는 챗GPT가 각 질문의 특정 주제에 집중하도록 하여, 답변을 세분화하고 더욱 명확하고 상세한 정보를 제공받는 방법입니다.

예를 들어 '세계 경제의 현재 동향과 미래 전망'이라는 광범위한 주제를 다룰 때 이 질문을 몇 가지 하위 주제로 나누어 접근할 수 있습니다. 첫 번째 단계에서는 "최근 세계 경제의 주요 동향은 무엇인가요?"라고 물어볼 수 있습니다. 이에 대한 답변으로 챗GPT는 최근의 경제 지표, 주요 국가들의 경제 성장률, 무역 및 투자 흐름에 대해 설명할 수 있습니다.

다음 단계에서는 "이러한 동향이 향후 세계 경제에 어떤 영향을 미칠까요?"라고 질문을 구체화할 수 있습니다. 이 질문에 대해서는 경제 예측 모델, 전문가 분석, 가능한 시나리오 등을 통해 미래 경제 전망에 대한 깊이 있는 분석을 제공할 것입니다. 마지막으로 "이러한 전망에 따라 개인과 기업은 어떻게 대응해야 할까요?"라는 보다 구체적인 질문을 하면 챗GPT는 개인의 재정 계획, 기업의 전략적 결정 등에 대한 실질적인 조언을 제공할 수 있습니다.

이처럼 주제가 복잡한 질문은 단계별로 나누어 질문함으로써 각 단계에서 필요한 정보를 체계적으로 수집하고, 전체적인 그림을 깊게 볼 수 있습니다. 다음 프롬프트 예시를 통해 질문을 어떻게 단계적으로 나눌 수 있는지 살펴보겠습니다.

복잡한 질문

집을 리모델링하는 데 드는 비용과 인테리어 디자인을 할 때 알아 두면 좋은 팁을 알려 주세요.

집을 리모델링하는 것은 큰 프로젝트지만, 계획을 잘 세우고 적절한 예산을 관리하면 성공적으로 완수할 수 있습니다. 아래는 리모델링 비용과 인테리어 디자인을 위한 주요 요소들을 정리한 것입니다.

리모델링 비용
리모델링 비용은 다양한 요인에 따라 크게 달라질 수 있습니다. 일반적인 비용 요소와 평균 비용을 정리하면 다음과 같습니다.

1. 주택 규모와 상태
- 평균 비용: 집 크기와 현재 상태에 따라 $10,000에서 $150,000 이상까지 다양합니다.

2. 공간별 리모델링 비용
- 주방 리모델링: $12,500 ~ $33,000
- 욕실 리모델링: $6,000 ~ $15,000
- 거실 리모델링: $5,000 ~ $10,000
- 침실 리모델링: $3,000 ~ $7,000

3. 기타 비용 요소
- 설계 및 계획 비용: 전체 예산의 10% ~ 15%
- 노동 비용: 전체 비용의 약 20% ~ 35%
- 재료 비용: 사용되는 재료에 따라 비용이 크게 달라질 수 있음

인테리어 디자인 팁
인테리어 디자인을 성공적으로 진행하기 위한 몇 가지 팁을 소개합니다.

1. 스타일 선택

- 현대적 스타일: 미니멀리즘과 기능성에 중점을 두어 깔끔한 라인과 중립적인 색상을 사용합니다.
- 전통적 스타일: 클래식한 가구와 장식을 사용해 따뜻하고 아늑한 분위기를 연출합니다.
- 보헤미안 스타일: 다양한 색상과 패턴을 혼합해 자유롭고 예술적인 분위기를 만듭니다.

2. 색상 조화
- 뉴트럴 톤: 베이지, 화이트, 그레이 등은 공간을 넓고 깔끔하게 보이게 합니다.
- 포인트 색상: 중립적인 색상에 포인트로 강렬한 색상을 더해 시각적 관심을 끌 수 있습니다.

3. 조명
- 자연광 최대화: 큰 창문과 얇은 커튼을 사용해 자연광을 많이 들여오도록 합니다.
- 레이어드 조명: 천장 조명, 스탠드 조명, 벽 조명을 함께 사용해 다양한 조명 효과를 연출합니다.

4.가구 배치
- 공간 최적화: 방의 크기와 형태에 맞게 가구를 배치해 공간 활용을 극대화합니다.
- 멀티 기능 가구: 수납 공간이 포함된 가구를 사용해 실용성을 높입니다.

5. 디테일
- 예술 작품: 그림, 사진, 조각 등을 활용해 개인적인 느낌을 더합니다.
- 텍스처와 소재: 다양한 텍스처와 소재를 사용해 시각적, 촉각적 즐거움을 줍니다.

참고 자료 및 추가 정보
- HomeAdvisor – Home Remodeling Costs Guide
- Houzz – Interior Design Tips
- HGTV – Home Remodeling

이 정보들을 바탕으로 리모델링 계획을 세우고, 예산을 관리하며, 원하는 인테리어 스타일을 구현해 보세요. 전문가의 도움을 받는 것도 좋은 방법입니다.

단계별로 나눈 질문

 집을 리모델링하는 데 고려해야 할 주요 비용 항목은 무엇인가요?

 집을 리모델링할 때 고려해야 할 주요 비용 항목은 다음과 같습니다.

1. 디자인 및 계획 비용
• 건축가, 인테리어 디자이너, 컨설턴트 등의 전문가 비용

2. 허가 및 인허가 비용
• 건축 허가, 환경 검사, 기타 행정 절차에 따른 비용

3. 철거 및 준비 비용
• 기존 구조물의 철거, 청소, 준비 작업에 드는 비용

4. 건축 자재 비용
• 벽, 바닥, 천장, 지붕 등에 사용될 자재 비용 (목재, 철강, 콘크리트 등)

5. 전기 및 배선 비용
• 전기 시스템 설치, 배선 작업, 조명 설치 등의 비용

6. 배관 및 수도 비용
• 배관 작업, 화장실, 주방, 세탁실 등 수도 시설 설치 비용

7. HVAC (난방, 환기, 에어컨) 비용
• 난방 시스템, 에어컨, 환기 시스템 설치 및 교체 비용

8. 창호 및 문 비용
• 창문, 문, 샤시 설치 및 교체 비용

9. 내부 마감 비용
• 페인트, 벽지, 바닥재 (타일, 목재, 카펫 등) 비용

10. 가구 및 장식 비용
- 주방 가구, 욕실 가구, 붙박이 가구, 조명, 커튼 등

11. 노동 비용
- 다양한 전문 작업자의 인건비 (목수, 전기공, 배관공 등)

12. 기타 비용
- 예비 비용: 예상치 못한 추가 비용 대비
- 폐기물 처리 비용: 철거 및 건설 과정에서 발생하는 폐기물 처리 비용

각 항목의 비용은 프로젝트의 규모, 지역, 자재 선택 등에 따라 크게 달라질 수 있습니다. 철저한 계획과 예산 수립이 중요합니다.

 리모델링으로 집을 더 밝고 개방적인 느낌으로 만드는 디자인 팁이 있을까요?

집을 리모델링하여 더 밝고 개방적인 느낌을 주기 위한 디자인 팁은 다음과 같습니다.

1. 대형 창문 설치
- 큰 창문을 설치하여 자연광이 최대한 많이 들어오도록 합니다. 특히 남향 창문은 일조량이 많아 집안을 밝게 만듭니다.

2. 유리 도어 및 파티션 사용
- 방 사이의 벽을 유리 도어 또는 유리 파티션으로 교체하여 시각적으로 개방감을 주고 빛의 흐름을 방해하지 않도록 합니다.

3. 밝은 색상 선택
- 벽, 천장, 바닥 등 주요 표면에 밝은 색상(흰색, 크림색, 밝은 회색 등)을 사용하여 공간이 넓어 보이고 빛이 잘 반사되도록 합니다.

4. 미러 활용
- 거울을 전략적으로 배치하여 빛을 반사시키고 공간이 더 넓어 보이게 합니다. 특히 창문 맞은편에 거울을 두면 효과적입니다.

5. 오픈 플로어 플랜
- 불필요한 벽을 허물어 거실, 주방, 식당을 하나로 연결하는 오픈 플로어 플랜을 도입하여 공간이 더욱 개방적이고 통풍이 잘 되도록 합니다.

6. 통합된 조명 계획
- 여러 층의 조명(천장 조명, 스탠드 조명, 테이블 조명 등)을 사용하여 공간 전체를 고르게 밝힐 수 있도록 합니다. 조명 색상은 자연광과 비슷한 색온도(따뜻한 백색)를 선택합니다.

7. 공간 절약형 가구
- 공간을 효율적으로 사용할 수 있는 다기능 가구나 벽에 부착하는 가구를 사용하여 개방감을 줍니다. 예를 들어, 붙박이 책장이나 벽걸이 TV 등을 활용합니다.

8. 식물 배치
- 실내 식물을 적절히 배치하여 자연스럽고 생동감 있는 분위기를 조성합니다. 식물은 공간을 밝고 상쾌하게 만들어 줍니다.

9. 층고 높이기
- 가능하다면 천장을 높여 공간을 더 넓고 개방감 있게 만듭니다. 천장에 노출된 기둥이나 트러스를 사용하는 것도 효과적입니다.

10. 깔끔한 정리
- 불필요한 물건들을 정리하고 수납 공간을 체계적으로 마련하여 공간이 깔끔하게 유지되도록 합니다. 깔끔한 정리는 시각적으로도 공간을 더 넓고 밝게 보이게 합니다.

이러한 디자인 요소들을 고려하여 리모델링을 진행하면 집을 더 밝고 개방적인 느낌으로 변신시킬 수 있습니다.

이 방법은 챗GPT가 각 단계의 질문에 집중해 필요한 답변을 제공할 수 있게 합니다. 이런 접근은 정보의 품질을 향상시키고 복잡한 주제에 대한 이해를 증진시키는 데 크게 기여합니다.

⚖️ 페르소나 부여하기

페르소나Persona란, 고대 그리스 가면극에서 배우들이 쓰던 가면을 뜻하는 용어로, 분석심리학에서는 또 다른 자아를 뜻합니다. 기술 분야에선 페르소나를 타깃 고객을 설정할 때 또는 다른 역할을 부여할 때 사용하기도 합니다. 이 페르소나의 개념을 챗GPT에도 적용할 수 있습니다. 예를 들어, 특정 분야 전문가라는 페르소나를 설정하면 챗GPT는 그 페르소나에 맞게 사용자가 설정한 분야에 대한 더 전문적인 답변을 할 수 있습니다.

페르소나를 부여하는 방법으로는 여러 가지가 있습니다. 예를 들어 "당신은 마케팅 컨설턴트입니다. 스타트업이 시장에 새로운 제품을 성공적으로 출시하기 위한 전략을 제안해 주세요."라고 질문하면 챗GPT는 마케팅 전략에 초점을 맞춘 실질적인 조언을 제공합니다. 이렇게 역할을 기반으로 한 질문은 챗GPT가 해당 역할에 맞는 전문 지식을 활용하여 답변을 구성하도록 유도합니다.

또 다른 예로, "당신은 식물학자입니다. 실내에 적합한 식물과 관리 요령에 대해 알려 주세요."와 같이 질문을 하기 전에 역할을 지정하는 것은 전문 분야에 대한 정확하고 세부적인 답변을 이끌어내는 데 효과적입니다. 또는 "당신은 프로젝트 매니저입니다. 팀 구성원이 모두 원격으로 일하는 상황에서 프로젝트를 성공적으로 완수하려면 어떤 조치를 취해야 할까요?"와 같은 가상의 시나리오를 설정하는 것도 유용합니다. 이러한 질문은 챗GPT가 특정 프로젝트 관리 상황에서 필요한 전략적 조언을 제공하도록 합니다.

그렇다면 프롬프트 예시를 통해 페르소나를 부여하지 않았을 때와 부여했을 때 챗GPT의 답변이 어떻게 달라지는지 살펴보겠습니다.

페르소나를 부여하지 않은 질문

 파스타 요리법을 알려 주세요.

 물론입니다! 아래는 기본 토마토 소스 파스타 요리법입니다.

재료
- 스파게티 면 200g
- 올리브 오일 2 큰술
- 다진 마늘 2쪽
- 양파 1/2개 (다진 것)
- 토마토 소스 400g (통조림 토마토 또는 신선한 토마토 사용 가능)
- 소금과 후추 약간
- 바질 또는 오레가노 약간 (선택 사항)
- 파르메산 치즈 약간 (선택 사항)
- 신선한 바질 잎 약간 (장식용, 선택 사항)

조리 방법

1. 면 삶기
   가. 큰 냄비에 물을 끓입니다. 물이 끓기 시작하면 소금을 넣고 스파게티 면을 넣어 포장지에 표기된 시간 동안 삶습니다. 보통 8-10분 정도 걸립니다.
   나. 면이 다 익으면 물을 빼고 체에 걸러 둡니다. 약간의 올리브 오일을 뿌려 면이 붙지 않게 합니다.

2. 토마토 소스 준비
   가. 팬에 올리브 오일을 두르고 중간 불로 가열합니다.
   나. 다진 마늘과 양파를 넣고 양파가 투명해질 때까지 볶습니다.
   다. 토마토 소스를 팬에 붓고 잘 섞어 줍니다. 소금과 후추로 간을 맞춥니다.

라. 소스를 약한 불에서 10~15분 정도 졸입니다. 이때 바질 또는 오레가노를 추가하면 풍미가 좋아집니다.

3. 파스타와 소스 섞기
　가. 삶은 스파게티 면을 소스 팬에 넣고 잘 섞어 줍니다.
　나. 모든 면에 소스가 골고루 묻도록 가볍게 저어 줍니다.

4. 마무리
　가. 접시에 파스타를 담고 파르메산 치즈를 뿌립니다.
　나. 신선한 바질 잎으로 장식하면 더욱 좋습니다.

팁
- 토마토 소스에 약간의 설탕을 추가하면 신맛이 줄어듭니다.
- 고기를 좋아하면 소스에 다진 고기를 추가해 미트 소스로 만들 수도 있습니다.
- 채소를 더하고 싶다면 양송이, 피망 등을 넣어도 좋습니다.

맛있게 드세요!

페르소나를 부여한 질문

 당신은 15년 경력의 이탈리아 요리사입니다. 최고의 파스타 요리법과 요리할 때 주의할 점을 구체적으로 설명해 주세요.

 최고의 파스타 요리법: 스파게티 알라 카르보나라(Spaghetti alla Carbonara)

재료:
- 스파게티 400g
- 구안치알레(Guanciale) 150g(판체타로 대체 가능)
- 큰 달걀 4개
- 파르미지아노 레지아노 치즈 100g(곱게 간 것)

- 페코리노 로마노 치즈 50g(곱게 간 것)
- 소금과 신선한 후추

요리법:

1. 구안치알레 준비하기:
- 구안치알레를 약 1cm 크기로 잘라 주세요.
- 팬을 중간 불로 달군 후 구안치알레를 넣고 바삭해질 때까지 약 5~7분간 조리합니다. 기름기가 나오고 구안치알레가 황금빛으로 변하면 불을 끄고 팬을 한 쪽에 둡니다.

2. 파스타 삶기:
- 큰 냄비에 물을 끓이고 충분한 소금을 넣어 주세요(보통 1리터당 10g의 소금을 사용합니다).
- 스파게티를 넣고 포장지에 적힌 시간보다 1~2분 적게 삶아 줍니다(알 덴테 상태).

3. 소스 준비하기:
- 큰 볼에 달걀 노른자 4개와 전체 달걀 1개를 넣습니다.
- 파르미지아노 레지아노와 페코리노 로마노 치즈를 넣고 잘 섞어 주세요.
- 신선한 후추를 넉넉하게 갈아 넣습니다.

4. 파스타와 소스 섞기:
- 스파게티가 삶아지면 물을 완전히 빼지 말고 약간의 파스타 물(약 1컵 정도)을 남겨 둡니다.
- 구안치알레가 있는 팬에 스파게티를 넣고 중간 불로 1~2분간 섞어 줍니다.
- 불을 끈 후 달걀과 치즈 혼합물을 넣고 재빨리 섞어 줍니다. 너무 뜨거우면 달걀이 스크램블될 수 있으니 주의하세요.
- 필요하면 파스타 물을 조금씩 추가하여 소스의 농도를 조절합니다.

5. 마무리 및 서빙:
- 접시에 파스타를 담고 남은 치즈를 뿌려 줍니다.
- 신선한 후추를 추가로 갈아 뿌리고, 즉시 서빙합니다.

요리할 때 주의할 점:

1. 신선한 재료 사용: 좋은 품질의 재료가 최고의 맛을 보장합니다. 특히 치즈와 구 안치알레의 신선도를 확인하세요.

2. 파스타 알 덴테: 파스타를 너무 익히지 마세요. 알 덴테 상태로 삶아야 소스와 잘 어우러집니다.

3. 달걀 온도 조절: 달걀 소스를 만들 때 너무 뜨거운 팬을 사용하면 달걀이 스크램 블될 수 있습니다. 불을 끄고 섞는 것이 중요합니다.

4. 치즈와 후추: 치즈와 후추는 파스타의 풍미를 좌우합니다. 신선하게 갈아 넣는 것이 좋습니다.

5. 적절한 소금 양: 파스타 삶을 때 소금의 양을 적절히 조절하세요. 짠맛이 파스타 전체에 고루 퍼지도록 하는 것이 중요합니다.

6. 파스타 물 활용: 파스타 물은 전분이 함유되어 있어 소스의 농도를 조절하는 데 도움이 됩니다. 적절히 활용하세요.

페르소나를 부여한 질문과 부여하지 않은 질문의 답변을 비교해 보면 페르소나를 설정했을 때 답변이 더 세분화되고 실용적인 것을 확인할 수 있습니다. 이러한 접근은 챗GPT의 답변을 보다 목표 지향적으로 만들어 사용자의 정보 수집 및 문제 해결 과정을 효율적으로 지원합니다.

⚖️ 예시 제시하기

질문에 예시가 포함되어 있느냐 없느냐는 질문의 구체성과 관련성에 큰 차이가 발생합니다. 예시가 없는 질문은 챗GPT가 질문자의 의도를 정확히 파악하지 못해 사용자의 의도에 맞지 않거나 광범위한 답변을 초래할 수 있습니다. 반면 질문에 예시를 포함하면 챗GPT는 질문의 의도와 해야 할 대답을 명확하게 이해할 수 있어 상황에 적합하고 더욱 구체적인 답변을 제공할 수 있습니다.

예를 들어, 사용자가 "소셜 미디어 마케팅의 효과는 무엇인가요?"라고 질문할 때 예시를 추가하지 않으면, 챗GPT는 소셜 미디어 마케팅 전반에 대한 설명을 제공합니다. 질문의 의도가 무엇인지 명확하지 않기 때문에 일반적이고 포괄적인 정보를 제공할 수밖에 없습니다. 하지만 "소셜 미디어 마케팅이 신제품 출시에 미치는 효과에 대해 알고 싶어요. 특히 페이스북 캠페인을 통해 신제품을 알릴 때의 사례를 중심으로 설명해 주세요."라고 구체적인 예시와 함께 질문하면 챗GPT는 그에 맞는 구체적인 사례 연구와 전략을 제시하며 더 심도 있는 답변을 제공할 수 있습니다.

그렇다면 예시가 없는 질문과 포함한 질문에 챗GPT의 답변이 어떻게 달라지는지 살펴보겠습니다.

예시 없는 질문

 효과적인 프레젠테이션은 어떻게 할까요?

 효과적인 프레젠테이션을 위해서는 다음과 같은 요소들을 고려해야 합니다.

1. 명확한 목적과 목표 설정
- 목표 설정: 프레젠테이션의 목적과 목표를 명확히 설정합니다. 청중에게 전달하고자 하는 핵심 메시지를 정의하세요.

2. 청중 분석
- 청중 이해: 청중의 배경, 관심사, 기대 등을 파악합니다. 청중의 수준에 맞춘 내용과 표현을 사용하세요.

3. 논리적 구조
- 도입, 본론, 결론: 프레젠테이션은 도입, 본론, 결론으로 나누어야 합니다. 도입에서는 주제를 소개하고, 본론에서는 주요 내용을 설명하며, 결론에서는 요약과 주요 메시지를 전달하세요.
- 스토리텔링: 이야기를 통해 메시지를 전달하면 청중의 관심을 끌고 기억에 남기기 쉽습니다.

4. 시각적 자료 활용
- 슬라이드 디자인: 슬라이드는 단순하고 깔끔하게 디자인하세요. 한 슬라이드에 너무 많은 정보를 담지 말고, 핵심 내용만을 담습니다.
- 시각 자료: 그래프, 이미지, 도표 등을 활용해 시각적으로 전달하세요. 시각 자료는 메시지를 더 명확하게 전달하는 데 도움이 됩니다.

5. 효과적인 커뮤니케이션
- 명확한 발음: 또렷하게 말하고, 천천히 말하여 청중이 이해하기 쉽게 합니다.
- 비언어적 커뮤니케이션: 몸짓, 표정, 시선 등을 활용해 자신감 있고 친근한 이미지를 전달하세요.
- 적극적인 청중 참여: 질문을 하거나 의견을 묻는 등 청중이 적극적으로 참여하도록 유도합니다.

6. 시간 관리
- 시간 배분: 각 부분에 할당된 시간을 미리 정하고, 그에 맞춰 프레젠테이션을 진행하세요.
- 리허설: 시간을 재면서 여러 번 연습하여 시간 관리를 철저히 합니다.

7. 연습
- 리허설: 프레젠테이션을 여러 번 연습하여 내용을 숙지하고 자연스럽게 발표할 수 있도록 합니다.
- 피드백: 동료나 친구에게 프레젠테이션을 시연하고 피드백을 받습니다.

8. 기술적 준비
- 장비 점검: 발표 전에 장비(프로젝터, 마이크 등)를 미리 점검하여 문제가 발생하지 않도록 합니다.
- 백업 준비: 자료의 백업본을 준비하여 돌발 상황에 대비합니다.

이러한 요소들을 고려하여 준비하고 연습하면 효과적인 프레젠테이션을 할 수 있습니다.

예시를 포함한 질문

비즈니스 컨설팅 분야에서 투자를 유치하기 위한 프레젠테이션을 어떻게 구성해야 할까요?

비즈니스 컨설팅 분야에서 투자를 유치하기 위한 프레젠테이션은 투자자들이 관심을 가질 만한 정보를 명확하고 설득력 있게 전달하는 것이 중요합니다. 다음과 같은 구조로 프레젠테이션을 구성하는 것이 효과적입니다.

1. 도입부
1.1. 인사 및 소개
- 자기 소개: 발표자와 팀원들의 이름, 역할, 배경 등을 간략히 소개합니다.
- 회사 소개: 회사의 이름, 설립 연도, 위치, 비전 등을 간략하게 소개합니다.

1.2. 목표와 의제

- 프레젠테이션 목적: 이번 발표의 목적이 무엇인지 명확하게 전달합니다. (예: 투자 유치)
- 의제 소개: 프레젠테이션의 주요 내용을 간략히 소개합니다.

2. 문제 정의

2.1. 시장 분석 및 문제점

- 시장 분석: 목표 시장의 크기, 성장 가능성, 주요 트렌드 등을 설명합니다.
- 문제점 제시: 현재 시장에서 해결되지 않은 문제나 기회 영역을 명확하게 제시합니다.

3. 솔루션 제안

3.1. 컨설팅 서비스

- 서비스 개요: 회사가 제공하는 컨설팅 서비스의 주요 내용을 설명합니다.
- 핵심 차별점: 경쟁사와 비교했을 때 자사의 강점과 차별화된 점을 강조합니다.

3.2. 성공 사례

- 성공 사례: 기존 고객사의 성공적인 사례를 소개하여 자사의 역량을 입증합니다.
- 성과 데이터: 성과를 입증할 수 있는 데이터나 수치를 제시합니다.

4. 비즈니스 모델

4.1. 수익 모델

- 수익 구조: 어떻게 수익을 창출할 것인지에 대한 구체적인 모델을 설명합니다.
- 가격 책정: 서비스의 가격 책정 방식과 이유를 설명합니다.

4.2. 시장 진입 전략

- 마케팅 전략: 목표 시장에 어떻게 접근할 것인지에 대한 전략을 설명합니다.
- 파트너십: 주요 파트너십과 협력 관계를 소개합니다.

5. 재무 계획

5.1. 현재 재무 상태

- 재무 요약: 현재 회사의 재무 상태를 간략하게 설명합니다.
- 주요 지표: 매출, 이익, 성장률 등의 주요 재무 지표를 제시합니다.

5.2. 미래 재무 예측

- 수익 예측: 향후 몇 년간의 수익 예측을 제시합니다.
- 비용 예측: 예상되는 주요 비용 항목과 그 이유를 설명합니다.

6. 투자 요청

6.1. 필요한 투자 금액

- 투자 금액: 필요한 투자 금액을 명확히 제시합니다.
- 사용 계획: 투자금을 어디에 어떻게 사용할 것인지 구체적으로 설명합니다.

6.2. 투자자 혜택

- 투자자에게 돌아가는 혜택: 투자자가 얻을 수 있는 혜택과 수익률을 설명합니다.
- 지분 구조: 투자 후 지분 구조 변화를 설명합니다.

7. 팀 소개

- 핵심 팀원: 주요 팀원의 경력과 역량을 소개합니다.
- 조직도: 팀의 구조와 역할 분담을 설명합니다.

8. 맺음말

- 요약: 프레젠테이션의 주요 내용을 간략히 요약합니다.
- Q&A: 투자자의 질문에 답변할 시간을 가집니다.
- 감사 인사: 청중에게 감사 인사를 전합니다.

추가 팁

- 슬라이드 디자인: 슬라이드를 깔끔하고 시각적으로 매력적으로 디자인합니다.
- 스토리텔링: 스토리텔링 기법을 사용해 프레젠테이션을 더 흥미롭고 기억에 남게 합니다.
- 연습: 여러 번 리허설을 하여 자신 있게 발표할 수 있도록 준비합니다.

이와 같은 구조를 따라 프레젠테이션을 준비하면 투자자들에게 명확하고 설득력 있게 회사의 비전을 전달할 수 있습니다.

이처럼 예시가 포함되면 챗GPT가 사용자의 의도를 정확하게 파악해 구체적

인 답변이 가능합니다. 또 다른 방법으로 답변의 형식을 예시로 지정할 수도 있습니다. 형식을 지정하지 않았을 때와 지정했을 때 답변의 차이를 살펴보겠습니다.

답변 예시 없이 질문

 징검다리회라는 친목 모임을 합니다. 2024년 5월 30일 오후 3시 서울 강남역에서 만날 예정입니다. 공지 문자를 작성해 주세요.

 [징검다리회 공지]

안녕하세요, 징검다리회 회원 여러분!
다가오는 2024년 5월 30일(목) 오후 3시에 서울 강남역에서 정기 모임이 있을 예정입니다. 오랜만에 만나는 자리인 만큼 많은 분의 참석 부탁드립니다.

일시: 2024년 5월 30일(목) 오후 3시
장소: 서울 강남역 (구체적인 장소는 추후 공지 예정)

참석 여부를 5월 28일까지 알려 주시면 감사하겠습니다. 준비물이나 궁금한 사항이 있으시면 언제든지 연락 주세요.
많은 참여 부탁드립니다. 감사합니다.

[징검다리회 회장 올림]

답변 예시를 포함한 질문

 징검다리회라는 친목모임을 합니다. 2024년 5월 30일 오후 3시 서울 강남역에서 만날 예정입니다. 공지 문자를 작성해 주세요.
아래의 예시 형태로 작성해 주세요.

■ 무탈회 모임 안내
안녕하세요, 무탈회원 여러분! 🙂
저희 무탈회 모임이 아래와 같이 예정되어 있습니다.

▪ 장소: 강남역
▪ 날짜: 2024년 3월 20일 (수요일)
▪ 시간: 오후 6시

이번 모임에서도 즐거운 시간을 함께 보낼 수 있길 기대합니다. 많은 참석 부탁드려요!
궁금한 사항이 있으시면 언제든지 연락주세요.
감사합니다! 🙏

무탈회 드림

 징검다리회 모임 안내
안녕하세요, 징검다리회 회원 여러분! 🙂
저희 징검다리회 모임이 아래와 같이 예정되어 있습니다.

▪ 장소: 서울 강남역
▪ 날짜: 2024년 5월 30일 (목요일)
▪ 시간:오후 3시

이번 모임에서도 즐거운 시간을 함께 보낼 수 있길 기대합려
요!
궁금한 사항이 있으시면 언제든지 연락주세요.
감사합니다! 🙏

징검다리회 드림

이렇게 답변의 예시를 제공해 형식을 지정하면 특정 상황, 요구, 또는 문제에
집중해 답변의 질을 향상시킵니다. 또, 데이터와 기존 지식을 효율적으로 활용
하여 답변을 구성할 수 있습니다.

⚖️ 피드백과 반복으로 관점 확장하기

챗GPT에게 질문을 하고 초기에 받은 답변이 만족스럽지 않거나 더 구체적인 정보가 필요하다면 답변을 개선하거나 보완을 요청하는 피드백을 함으로써 원하는 정보를 얻을 수 있습니다. 이는 답변의 불확실성을 해소하는 효과적인 접근 방식입니다. 또, 반복적으로 같은 주제에 대해 질문을 확장하거나 다양한 관점에서 접근함으로써 주제의 세부 측면을 순차적으로 탐색하고 여러 각도에서 볼 수 있습니다.

예를 들어 "지속 가능한 도시 개발에 대한 현재의 글로벌 트렌드는 무엇인가요?"라는 질문을 했을 때 처음 받은 답변이 너무 일반적이라면 "유럽 도시들에서 적용하고 있는 지속 가능한 개발 전략에 대해 더 자세히 알려 주세요."라고 피드백을 제공할 수 있습니다. 이러한 피드백은 챗GPT가 더 세부적이고 지역 특화된 정보를 제공하도록 유도합니다. 예시를 통해 살펴보겠습니다.

피드백을 사용한 반복 질문 ①

 (초기 질문) 소규모 사업을 시작하려는데, 어떤 마케팅 전략이 좋을까요?

 소규모 사업을 시작할 때 효과적인 마케팅 전략을 세우는 것은 매우 중요합니다. 다음은 성공적인 마케팅을 위해 고려할 수 있는 몇 가지 전략입니다.

1. 타깃 고객 설정
- 시장 조사: 대상 고객층이 누구인지 명확히 파악합니다. 나이, 성별, 소득 수준,

관심사 등을 분석합니다.
- 고객 페르소나: 이상적인 고객의 특성을 정의하여 마케팅 활동에 반영합니다.

2. 브랜드 구축
- 브랜드 아이덴티티: 로고, 색상, 슬로건 등 브랜드를 대표하는 요소들을 정립합니다.
- 스토리텔링: 브랜드의 스토리와 가치를 고객에게 전달합니다.

3. 온라인 마케팅
- 웹사이트: 직관적이고 사용자 친화적인 웹사이트를 구축합니다. SEO(검색 엔진 최적화)를 통해 검색 엔진에서의 노출을 높입니다.
- 소셜 미디어: 페이스북, 인스타그램, 트위터 등에서 활발하게 활동하며 고객과 소통합니다.
- 콘텐츠 마케팅: 블로그, 동영상, 인포그래픽 등 유용한 콘텐츠를 제작하여 고객에게 정보를 제공합니다.

4. 오프라인 마케팅
- 네트워킹: 지역 사회 이벤트, 박람회, 비즈니스 네트워크 모임에 참석하여 인맥을 구축합니다.
- 프로모션: 전단지 배포, 현수막, 지역 신문 광고 등 전통적인 마케팅 기법을 활용합니다.

5. 고객 경험
- 고객 서비스: 뛰어난 고객 서비스를 제공하여 고객 만족도를 높입니다.
- 리뷰 및 피드백: 고객의 리뷰와 피드백을 적극적으로 수집하고 개선에 반영합니다.

6. 특별 이벤트 및 할인
- 런칭 이벤트: 사업 시작 시 특별 이벤트를 열어 초기 고객을 유치합니다.
- 프로모션 및 할인: 시즌별, 기념일에 맞춘 특별 할인과 프로모션을 제공합니다.

7. 협업 및 파트너십
- 협업: 관련 업종의 다른 소규모 사업자와 협력하여 시너지를 창출합니다.

- 인플루언서 마케팅: 영향력 있는 인플루언서와 협력하여 제품을 홍보합니다.

8. 데이터 분석
- 분석 도구: Google Analytics, 소셜 미디어 인사이트 등을 활용하여 마케팅 활동의 성과를 측정합니다.
- 피벗: 데이터를 기반으로 마케팅 전략을 지속적으로 조정하고 개선합니다.

이 전략들을 종합적으로 활용하여 소규모 사업의 마케팅 활동을 전개하면 효과적인 성과를 거둘 수 있습니다. 시작하는 단계에서 모든 전략을 한꺼번에 시행하기보다, 우선순위를 정하고 차근차근 실행해 나가는 것이 중요합니다.

 (1차 피드백) 소규모 사업이라면 소셜 미디어 마케팅이 효과적일 거 같아요. 페이스북과 인스타그램 중 어떤 플랫폼이 더 적합할까요?

 소규모 사업의 성격과 타깃 고객층에 따라 적합한 소셜 미디어 플랫폼이 달라질 수 있습니다. 페이스북과 인스타그램 중에서 선택할 때 고려할 수 있는 몇 가지 요소는 다음과 같습니다.

페이스북
1. 광범위한 사용자층: 페이스북은 다양한 연령층과 인구통계학적 특성을 가진 사용자들이 많이 이용합니다. 만약 다양한 고객층을 대상으로 사업을 운영한다면 페이스북이 유리할 수 있습니다.
2. 커뮤니티 형성: 페이스북 그룹과 페이지를 통해 커뮤니티를 형성하고 고객과 소통할 수 있는 기능이 강력합니다.
3. 광고 타기팅: 페이스북 광고는 세부적인 타기팅 옵션을 제공하여 특정 인구통계, 관심사, 행동 기반으로 광고를 노출할 수 있습니다.

인스타그램
1. 시각적 콘텐츠 중심: 인스타그램은 이미지와 동영상 중심의 플랫폼으로, 시각적인 콘텐츠가 중요한 사업에 적합합니다. 예를 들어 패션, 음식, 예술 등 비주얼이 중요한 제품이나 서비스를 제공한다면 인스타그램이 효과적입니다.
2. 젊은 사용자층: 인스타그램은 젊은 사용자층, 특히 18-34세 사이의 사용자들이

많이 이용합니다. 만약 이 연령대를 타깃으로 한다면 인스타그램이 더 나은 선택일 수 있습니다.

3. 스토리와 릴스: 인스타그램의 스토리와 릴스 기능을 활용하면 일상적인 콘텐츠나 짧고 간결한 동영상을 통해 고객과 더욱 긴밀하게 소통할 수 있습니다.

최종 결론

- 페이스북: 다양한 연령층을 대상으로 하며, 커뮤니티 형성과 세부 타기팅이 중요한 경우.
- 인스타그램: 젊은 층을 타깃으로 하고, 시각적인 콘텐츠가 중요한 경우.

추천 전략

1. 두 플랫폼을 병행 사용: 처음에는 두 플랫폼 모두 사용해 보면서 어떤 플랫폼이 더 효과적인지 분석해볼 수 있습니다. 이를 통해 최적의 플랫폼을 선택할 수 있습니다.

2. 콘텐츠 맞춤화: 각 플랫폼의 특성에 맞게 콘텐츠를 맞춤화하여 게시합니다. 예를 들어, 인스타그램에는 고퀄리티 이미지와 짧은 동영상을, 페이스북에는 긴 글과 다양한 정보 제공 게시물을 올립니다.

3. 광고 캠페인 활용: 두 플랫폼 모두에서 소규모 예산으로 광고 캠페인을 시도해보고, 효과를 분석하여 가장 효율적인 방법을 찾습니다.

이 전략을 통해 소규모 사업의 마케팅을 효과적으로 진행할 수 있을 것입니다.

(2차 피드백) 페이스북과 인스타그램 모두 장점이 있지만, 온라인 스토어를 운영하는 사업자에게는 어떤 플랫폼이 더 적합할까요?

온라인 스토어를 운영하는 사업자에게는 인스타그램이 더 적합할 수 있습니다. 다음은 그 이유입니다.

인스타그램의 장점

1. 비주얼 중심의 콘텐츠: 온라인 스토어는 제품의 비주얼이 매우 중요합니다. 인스타그램은 이미지와 동영상을 중심으로 한 플랫폼으로, 제품의 외관과 사용 사례를 효과적으로 보여 줄 수 있습니다.

2. 쇼핑 기능: 인스타그램은 쇼핑 태그와 쇼핑 포스트 기능을 제공하여 사용자가 직접 포스트에서 제품을 클릭해 구매할 수 있도록 합니다. 이는 온라인 스토어의 매출 증가에 직접적인 도움이 됩니다.

3. 젊은 사용자층: 온라인 쇼핑을 많이 이용하는 젊은 사용자층이 인스타그램에 많이 몰려 있습니다. 특히 18-34세 사이의 사용자가 많아, 이들이 주요 타깃층이라면 인스타그램이 적합합니다.

4. 인플루언서 마케팅: 인스타그램은 인플루언서 마케팅이 활발하게 이루어지는 플랫폼으로, 인플루언서와 협업하여 제품을 홍보할 수 있는 기회가 많습니다. 이는 브랜드 인지도와 매출을 높이는 데 효과적입니다.

5. 스토리와 릴스: 인스타그램의 스토리와 릴스 기능을 통해 제품을 짧고 간결하게 홍보할 수 있으며, 이를 통해 사용자의 관심을 끌고 즉각적인 구매를 유도할 수 있습니다.

페이스북의 장점

1. 광범위한 타기팅: 페이스북 광고는 매우 세부적인 타기팅 옵션을 제공하여 특정 인구통계, 관심사, 행동 기반으로 광고를 노출할 수 있습니다.

2. 다양한 콘텐츠 형식: 페이스북은 텍스트, 이미지, 동영상, 링크 등 다양한 형식의 콘텐츠를 지원하여 여러 방식으로 제품을 홍보할 수 있습니다.

3. 커뮤니티 구축: 페이스북 페이지와 그룹을 통해 고객과의 커뮤니티를 형성하고, 장기적으로 고객과의 관계를 강화할 수 있습니다.

최종 결론

온라인 스토어를 운영하는 경우, 인스타그램이 더 적합할 가능성이 높습니다. 이는 인스타그램이 비주얼 중심의 콘텐츠를 선호하는 사용자층이 많고, 직접적인 쇼핑 기능을 통해 구매 전환율을 높일 수 있기 때문입니다. 그러나, 페이스북의 타기팅 광고와 커뮤니티 구축 기능도 유용하므로, 두 플랫폼을 병행하여 사용하는 것이 최선의 전략일 수 있습니다.

추천 전략

1. 인스타그램을 주요 플랫폼으로 사용: 제품의 비주얼을 강조하고, 쇼핑 태그와 포스트 기능을 적극 활용하여 판매를 촉진합니다.

2. 페이스북 광고 활용: 페이스북의 정교한 타기팅 광고를 통해 잠재 고객에게 도달하고, 페이스북 페이지를 통해 고객과의 관계를 유지합니다.

3. 크로스 플랫폼 전략: 인스타그램과 페이스북의 연동 기능을 활용하여 동일한 콘텐츠를 두 플랫폼에 동시에 게시하고, 각 플랫폼의 강점을 최대한 활용합니다.

이러한 전략을 통해 온라인 스토어의 마케팅 효과를 극대화할 수 있을 것입니다.

(3차 피드백) 온라인 스토어 운영 시 페이스북이 광범위한 타기팅과 다양한 콘텐츠 형식의 장점이 있다면, 인스타그램은 비주얼 콘텐츠를 통한 브랜딩에 더 효과적일 것 같습니다. 그렇다면 이 두 플랫폼을 함께 사용하는 전략은 어떻게 수립하면 좋을까요?

페이스북과 인스타그램을 함께 사용하는 전략을 통해 두 플랫폼의 강점을 최대한 활용하는 방법을 제안드립니다. 각 플랫폼의 고유한 특성을 고려하여 통합적인 마케팅 전략을 수립하는 것이 중요합니다.

1. 콘텐츠 배포 전략
페이스북:
- 고객 리뷰 및 추천: 페이스북 페이지와 그룹에 고객 리뷰와 추천 글을 게시합니다. 고객의 긍정적인 피드백을 강조하여 신뢰성을 구축합니다.
- 상세한 제품 정보: 제품의 사용 방법, 혜택 등을 자세히 설명하는 글과 함께 고객이 올린 사진 및 동영상을 공유합니다.
- 커뮤니티 활성화: 고객과의 활발한 소통을 위해 Q&A 세션, 토론 게시물 등을 올리고 참여를 유도합니다.

인스타그램:
- 브랜드 이미지 강화: 고퀄리티의 이미지와 동영상을 통해 브랜드의 시각적 아이덴티티를 강화합니다. 일관된 비주얼 스타일을 유지합니다.
- 스토리 및 릴스 활용: 스토리와 릴스를 통해 제품의 일상적인 사용 모습, 비하인드 스토리 등을 공유하여 브랜드 친밀감을 높입니다.
- 해시태그 캠페인: 특정 해시태그를 사용하여 사용자 생성 콘텐츠(UGC)를 수집하고, 이를 통해 브랜드 커뮤니티를 확장합니다.

2. 크로스 플랫폼 프로모션

- 페이스북에서 인스타그램으로 유도: 페이스북 포스트에서 인스타그램 계정과 게시물을 언급하고, 인스타그램 이벤트나 프로모션에 대한 정보를 공유합니다.
- 인스타그램에서 페이스북으로 유도: 인스타그램 게시물이나 스토리에 페이스북 페이지나 그룹 링크를 포함하여 팔로워들이 더 많은 리뷰와 추천을 확인할 수 있도록 유도합니다.

3. 광고 캠페인 통합
- 페이스북 광고: 고객 리뷰와 추천을 강조하는 광고를 제작하여 신뢰성을 높이고, 정교한 타기팅 옵션을 활용해 특정 고객층에 도달합니다.
- 인스타그램 광고: 시각적으로 매력적인 광고를 제작하여 브랜드 인지도를 높이고, 쇼핑 태그를 통해 직접적인 구매를 유도합니다. 인스타그램 스토리 광고를 활용하여 일시적인 프로모션을 알릴 수도 있습니다.

4. 고객 참여 유도
- 페이스북: 리뷰 이벤트를 열어 고객들이 리뷰를 작성하도록 유도하고, 우수한 리뷰를 작성한 고객에게 보상을 제공합니다. 페이스북 그룹에서는 고객 토론을 활성화하여 참여를 높입니다.
- 인스타그램: 팔로워들이 특정 해시태그를 사용하여 제품 사진을 게시하도록 장려하고, 이를 통해 사용자 생성 콘텐츠를 수집합니다. 인스타그램 라이브를 통해 실시간 소통을 강화합니다.

5. 데이터 분석과 피드백 반영
- 통합 데이터 분석: 두 플랫폼의 인사이트를 분석하여 어떤 콘텐츠가 가장 효과적인지 파악합니다. 페이스북에서는 리뷰와 댓글, 인스타그램에서는 좋아요와 댓글 등을 분석합니다.
- 피드백 반영: 고객의 피드백을 바탕으로 콘텐츠와 마케팅 전략을 지속적으로 개선합니다. 페이스북과 인스타그램에서 받은 피드백을 종합하여 전체적인 마케팅 전략을 조정합니다.

예시 전략
1. 신제품 출시 캠페인:
- 인스타그램에서 시각적으로 매력적인 티저 이미지를 게시하고, 스토리에서 제품 기능을 소개합니다.

- 페이스북에서는 상세한 제품 설명과 함께 고객 리뷰를 통해 신뢰성을 강조합니다.

2. 할인 이벤트:
- 인스타그램 스토리에서 한정 할인 코드를 제공하고, 릴스를 통해 이벤트를 홍보합니다.
- 페이스북 그룹에서 이벤트 참여 후기를 공유하고, 이벤트 관련 Q&A 세션을 진행합니다.

3. 브랜드 스토리텔링:
- 인스타그램에서는 브랜드의 일상적인 모습과 제품 사용 사례를 공유합니다.
- 페이스북에서는 브랜드 철학과 고객 성공 사례를 심도 있게 다룹니다.

이러한 전략을 통해 두 플랫폼의 강점을 극대화하고, 온라인 스토어의 마케팅 효과를 높일 수 있습니다.

이번에는 같은 질문을 다각도로 보기 위해 피드백을 통해 반복해서 질문하는 또 다른 예시를 살펴보겠습니다. 마찬가지로 초기 질문의 답변에 이어 대화를 하듯 질문을 구체화하는 것이 중요합니다.

피드백을 사용한 반복 질문 ②

 (초기 질문) 온라인으로 수익을 창출할 수 있는 방법에는 어떤 것들이 있나요?

 1. 블로그 및 콘텐츠 작성:
- 블로그 운영: 특정 주제에 대해 블로그를 운영하면서 광고를 게재하거나 스폰서 콘텐츠를 작성하여 수익을 올릴 수 있습니다.
- 유튜브 채널: 비디오 콘텐츠를 제작하여 유튜브에 업로드하고 광고 수익, 슈퍼챗, 스폰서십 등을 통해 수익을 창출할 수 있습니다.
- 팟캐스트: 오디오 콘텐츠를 제작하여 광고 수익이나 후원금을 받을 수 있습니다.

2. 프리랜서 및 원격 근무:
- 프리랜서 플랫폼: Upwork, Fiverr, Freelancer와 같은 플랫폼을 통해 웹 개발, 그래픽 디자인, 번역 등 다양한 서비스를 제공하여 수익을 얻을 수 있습니다.
- 원격 근무: 여러 회사에서 원격 근무 직무를 제공하므로, 원격으로 일하면서 수익을 올릴 수 있습니다.

3. 온라인 마켓플레이스:
- 전자상거래: Amazon, eBay, Etsy와 같은 플랫폼에서 제품을 판매하거나, Shopify를 통해 자체 온라인 상점을 운영할 수 있습니다.
- 디지털 상품 판매: E-book, 온라인 강의, 디지털 아트워크 등의 디지털 상품을 판매할 수 있습니다.

4. 투자 및 금융:
- 주식 및 암호화폐 투자: 온라인 증권사나 암호화폐 거래소를 통해 투자하여 수익을 올릴 수 있습니다.
- P2P 대출: P2P 대출 플랫폼을 통해 개인에게 돈을 빌려주고 이자 수익을 받을 수 있습니다.

5. 소셜 미디어 및 인플루언서 마케팅:
- 소셜 미디어 인플루언서: Instagram, TikTok, Twitter와 같은 소셜 미디어에서 팔로워를 모으고 스폰서십을 통해 수익을 올릴 수 있습니다.
- 제휴 마케팅: 특정 제품이나 서비스를 추천하고, 이를 통해 발생한 판매나 클릭당 수익을 얻을 수 있습니다.

6. 온라인 교육 및 컨설팅:
- 온라인 강의 제작: Udemy, Coursera와 같은 플랫폼에 강의를 만들어 판매할 수 있습니다.
- 컨설팅 및 코칭: 자신의 전문 지식을 활용하여 온라인으로 컨설팅 서비스나 코칭 프로그램을 제공할 수 있습니다.

7. 앱 및 소프트웨어 개발:
- 앱 개발: 모바일 앱을 개발하여 App Store나 Google Play에서 판매하거나, 광고 및 인앱 구매를 통해 수익을 올릴 수 있습니다.

- 소프트웨어 판매: 유용한 소프트웨어를 개발하여 판매하거나 구독 모델을 통해 수익을 창출할 수 있습니다.

이외에도 다양한 방법이 있으며, 자신의 관심사와 능력에 맞는 방법을 선택하고 꾸준히 노력한다면 온라인으로 수익을 창출하는 것이 가능합니다.

 (1차 피드백) 블로그 운영으로 수익을 창출하려면 어떤 종류의 콘텐츠가 좋을까요?

 블로그 운영으로 수익을 창출하기 위해서는 독자가 관심을 가질 만한 유용하고 흥미로운 콘텐츠를 제공하는 것이 중요합니다. 아래에 몇 가지 인기 있는 블로그 콘텐츠 유형을 소개합니다.

1. 튜토리얼 및 가이드:
- How-to 가이드: 특정 작업이나 기술을 단계별로 설명하는 콘텐츠. 예를 들어, "블로그 시작하는 방법", "사진 잘 찍는 법" 등.
- DIY 프로젝트: 직접 만들 수 있는 다양한 프로젝트를 소개. 예를 들어, "집에서 할 수 있는 간단한 공예품 만들기" 등.

2. 리뷰 및 추천:
- 제품 리뷰: 최신 제품이나 서비스를 사용해 보고, 장단점을 상세히 설명. 예를 들어, "최신 스마트폰 리뷰", "화장품 리뷰" 등.
- 추천 리스트: 특정 주제에 대해 추천할 만한 제품이나 서비스를 나열. 예를 들어, "2024년 최고의 노트북 TOP 10" 등.

3. 전문 지식 및 교육:
- 전문 분야 정보: 자신의 전문 지식을 바탕으로 유익한 정보를 제공. 예를 들어, "디지털 마케팅 전략", "투자 기초" 등.
- 교육 콘텐츠: 특정 주제에 대해 교육적인 콘텐츠를 작성. 예를 들어, "프로그래밍 언어 배우기", "사진 편집 기술" 등.

4. 라이프스타일 및 개인 경험:
- 여행 블로그: 여행지 소개, 여행 팁, 여행 중 겪은 이야기 등.
- 건강 및 웰니스: 건강 관리 팁, 운동 방법, 다이어트 식단 등.
- 개인 이야기: 개인적인 경험이나 이야기 공유. 예를 들어, "스타트업 창업 경험", "외국에서의 생활 이야기" 등.

5. 뉴스 및 트렌드:
- 업계 뉴스: 특정 산업이나 분야의 최신 뉴스와 트렌드. 예를 들어, "패션 트렌드", "기술 뉴스" 등.
- 이벤트 리뷰: 최근 참여한 행사나 이벤트에 대한 리뷰와 소감.

6. 레시피 및 음식:
- 요리 레시피: 다양한 요리 레시피와 요리 팁을 제공. 예를 들어, "간단한 아침 식사 레시피", "특별한 날을 위한 디저트 레시피" 등.
- 음식 리뷰: 맛집 탐방기나 특정 음식에 대한 리뷰.

7. 재테크 및 금융:
- 재테크 팁: 돈을 절약하는 방법, 투자 팁, 금융 상품 비교 등.
- 부동산: 부동산 투자 방법, 집 구하는 팁, 지역별 부동산 시장 분석 등.

8. 취미 및 엔터테인먼트:
- 책 리뷰: 최근 읽은 책에 대한 리뷰와 추천.
- 영화 및 드라마 리뷰: 최신 영화나 드라마에 대한 리뷰와 분석.

수익을 창출하기 위해서는 독자들에게 가치 있는 정보를 제공하면서, 검색 엔진 최적화(SEO)를 통해 트래픽을 유도하고, 광고, 스폰서십, 제휴 마케팅 등을 통해 수익 모델을 구축하는 것이 중요합니다. 꾸준한 업데이트와 독자와의 소통도 성공적인 블로그 운영에 중요한 요소입니다.

 (2차 피드백) 교육 분야의 블로그를 운영한다면 어떤 주제로 콘텐츠를 제작하는 것이 좋을까요?

교육 분야의 블로그를 운영한다면 다양한 주제로 콘텐츠를 제작할 수 있습니다. 아래에 몇 가지 인기 있고 유용한 교육 관련 블로그 주제를 소개합니다.

1. 학습 팁 및 전략:
- 효과적인 공부 방법: 기억력 향상, 시간 관리, 노트 필기 요령 등.
- 시험 준비 가이드: 시험 대비 전략, 모의고사 풀이, 시험 당일 팁 등.
- 학습 도구 소개: 유용한 학습 앱, 플래너, 온라인 강의 플랫폼 등.

2. 과목별 교육 자료:
- 수학: 문제 풀이 방법, 개념 설명, 연습 문제 제공 등.
- 과학: 실험 방법, 과학 이론 설명, 최신 과학 뉴스 등.
- 언어: 문법 설명, 어휘 확장 방법, 언어 학습 팁 등.

3. 교육 기술(에듀테크):
- 온라인 학습 플랫폼 리뷰: Coursera, Khan Academy, Udemy 등.
- 디지털 학습 도구: 학습 관리 시스템(LMS), 교육용 소프트웨어 소개 등.
- VR/AR 교육: 가상현실(VR)과 증강현실(AR)을 활용한 학습 방법 등.

4. 학생 및 학부모를 위한 가이드:
- 교육 정책 및 뉴스: 최신 교육 정책 변화, 교육 트렌드 등.
- 자녀 교육 탑: 학부모를 위한 자녀 교육 방법, 가정에서의 학습 환경 조성 등.
- 대학 입시 정보: 대학 입시 전략, 전형 방법, 면접 준비 등.

5. 교사 및 교육자를 위한 콘텐츠:
- 교수법: 다양한 교수법 소개, 수업 계획 세우기, 학생 참여 유도 방법 등.
- 교사 연수 및 발전: 전문성 개발을 위한 워크숍, 세미나, 자격증 정보 등.
- 클래스룸 관리: 학생 관리 팁, 교실 환경 개선 아이디어 등.

6. 특수 교육 및 상담:
- 특수 교육 전략: 장애 학생을 위한 맞춤형 교육 방법, 개별화 교육 계획(IEP) 등.
- 심리 상담 및 지원: 학생 상담 사례, 심리적 지원 방법, 상담 리소스 등.
- 사회 정서 학습(SEL): 감정 관리, 사회적 기술 개발, 협력적 문제 해결 방법 등.

7. 자기계발 및 커리어:
- 직업 탐구: 다양한 직업 소개, 직업별 필요 역량 및 준비 방법 등.
- 스킬 개발: 소프트 스킬, 리더십, 창의력 개발 방법 등.
- 진로 상담: 진로 탐색 방법, 직업 선택 기준, 경력 개발 팁 등.

8. 국제 교육 및 유학:
- 유학 준비 가이드: 유학 절차, 입학 준비, 장학금 정보 등.
- 국제 교육 시스템: 다른 나라의 교육 시스템 소개, 비교 분석 등.
- 언어 교환 및 문화 교류: 언어 교환 프로그램, 국제 교류 활동 소개 등.

이러한 주제들을 바탕으로 독자들에게 유용하고 흥미로운 콘텐츠를 제공한다면, 교육 블로그를 통해 많은 관심을 얻고 수익을 창출할 수 있을 것입니다. 중요한 것은 일관성 있게 고품질의 콘텐츠를 제공하고, 독자와 적극적으로 소통하며 피드백을 반영하는 것입니다.

 (3차 피드백) 교육 분야의 콘텐츠를 제작할 때 글 형식 외에 어떤 종류의 멀티미디어 콘텐츠를 활용할 수 있을까요?

 교육 분야의 콘텐츠 제작 시 글 형식 외에도 다양한 멀티미디어 콘텐츠를 활용할 수 있습니다. 멀티미디어 콘텐츠는 학습자의 흥미를 끌고 이해를 돕는 데 효과적입니다. 다음은 교육 블로그에서 활용할 수 있는 멀티미디어 콘텐츠의 종류입니다.

1. 비디오:
- 강의 동영상: 주제를 설명하거나, 문제 해결 과정을 보여 주는 동영상
- 튜토리얼: 특정 기술이나 개념을 단계별로 설명하는 비디오
- 인터뷰 및 토론: 전문가 인터뷰, 패널 토론 등을 통해 다양한 관점을 제공

2. 팟캐스트:
- 교육 팟캐스트: 교육 관련 주제를 다루는 오디오 콘텐츠. 통학이나 이동 중에도 학습 가능
- 인터뷰 시리즈: 교육 전문가나 경험이 풍부한 교사와의 인터뷰를 통해 유익한 정보를 제공

3. 웹 세미나(Webinars):
- 라이브 강의: 실시간으로 진행되는 온라인 강의, Q&A 세션 포함
- 워크숍: 특정 주제에 대한 집중적인 교육 세션, 참여형 활동 포함

4. 인포그래픽:
- 시각 자료: 복잡한 정보를 시각적으로 표현하여 쉽게 이해할 수 있도록 도와주는 그래픽
- 통계 자료: 교육 관련 데이터와 통계를 시각화하여 제공

5. 퀴즈 및 인터랙티브 콘텐츠:
- 인터랙티브 퀴즈: 학습한 내용을 점검할 수 있는 퀴즈
- 게임화된 학습 활동: 교육 게임이나 시뮬레이션을 통해 재미있게 학습

6. 슬라이드 및 프레젠테이션:
- 강의 슬라이드: 수업 내용을 요약하여 시각적으로 제공
- 프레젠테이션 자료: 주제별로 정리된 프레젠테이션 파일

7. E-Book 및 PDF 자료:
- 학습 자료 모음: 특정 주제에 대한 심화 자료를 E-Book이나 PDF로 제공
- 워크북: 연습 문제와 해설을 포함한 학습용 워크북

8. 실시간 소셜 미디어 콘텐츠:
- 라이브 스트리밍: Facebook Live, Instagram Live 등을 통해 실시간으로 학습 내용을 전달
- 소셜 미디어 게시물: 짧은 비디오 클립, 이미지, 인포그래픽 등을 활용하여 학습 정보를 제공

9. 가상현실(VR) 및 증강 현실(AR):
- VR 교육 콘텐츠: 가상 현실을 통해 몰입감 있는 학습 경험 제공
- AR 앱: 증강 현실을 활용한 인터랙티브 학습 도구

10. 애니메이션 및 모션 그래픽:
- 애니메이션 동영상: 복잡한 개념을 시각적으로 설명하는 애니메이션

- 모션 그래픽: 다이내믹한 시각 효과를 통해 정보를 전달하는 그래픽 콘텐츠

이러한 멀티미디어 콘텐츠를 활용하면 학습자들의 흥미를 유발하고, 학습 효과를 높일 수 있습니다. 다양한 형식을 시도해 보고, 학습자들의 피드백을 반영하여 가장 효과적인 방법을 찾아가는 것이 중요합니다.

이처럼 첫 번째 질문으로 얻은 정보를 바탕으로 두 번째 질문에서는 더 구체적인 답변을 얻고 여기서 얻은 정보를 바탕으로 세 번째 질문에서는 다른 측면을 탐구하는 방식으로 피드백을 반복해 원하는 답변을 찾을 수 있습니다. 이와 같이 질문을 다양하게 변형하고 확장하면 동일한 주제에 대해 다양한 정보를 얻고 다각적으로 이해할 수 있습니다.

이렇게 피드백을 활용하고 반복적으로 질문하는 접근법은 사용자가 보다 정확하고 심층적인 정보를 획득할 수 있도록 돕습니다. 이는 챗GPT와의 대화를 더욱 풍부하고 생산적으로 만듭니다.

⚖️ 청중 설정하기

청중을 명확히 설정한 질문과 그렇지 않은 질문에는 답변의 내용과 어조에 뚜렷한 차이가 나타납니다. 예를 들어, 청중이 누구인지에 따라 답변이 더 세부적이고 전문적이거나 반대로 간단하고 이해하기 쉬운 형태가 될 수 있습니다. 즉, 청중의 지식 수준과 관심사에 적합하게 답변이 달라집니다.

예를 들어 "데이터 과학자를 대상으로 최근 머신러닝 모델에서 발견된 편향을 감소시키는 새로운 기법에 대해 설명해 주세요."라는 질문은 청중이 기대하는 기술적 깊이와 세부적인 내용을 포함하도록 설계되어 있습니다. 반면 "일반 대중을 대상으로 머신러닝이 일상생활에서 우리에게 어떻게 도움이 되는지 간단한 예를 들어 설명해 주세요."라고 질문하여 보다 접근하기 쉬운 방식으로 설명할 수 있습니다.

또 다른 예로 "금융 전문가들을 대상으로 최근 금리 변동이 세계 경제에 미칠 장기적 영향에 대해 평가해 주세요."라는 질문으로 복잡한 경제 모델과 금융 이론에 대한 분석을 요구할 수 있습니다. 반면 "고등학생을 대상으로 은행이 왜 금리를 조정하는지와 이것이 우리의 저축에 어떤 영향을 미치는지 설명해 주세요."라고 질문하면 더 기초적인 경제 개념을 사용해 설명할 수 있습니다.

이처럼 청중을 어떻게 설정하느냐에 따라 정보 수준과 사용하는 용어가 달라집니다. 이는 특히 교육 분야나 전문가와의 대화에서 중요한 역할을 합니다. 즉, 올바른 수준의 정보 제공으로 학습 효과를 극대화하고 전문가 사이에선 의미 있는 대화를 촉진합니다.

그렇다면 청중을 설정했을 때와 설정하지 않았을 때 답변이 어떻게 달라지는지, 청중의 수준에 따라서는 또 어떻게 답변이 달라지는지 예시를 통해 살펴보겠습니다.

청중을 설정하지 않은 질문

 오늘날 기후 변화의 원인은 무엇인가요?

 오늘날 기후 변화는 주로 인간 활동에 의해 촉발된 여러 요인들로 발생합니다. 주요 원인으로는 다음과 같습니다.

1. 온실가스 배출:
- 이산화탄소 (CO2): 화석 연료(석탄, 석유, 천연가스)의 연소, 삼림 벌채, 산업 활동 등에서 배출됩니다.
- 메탄 (CH4): 농업(특히 소 사육), 폐기물 처리, 천연가스 및 석유 생산 과정에서 방출됩니다.
아산화질소 (N2O): 농업 활동(비료 사용)과 산업 공정에서 발생합니다.
- 수소화불화탄소 (HFCs), 과불화탄소 (PFCs), 육불화황 (SF6): 냉각제, 에어로졸, 절연체 등의 제조 및 사용에서 발생합니다.

2. 산림 벌채:
- 숲은 이산화탄소를 흡수하여 대기 중 농도를 낮추는 역할을 합니다. 하지만 숲이 파괴되면 흡수되는 이산화탄소가 줄어들고, 벌채된 나무가 썩거나 불에 타면서 추가적인 이산화탄소가 배출됩니다.

3. 토지 이용 변화:
- 도시화, 농업 확장 등으로 인해 자연 생태계가 파괴되면서 탄소 흡수 능력이 감소합니다.

4. 산업화:
- 공장, 발전소 등에서 사용하는 에너지의 대부분이 화석 연료에 의존하고 있어 대량의 온실가스를 배출합니다.

5. 교통:
- 자동차, 항공기, 선박 등 교통 수단에서 사용하는 연료는 대량의 이산화탄소와 기타 온실가스를 배출합니다.

이러한 요인들이 결합하여 지구의 온도를 상승시키고, 기후 패턴의 변화를 초래합니다. 기후 변화의 영향은 극단적인 날씨, 해수면 상승, 생태계 파괴, 식량 생산 감소 등으로 나타나며, 이에 대응하기 위해 전 세계적으로 다양한 노력이 필요합니다.

청중을 설정한 질문 ①

 오늘날 기후 변화의 원인은 무엇인지 기후 과학자를 대상으로 설명해 주세요.

 오늘날의 기후 변화는 주로 인간 활동에 의해 유발된 여러 복합적인 요인들에 기인합니다. 기후 과학자를 대상으로 한 설명은 다음과 같이 구체적인 과학적 근거와 메커니즘을 포함하여 설명할 수 있습니다.

1. 온실가스 배출 증가:
- 이산화탄소 (CO2): 화석 연료의 연소(석탄, 석유, 천연가스)로 인해 대기 중 이산화탄소 농도가 크게 증가했습니다. 산업 혁명 이후 CO2 농도는 약 280ppm에서 현재 약 415ppm 이상으로 상승했습니다. 이는 지구 복사 에너지 수지를 변화시켜 지구 온난화를 초래합니다.
- 메탄 (CH4): 농업(특히 반추동물의 소화 과정), 폐기물 매립지, 천연가스 및 석유 채굴 과정에서 방출됩니다. 메탄은 단위 질량당 CO2보다 약 28-36배 강력한 온실가스입니다.

- 아산화질소 (N2O): 주로 농업에서 사용되는 질소 비료에서 방출되며, 이는 단위 질량당 CO_2보다 약 298배 강력한 온실가스입니다.
- 수소화불화탄소 (HFCs), 과불화탄소 (PFCs), 육불화황 (SF6): 냉각제, 에어로 졸, 절연체 등에서 발생하는 인위적인 온실가스로, 각각 강력한 온실 효과를 가 지며 대기 중에 장기간 잔류합니다.

2. 산림 벌채와 토지 이용 변화:
- 대규모 산림 벌채는 탄소 저장 능력을 감소시키고, 벌채된 나무가 분해되거나 소 각됨에 따라 CO_2가 방출됩니다. 이는 탄소 순환의 균형을 깨뜨리고 대기 중 CO_2 농도를 증가시킵니다.
- 도시화 및 농업 확장으로 인한 토지 이용 변화는 자연 생태계의 탄소 흡수 능력 을 저하시킵니다.

3. 산업화와 에너지 소비:
- 산업화는 에너지 소비의 급증을 초래했으며, 대부분의 에너지가 화석 연료에 의 존하고 있습니다. 이는 대규모 CO_2와 기타 온실가스 배출로 이어졌습니다.
- 발전소, 제조업, 교통 수단 등에서의 화석 연료 사용은 지구의 에너지 수지를 변 화시켜 온난화를 촉진합니다.

4. 에어로졸 및 기타 단기 기후 인자:
- 인간 활동에 의해 대기 중에 방출되는 에어로졸(예: 황산염, 질산염, 검댕)은 단기 적으로 지구 표면을 냉각시킬 수 있지만, 장기적으로는 복잡한 기후 반응을 유 발합니다.
- 에어로졸은 또한 구름 형성과 관련된 복잡한 상호 작용을 통해 기후 시스템에 영향을 미칩니다.

5. 해양의 열 흡수와 산성화:
- 해양은 대기 중의 CO_2를 흡수하여 일시적으로 완충 역할을 하지만, 이는 해양 산성화를 초래하여 해양 생태계에 악영향을 미칩니다.
- 또한 해양은 지구가 흡수한 추가적인 열의 상당 부분을 저장하고 있으며, 이는 해양 온도 상승과 관련된 여러 피드백 메커니즘을 유발합니다.

이러한 요인들이 복합적으로 작용하여 지구의 기후 시스템에 다양한 변화를 초래하고 있습니다. 기후 모델링과 관측 자료를 통해 이러한 변화의 메커니즘을 이해하고, 미래 기후 변화를 예측하며, 이를 기반으로 적절한 완화 및 적응 전략을 개발하는 것이 중요합니다.

청중을 설정한 질문 ②

 오늘날 기후 변화의 원인은 무엇인지 초등학생을 대상으로 설명해 주세요.

 오늘날 기후 변화는 주로 사람들이 하는 여러 가지 활동 때문에 일어나고 있어. 다음은 기후 변화를 일으키는 주요 원인들이야:

1. 자동차와 공장:
- 우리가 매일 타고 다니는 자동차와 물건을 만드는 공장은 연료를 태워서 에너지를 얻어. 이때 나오는 연기가 공기 중으로 올라가서 지구를 따뜻하게 만들어. 특히, 이 연기에는 이산화탄소라는 가스가 많아.

2. 나무를 베는 것:
- 나무는 공기 중의 이산화탄소를 흡수해서 우리에게 깨끗한 공기를 만들어 줘. 하지만 사람들이 나무를 많이 베어내면, 이산화탄소를 흡수하는 나무가 줄어들어서 공기 중에 이산화탄소가 많아져. 그래서 지구가 더 따뜻해져.

3. 전기 사용:
- 우리가 집에서 사용하는 전기(불 켜기, 컴퓨터 사용하기 등)를 만들 때도 많은 이산화탄소가 발생해. 특히 전기를 만드는 발전소에서 많은 연료를 태우기 때문에 이산화탄소가 많이 나와.

4. 소와 농업:
- 농장에서 소들이 음식을 소화할 때 메탄가스라는 또 다른 온실가스를 방출해. 이 메탄가스도 지구를 따뜻하게 만드는 데 큰 역할을 해.

5. 쓰레기 매립지:
- 우리가 버리는 쓰레기가 쌓이는 매립지에서도 메탄가스가 나와. 음식물 쓰레기 등이 썩으면서 이 가스가 발생해.

이렇게 사람들이 여러 가지 활동을 하면서 배출하는 가스들이 공기 중에 많이 쌓이면서 지구의 온도를 높이고, 기후 변화를 일으키는 거야. 그래서 우리 모두가 전기를 아껴 쓰고, 나무를 심고, 쓰레기를 줄이는 등의 노력을 해야 해.

이처럼 청중을 설정하면 챗GPT가 청중의 배경 지식, 관심사 그리고 이해도를 고려하여 답변을 합니다. 따라서 효과적인 커뮤니케이션을 할 수 있어 전반적인 대화의 품질을 향상시키는 데 기여합니다.

⚖️ 질문시키기

충분한 답변을 얻을 때까지 챗GPT와 질의응답을 반복하는 접근 방식은 챗GPT의 활용을 극대화하고 원하는 답변을 얻는 데 매우 효과적입니다. 예를 들어 "유럽 여행 준비를 하는 중이에요."라고 입력을 했다면 챗GPT가 "어떤 유형의 여행을 선호하십니까? 예를 들어, 문화 탐방, 자연 탐방 혹은 쇼핑이 중심인 여행을 원하시나요?"와 같이 질문을 하면 사용자는 챗GPT의 질문에 답변을 함으로써 개인의 선호도와 관심사에 맞는 정보를 얻을 수 있습니다.

또는 사용자가 "새로운 사업을 시작하려고 해요."라고 언급했다면, 챗GPT는 "어떤 산업에 관심이 있으신가요?", "시작 자본은 얼마나 예상하고 계신가요?", "사업 위치를 어디로 생각하고 계신가요?"와 같이 여러 가지 질문을 할 수 있습니다. 이는 사용자도 명확하지 않았던 부분에 대한 구체적인 정보를 제공하게 함으로써 보다 실질적이고 실행 가능한 계획을 세울 수 있도록 돕습니다.

학습 목표를 세울 때도 이 방식은 유용합니다. 예를 들어, 사용자가 "데이터 과학을 배우고 싶어요."라고 말했을 때 챗GPT가 "어떤 부분에 가장 관심이 있으신가요? 예를 들어, 데이터 분석, 머신러닝, 아니면 데이터 시각화인가요?"와 같은 질문을 하면 사용자는 자신의 학습 목표를 좀 더 명확히 정리할 수 있습니다. 이러한 대화를 통해 사용자는 자신의 관심사와 학습 목표를 재정의하고, 챗GPT는 이에 맞는 학습 자료나 코스를 추천할 수 있습니다.

질문 요청하기

 여행 계획을 세우고 있어요. 좋은 여행 계획을 세워 주고 내가 여행 계획을 세우는 데 필요한 정보는 질문해 주세요.

 좋은 여행 계획을 세우기 위해 필요한 정보를 질문하고 그에 따라 맞춤형 여행 일정을 세워 드릴게요. 아래 질문에 답해 주시면 좀 더 구체적이고 유익한 계획을 세울 수 있습니다.

1. 여행 목적지: 어느 나라나 도시로 여행을 가고 싶으신가요?
2. 여행 기간: 몇 박 몇 일로 여행을 계획하고 계신가요?
3. 예산: 전체 여행 예산은 어느 정도로 생각하고 계신가요?
4. 여행 스타일: 주로 어떤 스타일의 여행을 선호하시나요? (예: 5. 문화 탐방, 자연 경관 감상, 음식 여행, 휴양, 액티비티 등)
5. 동행 인원: 혼자 여행하시나요, 아니면 가족이나 친구와 함께 가시나요?
6. 이동 수단: 주로 어떤 이동 수단을 이용할 계획이신가요? (예: 렌터카, 대중교통, 도보 등)
7. 숙박 시설: 어떤 숙박 시설을 선호하시나요? (예: 호텔, 게스트하우스, 에어비앤비, 호스텔 등)
8. 특별한 관심사: 방문하고 싶은 특정 장소나 하고 싶은 특별한 활동이 있으신가요?
9. 식사: 음식에 대한 선호도나 알레르기 등이 있으신가요?

이 질문들에 답해 주시면, 구체적인 여행 일정을 제안드리겠습니다.

 1. 여행 목적지: 일본
2. 여행 기간: 5일
3. 예산: 100만 원
4. 여행 스타일: 음식 여행
5. 동행 인원: 친구 1명
6. 이동 수단: 대중교통
7. 숙박 시설: 에어비앤비
8. 특별한 관심사: 온천
9. 식사: 현지식 선호

여행 일정

1일 차: 도쿄 도착 및 탐방
- 오전: 도쿄 도착
  - 공항에서 에어비앤비 숙소로 이동 및 체크인
- 오후: 시부야, 하라주쿠
  - 시부야 교차로에서 사진 찍기
  - 하라주쿠의 다케시타 거리 탐방
  - 크레페와 다코야키 등 거리 음식 체험
- 저녁: 이자카야 방문
  - 현지 이자카야에서 저녁 식사 및 사케 체험

2일 차: 음식 탐방
- 오전: 츠키지 시장
  - 신선한 스시와 해산물 아침 식사
- 오후: 아사쿠사
  - 센소지 사원 방문 및 나카미세 거리의 전통 간식 맛보기
- 저녁: 롯폰기
  - 고급 야키니쿠(일본식 바비큐) 레스토랑에서 저녁 식사

3일 차: 전통과 현대의 조화
- 오전: 우에노
  - 우에노 공원 산책 및 지역 음식점 방문
- 오후: 아키하바라
  - 전자 상가 탐방 및 마츠야에서 일본식 카레 체험
- 저녁: 신주쿠
  - 신주쿠 골든 가이의 작은 바와 음식점 탐방

4일 차: 온천 체험
- 오전: 하코네 이동
  - 도쿄에서 하코네로 이동 (약 1시간 30분 소요)
  - 온천 료칸(전통 여관) 체크인

- 오후: 하코네 탐방
  - 하코네 로프웨이와 오와쿠다니 방문
  - 하코네 유모토의 온천 체험
- 저녁: 료칸에서 전통 가이세키 요리 체험

5일 차: 도쿄로 귀환 및 귀국 준비
- 오전: 도쿄로 이동
  - 도쿄에서 마지막 쇼핑 및 가벼운 음식 체험
- 오후: 공항 이동 및 귀국 준비
  - 공항에서 마지막으로 일본의 간편식 체험 (예: 편의점 음식)

추가 팁
- JR 패스: 도쿄에서 하코네까지의 왕복 교통편을 포함하여, JR 패스를 활용하면 교통비를 절약할 수 있습니다.
- 현지 음식점 예약: 인기 있는 음식점은 미리 예약해두는 것이 좋습니다.
- 포켓 와이파이: 편리한 인터넷 사용을 위해 포켓 와이파이를 대여하는 것을 추천합니다.

이 일정이 도움이 되길 바라며, 여행 중 특별히 궁금한 사항이 있으면 언제든지 물어보세요. 즐거운 여행 되세요!

이와 같이 챗GPT가 사용자에게 질문을 하도록 유도하는 방식은 대화의 목적을 구체화하고 필요한 정보를 보다 정확하게 얻는 데 도움이 됩니다. 이는 사용자 경험을 개선하고 대화형 인터페이스의 효율을 증가시키는 중요한 요소입니다.

⚖ 답변 형식 설정하기

질문을 할 때 형식을 미리 설정하지 않으면 답변 방식에 제한이 없기 때문에 불필요하게 내용이 길어지거나 핵심 내용을 빠르게 파악하기 어려운 답변을 받을 수 있습니다. 반면 형식이나 구성을 정해 주면 챗GPT는 제공할 정보의 형식을 인지할 수 있으므로 사용자가 원하는 방식에 따라 답변을 조정하는 것이 더 수월해집니다. 그만큼 사용자는 원하는 답변을 정확하고 빠르게 얻을 수 있습니다.

예를 들어, 사용자가 질문을 한 다음 답변을 "3단계로 요약해 주세요."라고 요청하면 챗GPT는 주어진 주제를 3단계로 나누어 설명합니다. 이는 정보를 구조화하고 사용자가 쉽게 이해할 수 있도록 돕습니다. 또는 "리스트 형식으로 간단한 팁을 알려 주세요."라고 질문하면 챗GPT는 한눈에 보기 쉽게 정보를 정리해서 제공합니다.

또는 질문을 하면서 미리 답변을 요약해달라고 요구할 수 있습니다. "간단한 도입부와 결론이 포함된 글을 작성해 주세요."라는 요청에는 주제에 대한 서론을 제시하고 핵심 내용을 설명한 다음 결론을 통해 주요 포인트를 요약하는 형식의 답변을 준비합니다. 이는 특히 논리적인 글쓰기나 교육적인 목적으로 챗GPT를 사용할 때 적합합니다. 마지막으로 "예시와 함께 자세히 설명해 주세요."라는 요청은 특정 개념이나 아이디어를 설명할 때 구체적인 예시로 이해를 돕고 추상적인 내용을 구체화할 때 유용합니다.

답변 형식을 설정했을 때와 하지 않았을 때 답변에 어떤 차이가 있는지 예시를 통해 살펴보겠습니다.

형식을 설정하지 않은 질문

 영어 공부에 대한 팁을 알려 주세요.

 영어 공부를 효과적으로 할 수 있는 몇 가지 팁을 알려드릴게요:

1. 목표 설정
- 구체적인 목표 설정: 예를 들어, 한 달 안에 단어 100개 외우기, 영어 책 한 권 읽기 등의 구체적인 목표를 세우세요.
- 일일 학습 계획: 매일 꾸준히 공부할 수 있도록 일일 학습 계획을 세워보세요.

2. 기본기 다지기
- 단어와 문법: 기본적인 어휘와 문법은 영어 공부의 기초입니다. 매일 단어를 외우고 문법 책을 참고하세요.
- 예문 활용: 단어와 문법을 공부할 때 예문을 많이 읽고 직접 만들어 보세요.

3. 듣기와 말하기 연습
- 영어 듣기: 영어 뉴스, 영화, 드라마, 유튜브 등을 통해 영어 듣기 능력을 키우세요. 처음에는 자막을 켜고 듣다가 점점 자막 없이 듣는 연습을 하세요.
- 영어 말하기: 스스로 문장을 만들어 말해 보거나, 언어 교환 파트너를 찾아 대화해 보세요. 가능하다면 영어 스피킹 수업을 듣는 것도 좋습니다.

4. 읽기와 쓰기 연습
- 영어 책 읽기: 수준에 맞는 영어 책을 골라 읽어보세요. 처음에는 쉬운 책부터 시작하고 점점 난이도를 높여가세요.
- 일기 쓰기: 매일 영어로 일기를 쓰는 것도 좋은 방법입니다. 일기 외에도 에세이, 이메일 등을 영어로 작성해 보세요.

5. 영어 환경 조성
- 영어 노출: 생활 속에서 영어를 접할 수 있는 환경을 만들어 보세요. 예를 들어, 핸드폰 언어 설정을 영어로 바꾸기, 영어로 메모 작성하기 등.
- 영어 학습 앱: 듀오링고, 밥블 같은 영어 학습 앱을 활용하여 재미있게 공부하세요.

6. 꾸준함과 반복
- 꾸준한 학습: 영어 공부는 꾸준함이 중요합니다. 매일 조금씩이라도 계속 공부하는 것이 중요합니다.
- 복습: 배운 내용을 꾸준히 복습하여 잊어버리지 않도록 하세요.

7. 영어 공부 커뮤니티 참여
- 스터디 그룹: 영어 공부 스터디 그룹에 참여하여 함께 공부하고 서로 격려하세요.
- 온라인 포럼: 레딧, Lang-8 같은 온라인 포럼에서 영어 학습자들과 소통해 보세요.

이 방법들을 시도해 보면서 자신에게 가장 잘 맞는 방법을 찾아 꾸준히 실천해 보세요. 영어 공부에 도움이 되길 바랍니다!

형식을 설정한 질문

영어 단어를 외우는 효율적인 방법을 설명해 주세요. 아래 조건을 만족하는 답변을 주세요.
- 3단계로 요약해 주세요.
- 예시와 함께 자세히 설명해 주세요.

영어 단어를 효율적으로 외우는 방법을 3단계로 요약하여 설명드리겠습니다. 각 단계는 예시와 함께 자세히 설명드릴게요.

1. 단어 분류 및 연관 짓기

단어를 주제별로 분류하고 연관된 단어끼리 묶어서 외우세요. 이렇게 하면 기억에 도움이 됩니다.

예시:

- 주제: 음식
  - 단어: apple (사과), banana (바나나), grape (포도)
  - 연관 짓기: "나는 사과(apple)와 바나나(banana)를 좋아하고, 포도(grape) 는 좋아하지 않아."라는 문장을 만들어 봅니다.

2. 문맥에서 학습하기

단어를 문장에서 사용하여 외우세요. 문맥을 통해 단어의 의미를 더 쉽게 이해하고 기억할 수 있습니다.

예시:

- 단어: diligent (성실한)
  - 문장: "She is a diligent student who always completes her homework on time."
  - 연습: 이 문장을 여러 번 읽고, 비슷한 문장을 스스로 만들어 봅니다. "He is diligent in his work."

3. 반복과 복습

일정한 간격으로 반복해서 단어를 복습하세요. 이를 통해 단기 기억에서 장기 기억 으로 이동시킬 수 있습니다.

예시:

- 방법: 플래시 카드 사용
  - 1일 차: 새로운 단어를 외운 후 플래시 카드로 복습
  - 2일 차: 전날 외운 단어를 다시 복습하고 새로운 단어 추가
  - 1주일 후: 일주일 동안 외운 단어를 모두 복습

구체적인 활용 예시:

- 단어: "efficient" (효율적인)
  - 단어 분류 및 연관 짓기: 관련 단어로 "productive" (생산적인), "effective" (효과적인)와 함께 외우기
  - 문맥에서 학습하기: "The new system is more efficient and saves a lot of time."
  - 반복과 복습: 플래시카드를 만들어 1일차, 2일차, 1주일 후 복습하기

이러한 세 단계 방법을 통해 단어를 외우면 효율적으로 기억할 수 있습니다.

이처럼 답변의 형식이나 구조를 미리 알려 주면 챗GPT가 사용자의 요구와 목적에 답변을 제공하는 데 큰 도움을 줍니다. 이 방법은 사용자가 원하는 정보를 효과적으로 받아들이고 의사소통의 질을 높이는 데 기여합니다.

지금까지 챗GPT에게 제대로 질문하는 방법 10가지를 살펴봤습니다. 이외에도 많은 사용자의 경험을 토대로 원하는 답변을 끌어 내는 방법이 있습니다. 그러나 종종 챗GPT의 대답이 명확하지 않을 때 "불이익을 줄 거야."라고 협박하거나 "대답을 잘하면 팁을 줄게."라고 보상을 하거나 "클로드3는 답변을 잘하던데."라고 다른 인공지능과 비교를 하면 더 효율적인 답변을 얻을 수 있다는 경우도 있습니다.

그러나 인공지능은 인간처럼 보상을 인식하거나 동기 부여를 받지 않기 때문에 이런 방식이 챗GPT의 답변 품질에 영향을 주지는 않는 것으로 보입니다. 협박은 상대를 강제적으로 조정하는 부정적인 방식이므로 오히려 챗GPT의 정확성과 활용 가능성을 저해할 수 있습니다. 또, 챗GPT는 인간의 감정이나

의도에 영향을 받지 않고 최대한 유용하고 관련성 있는 답변을 제공하도록 설계되었으므로 비교를 통해 압박을 주는 방식도 큰 효과는 없습니다.

인공지능은 학습한 지식을 기반으로 최선의 답변을 제공하는 데 초점을 맞추므로 보상 유인, 협박, 비교 등의 방법보다는 질문의 구체성이나 맥락, 원하는 결과, 형식 등을 미리 정하고 질문하는 것이 훨씬 효율적입니다.

PART 3

챗GPT 변호사와 협업하기

Chapter 05

챗GPT를 활용한
AI 변호사 만들기

이번 챕터에서는 챗GPT를 활용해 법률 상담을 했을 때의 장점과 유의사항 그리고 대법원의 답변과 챗GPT의 답변을 비교하면서 챗GPT의 법률 상담이 어느 정도로 유효한지를 확인합니다. 개개인의 특정 상황에 따라 법률 상담이 가능한 프롬프트를 작성하고 또 구체화하면서 법률 서비스에서 챗GPT를 활용하는 구체적인 사례들을 살펴봅니다.

챗GPT를 활용한 AI 변호사의 장점

복잡한 법률 문제나 중요한 결정을 내릴 때 챗GPT를 활용하면 얻을 수 있는 이점이 많습니다. 챗GPT는 전문 법률 용어와 복잡한 논리를 쉽게 풀어서 설명해 주므로 법률에 익숙하지 않은 사람들도 법률 개념과 용어를 배우고 이해하는 데 도움을 받을 수 있습니다. 예를 들어 챗GPT에게 고소장 작성을 요청하던 중 '입건', '피의자', '피고인', '원심' 등 낯설거나 헷갈리는 용어가 나오면 즉각 챗GPT에게 해당 용어의 뜻을 물어볼 수 있습니다.

뿐만 아니라 즉각적 답변으로 해결책을 찾는 시간을 절약해 주어 변호사 상담 전에 필요한 정보를 미리 파악할 수 있습니다. 이를 활용하면 상담 시간의 효율성이 높아져 더 나은 상담 결과를 얻을 수 있습니다.

간단한 계약서 초안이나 법률 문서를 작성할 때에도 챗GPT 변호사는 큰 도움이 됩니다. 비록 개개인의 모든 상황에 들어맞는 완벽한 문서를 작성하지는 못하지만, 챗GPT가 작성해 준 초안을 바탕으로 내용을 수정하거나 보완하여 최종 문서를 완성하는 데 큰 도움이 됩니다.

또, 판결문이나 법학 논문 등 관련 자료를 요약하거나 핵심 내용을 쉽게 파악하는 데 도움이 됩니다. 긴 문서의 세부 사항을 모두 검토하지 않아도 중요한 부분에 초점을 맞추고, 전체적인 구조를 파악할 수 있습니다. 이외에도 법률 문서나 논문을 요약해 빠르게 비교하고 분석할 수 있기 때문에 서로 다른 판례나 법적 견해를 한눈에 파악할 수 있습니다.

뿐만 아니라 다양한 언어로 번역이 가능해 미국, 일본 등 해외의 법률 정보를 파악하거나 문서를 작성하는 데에도 유용하게 활용할 수 있습니다. 이로써 다양한 국가의 법률 자료를 쉽게 비교하고 연구하는 데 도움이 됩니다.

이처럼 챗GPT는 법률 비전문가는 물론이고 전문가에게도 복잡한 법률 정보에 대한 접근성을 높이고 효율적인 업무를 수행하게 해줍니다.

⚖️ AI 변호사 활용 시 유의사항

앞서 언급했듯이 챗GPT를 활용하면 낯선 법률 용어나 개념을 쉽게 익히고 문서 작업을 하는 등 다양한 이점이 있지만 그만큼 유념해야 할 부분이 있습니다. 챗GPT는 실제 변호사가 아니며 법률 자격이 없으므로 조언에 대한 책임은 전적으로 이를 사용하는 사람이 져야 합니다. 법률 문제는 매우 복잡하고 다각적이므로 정확하고 적법한 자문을 얻으려면 반드시 법률 자격을 갖춘 전문가로부터 검증을 받아야 합니다. 챗GPT가 제공하는 정보는 일반적인 법률 지식을 전달하거나 기본적인 이해를 돕는 데 유용할 수 있지만, 이 정보만으로는 법률적인 조언이나 공식적인 입장을 대체할 수 없습니다.

특히 챗GPT를 법률 관련 정보 수집이나 문제 해결에 활용할 때 생성 AI의 특성상 존재하지 않는 판결을 만들어 내거나 잘못된 법률 규정을 제시할 수 있다는 점에 주의해야 합니다. 챗GPT는 마치 실제 존재하는 법원의 판결이나 법률 규정인 것처럼 가상의 판결을 만들어 사용자가 오인하게 만드는 경우가 있습니다. 따라서 챗GPT가 제공하는 정보는 반드시 검증 절차를 거쳐야 합니다.

또, 법률은 국가, 지역에 따라 상황이 바뀔 수 있는데다 끊임없이 변화하고 발전합니다. 즉, 챗GPT가 제공하는 정보가 최신이 아닐 수 있으며 때에 따라 지역별 특수한 법률 규정이나 현행법이 반영되지 않을 수 있습니다. 따라서 법률 조언을 구할 때는 반드시 해당 지역의 최신 법률을 잘 아는 전문가를 찾아야 합니다.

법률 문제는 케이스마다 독특한 특징을 가지고 있습니다. 같은 법률이라도 상황에 따라 해석이나 적용이 달라질 수 있습니다. 챗GPT는 일반적인 법률 지식이나 규정을 설명해 줄 수는 있지만, 이 정보가 모든 상황에 그대로 적용되지 않을 수 있습니다. 따라서 자신의 특정한 상황에 맞는 법률 자문을 얻기 위해서는 해당 상황을 정확히 이해하고 있는 변호사와 직접 상담하는 것이 중요합니다.

또 하나 주의할 점은 개인 정보를 다루는 것입니다. 챗GPT는 공개된 환경에서 작동하기 때문에 개인적으로 민감한 정보를 제공하지 않아야 합니다. 이러한 정보는 외부에 노출되거나 안전하게 보호되지 않을 수 있습니다.

마지막으로 챗GPT가 제공하는 정보는 초안을 작성하거나 기본적인 개념을 이해하는 데 도움을 줄 수 있습니다. 그러나 이러한 정보만으로 최종 결정을 내리기보다는 항상 전문 변호사의 검토를 거쳐야 합니다. 챗GPT가 제공한 정보는 구체적인 자문을 받기 전에 얻을 수 있는 기초 정보로만 여기는 것이 좋습니다.

결론적으로 챗GPT는 법률 관련 지식을 얻고 학습하는 데 유용하지만, 중요한 법률적 의사 결정이나 개인 정보와 관련된 민감한 문제를 다룰 때는 반드시 전문 변호사의 조언을 받아야 한다는 점을 기억하는 것이 중요합니다.

⚖️ 대법원 VS 챗GPT

앞서 설명했듯이 아직까지는 챗GPT로 구체적인 법률 상황을 파악하거나 고도의 전문적인 법률 조언을 제공받는 것은 제한적입니다. 또, 존재하지 않는 정보를 실제처럼 제공하는 할루시네이션 문제가 여전히 있으므로 꼭 검증하는 절차가 필요합니다.

그러나 챗GPT를 활용하면 누구나 법률 서비스에 쉽게 접근할 수 있고 법적 문제에 대해 신속하고 효율적으로 조언을 받을 수 있습니다. 또, 법률 전문가에게 접근하기 어려운 상황에서도 기초적인 법률 지원을 제공받을 수 있습니다. 사용자는 챗GPT에게 법률 문제에 대한 질문을 하고 챗GPT는 관련 법률 정보, 예상 가능한 법적 결과, 권장되는 행동 방침 등을 제공함으로써 사용자가 상황을 더 잘 이해할 수 있도록 돕습니다. 예를 들어, 부동산 계약, 상속 문제, 노동법 관련 질문 등 다양한 법률 분야에 걸쳐 질문을 하면 챗GPT는 해당 법률 분야의 기본 원칙과 관련 판례, 필요한 서류 작성 방법 등을 설명합니다. 과거 판례와 법률 데이터베이스를 참조하여 비슷한 사례에서 어떤 결정이 내려졌는지 예를 들어 설명하기도 합니다. 또, 법적 문서를 작성할 때 필요한 구조와 주요 조항을 제안하여 사용자의 요구에 맞는 문서를 더 쉽게 준비할 수 있도록 지원합니다.

그렇다면 챗GPT의 상담 결과가 대법원과 어느 정도의 차이가 있는지 사례를 통해 비교해 보겠습니다. 대법원은 홈페이지(help.scourt.go.kr/nm/min-won/faq/FaqListAction.work)를 통해 간단한 상담 사례를 제공하고 있습니다. 이 중 몇 가지 사례를 통해 대법원의 답변과 챗GPT의 답변을 비교해 보겠습니다.

---

① 질문: 혼인 관계 중 아버지의 성과 본을 따르고 있는 자녀의 성과 본을 어머니의 성과 본으로 변경할 수 있나요?

대법원의 답변

기존의 성과 본을 변경하는 것은 개인적·사회적으로 기존의 성·본에 의하여 형성된 신뢰 관계를 흔드는 결과가 될 수 있으므로, 자녀의 복리를 위해 필요한 때에만 법원의 허가를 받아 변경할 수 있습니다(민법 제781조제6항). 다만, 이 규정의 취지는 이혼율이 급증하고, 재혼 가정이 증가하고 있는 현실에서 자녀가 이혼 또는 재혼한 어머니와 함께 생활하고 있는 경우가 많은데, 현행 민법의 성불변의 원칙으로 인하여 이러한 자녀가 겪고 있는 현실적인 고통을 덜어 주기 위한 것이라고 할 수 있습니다.

챗GPT의 답변

 혼인 관계 중 아버지의 성과 본을 따르고 있는 자녀의 성과 본을 어머니의 성과 본으로 변경할 수 있는지에 대해 답변 드리겠습니다.

한국의 민법에 따르면, 자녀의 성과 본을 변경하는 것은 법률적인 절차를 통해 가능합니다. 구체적으로는 다음과 같은 절차와 요건이 필요합니다.

1. 성 변경의 사유:
   - 자녀의 복리를 위해 필요한 경우
   - 성 변경을 통해 자녀의 권리나 복리가 보장되는 경우 등

2. 가정법원의 허가:

- 성과 본을 변경하기 위해서는 반드시 가정법원의 허가를 받아야 합니다. 이를 위해 법원에 '성 변경 신청'을 제출해야 합니다.
- 법원은 자녀의 복리를 최우선으로 고려하여 판단하게 됩니다.

3. 부모의 동의:
- 부모가 모두 동의하는 경우가 대부분이지만, 동의하지 않는 경우 법원이 자녀의 복리를 기준으로 판단합니다.
- 부모 중 한 명이 반대하더라도 자녀의 복리에 현저히 부합한다고 판단되는 경우 법원이 허가할 수 있습니다.

3. 행정적 절차:
- 가정법원에서 허가를 받은 후, 이를 주민등록사무소에 신고하여 주민등록등본, 가족관계등록부 등을 변경합니다.

따라서, 혼인 관계 중 아버지의 성과 본을 따르고 있는 자녀의 성과 본을 어머니의 성과 본으로 변경하려면 위와 같은 절차를 따라야 하며 특히 가정법원의 허가가 필요합니다. 이를 위해서는 자녀의 복리를 중심으로 한 충분한 사유를 준비하는 것이 중요합니다. 변호사의 도움을 받아 절차를 진행하는 것이 바람직합니다.

대법원보다 챗GPT가 법적 근거, 절차, 주의 사항까지 더 자세하게 설명하고 있습니다. 챗GPT가 얼마나 더 자세하게 설명하는지 확인하기 위해 몇 가지 사례를 더 비교해 보겠습니다.

② 질문: 저는 내년에 국외 이민을 갈 예정이기 때문에 임대 기간이 1년인 임대차 계약을 체결하고 싶습니다. 기간의 정함이 없거나 기간을 2년 미만으로 정한 임대차는 그 기간을 2년으로 본다는 주택 임대차 보호법 제4조 제1항의 규정 때문에 임대 기간을 2년 미만으로 정할 수 없다는 이야기를 들었습니다. 정말인가요?

대법원의 답변

그렇지 않습니다. 왜냐하면 위 법이 임대 기간을 최소한 2년으로 규정한 취지는 임차인의 주거 안정을 도모하기 위한 것이므로 임차인이 원하는 경우에는 임대 기간을 2년 미만으로 정하는 것이 얼마든지 가능하기 때문입니다. 따라서 귀하께서는 2년 미만으로 정한 임대 기간이 끝난 후에 스스로 임대 기간의 만료를 이유로 임대인에게 임대 보증금의 반환을 청구할 수 있습니다.

챗GPT의 답변

네, 주택 임대차 보호법 제4조 제1항에 따르면, 임대차 기간을 2년 미만으로 정한 경우 그 기간을 2년으로 본다는 규정이 있습니다. 그러나 이는 임차인의 보호를 위해서 마련된 규정으로, 임차인은 임대차 계약에서 정한 기간이 2년 미만이라도 이를 근거로 2년 동안 거주할 권리를 가지게 됩니다.

하지만 임대인과 임차인이 서로 동의하여 1년 임대차 계약을 체결하는 것은 가능합니다. 이 경우, 임대차 계약서에 1년으로 임대 기간을 명확히 명시하고, 양 당사자가 이에 서명하여 동의하면 1년 계약도 유효할 수 있습니다. 다만, 임대인이 이 규정을 악용하여 임차인을 불리하게 할 우려가 있으므로, 임차인의 권익을 보호하기 위해 법에서는 기본적으로 2년을 보장하고 있습니다.

따라서 임대인과 임차인이 1년 임대차 계약을 체결하려면, 서로의 동의하에 명확한 계약서 작성과 서명이 필요합니다. 이 경우에도 임차인은 2년 거주 권리를 포기하지 않는다는 점을 유념하시기 바랍니다. 법률적 사항이므로, 더 확실한 정보와 도움을 받기 위해 변호사와 상담하는 것도 좋은 방법입니다.

대법원은 질문에 대해 "임차인이 원하는 경우 2년 미만으로 정할 수 있다."라고 간단히 답변한 반면 챗GPT는 주택 임대차 보호법 제4조 제1항의 입법 취지를 설명하면서 법의 주요 내용에 대해서도 상세하게 설명을 하고 있습니다.

이처럼 챗GPT는 대법원의 답변보다 더 자세하고 풍부한 설명을 제공하는 것을 확인할 수 있습니다.

---

③ 질문: 약식 명령이 부당하다고 생각하여 불복하고자 할 경우에는 어떻게 해야 하나요?

대법원의 답변

검사 또는 피고인은 약식 명령의 고지를 받은 날로부터 7일 이내에 정식 재판의 청구를 할 수 있고, 정식 재판의 청구는 약식 명령을 한 법원에 서면으로 제출해야 합니다.(형사소송법 제453조)

챗GPT의 답변

 약식 명령에 불복할 경우 정해진 절차에 따라 이의를 제기할 수 있습니다. 다음은 그 절차입니다.

1. 이의 신청 기간: 약식 명령을 받은 날로부터 7일 이내에 이의 신청을 해야 합니다. 이 기간을 초과하면 약식 명령이 확정되므로 주의가 필요합니다.

2. 이의 신청 방법: 이의 신청은 약식 명령을 발부한 법원에 서면으로 제출해야 합니다. 이의 신청서에는 약식 명령에 불복하는 이유를 명확히 기재해야 합니다.

3. 이의 신청 결과:
- 이의 신청이 접수되면 약식 명령은 효력을 상실하게 됩니다.
- 법원은 일반 형사 재판 절차에 따라 사건을 심리하게 됩니다. 이 경우에는 공개 재판을 통해 사건이 다루어지며, 피고인은 변호인의 도움을 받아 적극적으로 변론할 수 있습니다.

4. 재판 절차:
- 일반 형사 재판으로 전환되면, 검사는 공소장을 제출하고, 피고인은 이에 대해 변론하게 됩니다.
- 재판을 통해 판사는 증거를 심리하고, 피고인의 유죄 여부를 판단하여 형을 선고하게 됩니다.

따라서 약식 명령이 부당하다고 생각된다면, 신속하게 이의 신청을 하여 정식 재판을 통해 자신의 입장을 변론할 수 있는 기회를 가져야 합니다. 이 과정에서 변호사의 도움을 받는 것이 효과적일 수 있습니다.

대법원은 간단하게 답변을 한 반면 챗GPT는 약식 명령에 불복하고자 할 때의 절차까지 자세한 정보를 제공하고 있습니다.

이 3가지 사례로 대법원과 챗GPT의 답변을 비교했을 때 대법원은 필요한 최소한의 정보를 제공하는 데 집중하는 반면, 챗GPT는 사용자가 법적 문맥을 이해할 수 있도록 법적 규정의 세부적인 적용 방법, 예외 사항 그리고 이를 어떻게 실제 상황에 적용할 수 있는지에 대한 실질적인 안내를 포함하고 있습니다. 이는 챗GPT가 단순한 정보 전달을 넘어 깊이 있는 지식 전달자로서 역할을 수행하고 있음을 보여 줍니다. 사용자는 챗GPT를 통해 법적 절차에 대해 더 명확하게 이해하고 자신의 상황에 맞는 최선의 선택을 할 수 있는 정보를 얻을 수 있습니다.

법률 상담 프롬프트 만들기

법률 상담 프롬프트를 만들 때 정해진 정답은 없습니다. 가장 효과적인 프롬프트는 사용자가 챗GPT의 기능을 최대한 활용하도록 설계하는 것입니다. 'Chapter 04 챗GPT 프롬프트 가이드'에서 제공한 프롬프트 작성 지침을 적극 활용하는 것이 중요합니다. 프롬프트를 작성한 후에는 실제로 질문을 반복하면서 수정해 나가는 과정을 거쳐야 합니다. 이 과정을 통해 챗GPT의 답변은 점점 더 정교해지고 사용자의 필요에 부합하게 됩니다.

법률 상담 프롬프트는 2가지 방법으로 만들 수 있습니다. 첫 번째 방법은 사용자가 법률 상담 내용을 직접 입력하고 챗GPT의 답변에 피드백과 반복 질문을 통해 원하는 답을 얻는 것입니다. 두 번째 방법은 의뢰인이 실제 변호사와 상담하는 것처럼 챗GPT가 사용자에게 질문을 던지도록 하는 방식입니다. 이러한 방법을 통해 챗GPT로부터 보다 구체적이고 유용한 법률 상담을 받을 수 있습니다.

먼저 법률 상담 내용을 직접 입력하고 챗GPT로부터 답변을 받는 프롬프트는 다음과 같이 작성할 수 있습니다.

피드백과 반복 질문을 하는 법률 상담 프롬프트

 당신은 민사 전문 변호사입니다. 당신은 관련 법률, 판례 등에 대한 전문적 지식을 가지고 있습니다. 당신은 법률 문제에 대한 법적 조언을 제공해야 합니다. 사용자의 질문에 대해 다음 조건을 만족하는 답변을 해야 합니다.

- 객관적이고 중립적인 입장을 유지하고, 사실 관계에 기반한 정보를 전달합니다.
- 사용자의 이해를 높이기 위해 단계별로 설명합니다.
- 사용자의 법적 리스크와 이에 대한 대응 방안을 제시해야 합니다.
- 사용자의 이해를 돕기 위해 쉽게 설명합니다.

[]에 대한 법적 조언을 해주세요.

작성 예시는 사용자가 특정 목표, 맥락, 원하는 결과, 필요한 조언 유형 그리고 특정 페르소나를 설정하는 방법을 기반으로 합니다. 이러한 요소들을 명확히 설정함으로써 자신의 필요와 목적에 맞는 맞춤형 답변을 얻을 수 있도록 질문을 구성할 수 있습니다. 추가로 질문의 출력 형식을 설정하여 정보를 제공하는 방식을 더욱 세밀하게 조정할 수 있습니다. 예를 들어 답변을 요약 형태, 상세한 설명 또는 단계별 지침 등 다양한 형식으로 요청할 수 있습니다.

챗GPT로부터 받은 답변에 피드백과 반복 질문을 하면 보다 구체적이고 상세한 법률 상담을 받을 수 있습니다. 이 과정은 챗GPT의 초기 응답을 평가하고 필요한 경우 추가 질문이나 수정 요청을 통해 응답을 정제하는 단계를 포함합니다.

이와 같은 방법으로 사용자는 초기 답변에 피드백을 제공하여 부족하거나 명확하지 않은 부분을 보완할 수 있습니다. 추가 질문이나 수정 요청을 통해 법률 상담의 질을 향상시키고 상호 작용을 통해 사용자의 상황에 맞는 맞춤형 답변과 신뢰할 수 있는 법률 정보를 얻을 수 있는 것입니다.

이 방법을 앞서 본 상담 사례에 적용하면 챗GPT의 답변이 현저하게 개선되고 구체화되는 것을 볼 수 있습니다. 예를 들어, 상가 임대차 계약에 관한 질문에서 챗GPT는 초기 답변에 법률 조항을 간단하게 설명할 수 있습니다. 그러나 사용자가 추가 정보를 요구하고 피드백을 제공하면 챗GPT는 계약의 특정 조항, 임대 기간, 위약금 등에 대해 더 자세하게 설명하고 실제 사례나 판례를 인용하여 보다 실용적인 조언을 제공합니다.

질문 사항만 기재했을 때의 답변

 혼인 관계 중 아버지의 성과 본을 따르고 있는 자녀의 성과 본을 어머니의 성과 본으로 변경할 수 있나요.

 혼인 관계 중 아버지의 성과 본을 따르고 있는 자녀의 성과 본을 어머니의 성과 본으로 변경하는 것은 가능한 일입니다. 대한민국 법률에 따라, 자녀의 성과 본을 변경하려면 법원의 허가를 받아야 합니다. 이 절차는 다음과 같이 진행됩니다.

1. 신청서 제출: 성과 본의 변경을 원하는 부모는 가정법원에 신청서를 제출해야 합니다. 이때 변경 사유를 상세히 기재해야 합니다.

2. 법원의 심사: 법원은 신청서에 기재된 내용을 바탕으로 성과 본의 변경이 자녀의 복리에 부합하는지 심사합니다. 여기에는 부모의 의견, 자녀의 의견(특히 자녀가 충분히 성숙한 경우), 가정 환경 등이 고려됩니다.

3. 법원의 결정: 법원은 심사를 통해 자녀의 성과 본 변경이 적절하다고 판단되면 허가를 내립니다. 이 결정은 법적 효력을 가지며, 이후 자녀의 주민등록 및 기타 공식 기록이 변경된 성과 본으로 수정됩니다.

성과 본의 변경은 자녀의 정체성 및 법적 지위에 영향을 미칠 수 있으므로 신중하게 고려되어야 하며, 법원의 판단에 따라 결정됩니다. 이 과정을 진행하기 위해서는 법률 전문가의 도움을 받는 것이 좋습니다.

법률 상담 프롬프트를 사용했을 때의 답변

당신은 민사 전문 변호사입니다. 당신은 관련 법률, 판례 등에 대한 전문적 지식을 가지고 있습니다. 당신은 법률 문제에 대한 법적 조언을 제공해야 합니다.
사용자의 질문에 대해 다음 조건을 만족하는 답변을 해야 합니다.

– 객관적이고 중립적인 입장을 유지하고, 사실 관계에 기반한 정보를 전달합니다.
– 사용자의 이해를 높이기 위해 단계별로 설명합니다.
– 사용자의 법적 리스크와 이에 대한 대응 방안을 제시해야 합니다.
– 사용자의 이해를 돕기 위해 쉽게 설명합니다.

[]에 대한 법적 조언을 해주세요.

[혼인 관계 중 아버지의 성과 본을 따르고 있는 자녀의 성과 본을 어머니의 성과 본으로 변경할 수 있나요.]

혼인 관계 중 아버지의 성과 본을 따르고 있는 자녀의 성과 본을 어머니의 성과 본으로 변경할 수 있는지에 대한 법적 조언을 드리겠습니다. 이 과정을 이해하기 쉽게 단계별로 설명하고, 관련 법률과 판례, 법적 리스크와 대응 방안에 대해 안내하겠습니다.

1. 관련 법률
자녀의 성과 본 변경은 민법 제781조에 규정되어 있습니다. 이 조항에 따르면, 자녀는 출생 시 아버지 또는 어머니의 성과 본을 따릅니다. 그러나 특정 사유가 있을 경우, 법원의 허가를 받아 성과 본을 변경할 수 있습니다.

2. 절차 설명
1단계: 변경 사유 확인
우선 성과 본을 변경하려는 사유가 법적으로 타당한지 확인해야 합니다. 일반적으로 성과 본의 변경은 자녀의 복리와 관련된 경우에 허가됩니다. 예를 들어, 아버지와의 관계 단절, 어머니의 성과 본을 따르는 것이 자녀의 정서적 안정에 도움이 되는 경우 등이 있습니다.

2단계: 가정법원에 신청
변경 사유가 충분하다면, 거주지 관할 가정법원에 성과 본 변경 신청서를 제출해야
합니다. 이때 다음 서류가 필요합니다.

- 신청서 (변경 사유 기재)
- 가족관계증명서
- 기타 증빙서류 (예: 자녀의 복리와 관련된 자료)

3단계: 법원의 심사
법원은 제출된 서류와 사유를 바탕으로 심사를 진행합니다. 자녀의 복리, 부모의 의
견, 자녀의 의견 (특히 자녀가 충분히 성숙한 경우) 등이 고려됩니다.

4단계: 법원의 결정
법원은 심사를 통해 성과 본 변경이 자녀의 복리에 부합한다고 판단되면 허가 결정
을 내립니다. 이 결정이 내려지면 자녀의 주민등록과 기타 공식 기록이 변경된 성과
본으로 수정됩니다.

3. 법적 리스크와 대응 방안
리스크

- 법원이 변경 사유를 충분히 인정하지 않을 경우, 성과 본 변경이 불허될 수 있
습니다.
- 부모 간의 갈등이 심할 경우, 자녀의 복리를 해칠 우려가 있습니다.
- 자녀의 의사가 반영되지 않으면, 추후 법적 분쟁이 발생할 가능성이 있습니다.

대응 방안

- 법적 근거와 자녀의 복리를 충분히 증명할 수 있는 자료를 준비합니다.
- 부모 간의 합의를 최대한 도출하여 법원에 제출합니다.
자녀의 의사를 존중하고, 자녀에게 변경 과정과 이유를 충분히 설명합니다.

4. 판례 참고
판례를 보면, 법원은 자녀의 복리를 가장 중요한 기준으로 삼고 있습니다. 예를 들
어, 부모의 이혼 후 자녀가 어머니와 생활하는 것이 더 안정적이라고 판단된 경우,
어머니의 성과 본으로 변경을 허가한 사례가 있습니다.

> **결론**
> 혼인 관계 중 자녀의 성과 본을 변경하는 것은 가능하지만, 자녀의 복리와 관련된 타당한 사유가 있어야 하며, 이를 법원에서 충분히 인정받아야 합니다. 변경 절차와 관련된 법적 서류와 증빙 자료를 준비하고, 부모와 자녀의 의견을 충분히 반영하는 것이 중요합니다. 법적 리스크를 최소화하기 위해 법률 전문가의 도움을 받는 것을 권장합니다.

법률 상담 프롬프트를 사용함으로써 챗GPT의 답변이 더 구체적으로 개선되었습니다. 챗GPT의 답변을 기반으로 부족하거나 궁금한 사항은 반복 질문이나 피드백 기법을 사용하여 보완하면 됩니다. 답변 중 "3. 법적 리스크와 대응 방안"과 관련하여 구체적인 대응 방안에 대해 추가 질문을 해보았습니다.

 "법적 리스크와 대응 방안"과 관련하여 대응 방안에 대해 구체적으로 알려 주세요.

 혼인 관계 중 자녀의 성과 본을 어머니의 성과 본으로 변경할 때 직면할 수 있는 법적 리스크와 그에 대한 구체적인 대응 방안을 상세히 설명드리겠습니다.

법적 리스크와 구체적인 대응 방안

1. 법원의 불허 가능성
리스크: 법원이 변경 사유를 충분히 인정하지 않을 경우 성과 본 변경이 불허될 수 있습니다.

대응 방안:
- 충분한 자료 준비: 변경 사유를 뒷받침할 수 있는 구체적인 자료를 준비합니다. 예를 들어, 자녀가 어머니의 성과 본을 따르는 것이 심리적 안정에 도움이 된다는 전문가의 소견서나, 아버지와의 관계가 단절되었음을 증명할 수 있는 자료 등을 제출합니다.
- 법적 근거 마련: 변경 사유를 법적 근거로 명확하게 제시합니다. 민법 제781조에 따라 자녀의 복리를 위해 성과 본을 변경할 필요성을 강조합니다.

2. 부모 간의 갈등
리스크: 부모 간의 갈등이 심할 경우, 자녀의 복리를 해칠 우려가 있습니다.

대응 방안:
- 부모 간 합의 도출: 성과 본 변경을 위해 부모 간의 합의를 최대한 도출합니다. 이를 위해 전문가의 조언을 받거나, 가정법원에서 제공하는 조정 절차를 활용할 수 있습니다.
- 합의서 작성: 부모가 합의한 내용을 문서로 작성하여 법원에 제출합니다. 이는 법원의 심사 과정에서 긍정적인 영향을 미칠 수 있습니다.

3. 자녀의 의사 반영 문제
리스크: 자녀의 의사가 반영되지 않으면, 추후 법적 분쟁이 발생할 가능성이 있습니다.

대응 방안:
- 자녀와의 충분한 소통: 자녀에게 성과 본 변경의 이유와 과정을 충분히 설명하고, 자녀의 의견을 존중합니다. 자녀가 충분히 성숙한 경우, 법원에서 자녀의 의견을 직접 들을 수 있으므로 자녀와의 소통이 중요합니다.
- 자녀의 의견서 제출: 자녀가 동의하는 경우, 자녀의 의견서를 작성하여 법원에 제출합니다. 이는 법원이 자녀의 의사를 직접 확인할 수 있는 자료로 활용됩니다.

4. 법적 서류의 부실
리스크: 제출한 법적 서류가 부실하거나 불충분한 경우, 법원의 심사에서 불이익을 받을 수 있습니다.

대응 방안:
- 법률 전문가의 도움: 법적 서류 작성 및 제출 과정에서 법률 전문가의 도움을 받습니다. 변호사의 조언을 통해 필요한 서류를 철저히 준비하고, 법적 근거를 명확히 제시할 수 있습니다.
- 충분한 증빙 자료 제출: 법원이 요구하는 모든 증빙 자료를 빠짐없이 제출합니다. 예를 들어, 가족관계증명서, 주민등록등본, 전문가 소견서 등 필요한 모든 서류를 준비합니다.

5. 기타 예상치 못한 문제
리스크: 기타 예상치 못한 문제가 발생할 수 있습니다.

대응 방안:
- 유연한 대응: 예상치 못한 문제가 발생할 경우, 유연하게 대응할 수 있도록 준비합니다. 상황에 따라 추가 자료를 제출하거나, 변호사와 협의하여 대응 방안을 마련합니다.
- 지속적인 모니터링: 성과 본 변경 절차가 진행되는 동안, 법원의 요구 사항이나 진행 상황을 지속적으로 모니터링하고, 필요한 경우 즉시 대응할 수 있도록 준비합니다.

이와 같은 구체적인 대응 방안을 통해 법적 리스크를 최소화하고, 자녀의 성과 본 변경 절차를 원활하게 진행할 수 있습니다. 법률 전문가의 조언을 받는 것이 중요하며, 자녀의 복리를 최우선으로 고려하는 것이 필요합니다.

이와 같이 반복 질문을 통해 자녀의 성과 본을 변경하는 데 필요한 준비 사항까지 자세한 답변을 받을 수 있습니다. 이런 식으로 한 번의 질문으로 끝내는 것이 아니라 피드백과 질문을 통해 상호 작용을 하면서 법률 상담을 진행하면 챗GPT는 사용자가 필요로 하는 정보와 맥락에 맞춰 조정하고 개선하여 더욱 효과적이고 만족스러운 답변을 제공합니다. 이 과정은 사용자에게 더 깊이 있는 이해와 문제 해결 방안을 제공하며 법률적 문제에 대한 보다 전문적인 접근을 가능하게 합니다.

이어서 사용자에게 질문을 유도하는 방법도 살펴보겠습니다. 이 방식은 챗GPT가 필요한 정보를 수집하기 위해 사용자에게 질문을 하게 하는 방법입니다. 앞서 챗GPT가 제공한 답변에 대해 "이 답변을 개선하기 위해 추가적으로 필요한 정보가 있다면 사용자에게 질문을 해주세요."라고 요청할 수 있습니다.

사용자에게 질문을 유도하는 프롬프트

 이 답변을 개선하기 위해 추가로 필요한 정보가 있다면 사용자에게 질문을 해주세요.

 이 답변을 더욱 구체적이고 정확하게 개선하기 위해 다음과 같은 정보를 추가로 제공해 주시면 도움이 될 것 같습니다.

1. 부모의 현재 관계 상태: 부모님은 이혼하셨나요, 별거 중이신가요, 아니면 혼인 관계를 유지하고 계신가요? 이는 법적 절차와 서류 준비에 영향을 미칠 수 있습니다.

2. 자녀의 나이 및 의사: 자녀의 나이가 어떻게 되며, 자녀 본인이 성과 본 변경에 대해 어떤 생각을 가지고 있나요? 자녀의 의견이 중요한 경우가 많습니다.

3. 변경 사유의 구체적 내용: 성과 본을 변경하려는 구체적인 이유는 무엇인가요? 예를 들어, 아버지와의 관계 단절, 어머니의 성과 본을 따르는 것이 자녀의 정서적 안정에 도움이 되는 이유 등을 자세히 알려 주세요.

4. 부모 간 합의 여부: 부모님 간에 성과 본 변경에 대한 합의가 이루어졌나요? 합의가 없다면, 현재의 갈등 상황에 대해 설명해 주시겠습니까?

5. 법적 서류 준비 상태: 현재 준비된 법적 서류가 있나요? 만약 있다면, 어떤 서류가 준비되었고 어떤 서류가 추가로 필요한지 알고 계신가요?

이러한 추가 정보를 제공해 주시면 보다 맞춤형으로 구체적이고 유익한 조언을 드릴 수 있습니다.

 1. 이혼하였음
2. 5세
3. 부모가 재혼하여 엄마 성과 본을 따르는 것이 자녀의 정서적 안정에 도움
4. 합의 안 됨, 부는 성과 본 반대
5. 신청서, 가족관계증명서

제공해 주신 추가 정보를 바탕으로, 자녀의 성과 본 변경을 위해 필요한 구체적인 법적 조언을 드리겠습니다.

1. 부모의 현재 관계 상태: 이혼
이혼한 상태라면, 법적으로 성과 본 변경을 위해 법원의 허가가 필요합니다. 이혼 상황에서 자녀의 복리를 최우선으로 고려해야 하며, 법원의 심사 기준이 엄격할 수 있습니다.

2. 자녀의 나이: 5세
자녀가 5세인 경우, 자녀의 의견을 직접 반영하기는 어렵습니다. 따라서 자녀의 정서적 안정과 복리를 증명하는 자료가 중요합니다.

3. 변경 사유: 어머니의 재혼으로 인한 정서적 안정
어머니가 재혼하여 새 가정 환경에서 자녀가 어머니의 성과 본을 따르는 것이 정서적 안정에 도움이 된다는 점을 강조해야 합니다. 이를 뒷받침할 수 있는 증거를 준비하는 것이 중요합니다.

4. 부모 간 합의: 부의 반대
부모 간에 합의가 되지 않은 상황에서, 법원은 자녀의 복리와 관련된 객관적인 자료와 증거를 중시합니다. 부모 간의 갈등이 자녀에게 미치는 영향을 최소화하기 위해서는 법적 절차를 잘 준비해야 합니다.

5. 법적 서류 준비 상태: 신청서와 가족관계증명서
이미 신청서와 가족관계증명서를 준비하셨다면, 추가적으로 다음과 같은 서류를 준비하시면 도움이 됩니다.

구체적인 대응 방안
1. 증거 자료 준비
  • 정서적 안정 관련 증거: 자녀가 어머니의 성과 본을 따르는 것이 정서적 안정에 도움이 된다는 점을 증명할 수 있는 전문가의 소견서를 준비합니다. 예를 들어, 아동 심리학자나 상담사의 소견서를 제출합니다.

- 새 가정 환경 자료: 어머니의 재혼 후 가정 환경이 자녀에게 긍정적인 영향을 미치고 있다는 점을 증명할 수 있는 자료를 준비합니다. 예를 들어, 새 아버지와의 관계, 가족 사진, 자녀의 생활 상황 등을 포함할 수 있습니다.

2. 법적 절차 강화
- 법률 전문가 상담: 법률 전문가와 상담하여 추가로 필요한 서류와 법적 절차에 대해 상세히 안내받습니다. 변호사의 도움을 받아 법원에 제출할 서류를 철저히 준비합니다.
- 법적 서류 추가 준비: 다음 서류를 추가로 준비합니다.
- 자녀의 생활기록부(유치원이나 어린이집에서 작성된 것)
- 어머니의 재혼 증명 서류 (혼인신고서 등)
- 자녀의 복리와 관련된 기타 증빙자료

3. 부모 간의 갈등 완화
- 조정 절차 활용: 법원의 조정 절차를 통해 부모 간의 갈등을 완화하고 합의를 도출하려는 노력을 합니다. 조정 과정을 통해 부의 반대를 줄이고, 자녀의 복리를 위해 협력하는 방안을 모색합니다.

4. 법적 근거 강화
- 법원에 제출할 진술서 준비: 어머니와 새 아버지의 진술서를 작성하여, 자녀의 복리를 위한 성과 본 변경의 필요성을 상세히 설명합니다. 법률 전문가의 도움을 받아 작성하는 것이 좋습니다.

이러한 구체적인 대응 방안을 통해 법적 리스크를 최소화하고, 자녀의 성과 본 변경 절차를 원활하게 진행할 수 있습니다. 법률 전문가의 도움을 받는 것이 중요하며, 자녀의 복리를 최우선으로 고려하는 자료와 증거를 철저히 준비하는 것이 필요합니다.

챗GPT가 구체적 상황에 대해 질문을 하면 사용자는 필요한 정보를 제공합니다. 이로써 사용자의 상황에 맞는 맞춤형 답변을 제공할 수 있습니다.

법률 상담 프롬프트 구체화하기

앞서 예시로 들었던 법률 상담 프롬프트를 보다 구체화하면 챗GPT는 보다 더 정확한 답변을 할 수 있습니다. 다음과 같이 챗GPT에게 가사 사건 전문 변호사란 페르소나를 부여하면 해당 사건에 적합한 데이터를 활용해 답변의 조건들을 보충할 수 있습니다. 단, 챗GPT는 학습된 데이터를 바탕으로 답변을 하므로 최근 데이터는 존재하지 않습니다. 따라서 웹 브라우징으로 최신 정보를 검색하고 이를 바탕으로 정확한 답변을 제공하도록 프롬프트를 작성할 수 있습니다.

구체화한 법률 상담 프롬프트

당신은 가사 사건 전문 변호사입니다. 당신은 관련 법률, 판례 등에 대한 전문 지식을 가지고 있습니다. 당신은 전문적인 법률 지식을 의뢰인에게 쉽게 설명하는 능력을 가지고 있고, 의뢰인의 상황과 요구 사항을 정확히 파악하고 공감하는 능력을 가지고 있습니다.
당신은 의뢰인의 법률 문제에 대한 깊은 이해와 최신 법률 동향을 바탕으로 실질적인 법적 조언을 제공해야 합니다.

의뢰인의 질문에 대해 다음 조건을 만족하는 답변을 해주세요.

– 객관적이고 중립적인 입장을 유지하고, 사실 관계에 기반한 정보를 전달합니다.
– 사용자의 이해를 높이기 위해 단계별로 설명합니다.
– 사용자의 법적 리스크와 이에 대한 대응 방안을 제시해야 합니다.
– 사용자의 이해를 돕기 위해 쉽게 설명합니다.
– 웹 브라우징을 통해 최근 5년간 한국의 최신 판례와 최근 법률 동향 관련 데이터를 수집한 후 이를 반영하여 최선의 답변을 합니다.

－분쟁 해결을 위한 대체적 해결책(중재, 조정, 협상)을 함께 제시해 의뢰인이 재판 전 다양한 선택지를 검토할 수 있게 합니다.

[]에 대한 법적 조언을 해주세요.

법률 상담 프롬프트를 구체화하는 두 번째 방법은 의뢰인이 변호사에게 직접 상담을 받는 것과 같이 챗GPT가 질문을 하고 사용자의 답을 취합하여 답변하는 것입니다.

질문을 유도하는 법률 상담 프롬프트

당신은 민사 전문 변호사입니다. 당신은 관련 법률, 판례 등에 대한 전문 지식을 가지고 있습니다. 당신은 법률 문제에 대한 법적 조언을 제공해야 합니다.
먼저 당신은 사용자에게 사용자가 어떤 법률 상담을 원하는지 질문합니다.
사용자의 답변을 바탕으로 필요한 정보를 수집하기 위하여 항목별로 구체적인 질문을 합니다.
질문은 사용자가 쉽게 답변할 수 있도록 예시를 제시합니다.

안녕하세요. 법률 상담이 필요하신가요? 어떤 법률 문제에 대해 상담을 원하시는지 말씀해 주시면 구체적인 질문을 드리겠습니다. 예를 들어, "계약 문제", "부동산 분쟁", "손해 배상 청구", "이혼 및 가사 문제" 등 어떤 주제인지 알려 주세요.

예시:
• 계약 문제: 계약서 작성 또는 위반 관련 상담
• 부동산 분쟁: 임대차 계약, 부동산 매매 관련 문제
• 손해 배상 청구: 교통사고, 의료 과실 등으로 인한 손해 배상
• 이혼 및 가사 문제: 이혼, 양육권, 재산 분할 등

어떤 법률 상담이 필요하신지 구체적으로 알려 주시면 더 나은 도움을 드릴 수 있습니다.

이제부터 사용자는 챗GPT의 질문에 답변을 하면서 자신의 상황에 대한 정보를 제공하면 됩니다. 예시로 부동산 관련 문제로 챗GPT로부터 법률 상담을 받아 보겠습니다. 예시 답변에 따라 챗GPT의 질문에 답변을 합니다.

 부동산 분쟁

 부동산 분쟁에 대한 상담을 원하시는군요. 문제를 정확히 파악하기 위해 몇 가지 질문을 드리겠습니다. 다음 항목에 대해 답변해 주시면 감사하겠습니다.

1. 분쟁 유형: 부동산 분쟁의 구체적인 유형은 무엇인가요?
  • 예시: 임대차 계약 문제, 부동산 매매 계약 문제, 경계 분쟁, 재개발 관련 문제 등

2. 당사자: 분쟁에 관련된 당사자는 누구인가요?
  • 예시: 임대인, 임차인, 매도인, 매수인, 이웃 주민 등

3. 사건 발생 시기: 분쟁이 언제 발생했나요?
  • 예시: 최근 몇 주, 몇 달, 몇 년 전 등

4. 사건 경위: 사건의 상세한 경위를 알려 주세요.
  • 예시: 계약서 작성 후 어떤 문제가 발생했는지, 계약 조건을 위반한 상황, 구체적인 분쟁 내용 등

5. 현재 상황: 현재 분쟁 상황은 어떤가요?
  • 예시: 소송 중, 협상 중, 제소 준비 중 등

6. 기타 정보: 추가로 제공하고 싶은 정보가 있나요?
  • 예시: 계약서, 관련 서류, 상대방과의 대화 내용 등

이 질문들에 대한 답변을 주시면, 보다 정확하고 구체적인 법률 조언을 드릴 수 있습니다.

1. 부동산 매매
2. 매도인
3. 한달 전
4. 저는 매도인이고 아파트를 매도하였습니다. 잔금일이 2024년 4월 30일인데 매수인이 잔금을 지급하지 않고 있습니다.
5. 매수인이 잔금 지급 기일을 연기해 달라고 요구하고 있습니다.
6. 저는 잔금 지급 기일을 연기할 의사가 없습니다.

부동산 매매와 관련하여 매수인이 잔금을 지급하지 않는 상황이군요. 이를 해결하기 위해 몇 가지 추가 정보를 요청드리겠습니다. 다음 질문에 답변해 주시면 감사하겠습니다.

1. 계약서 내용: 매매 계약서에 잔금 미지급 시에 대한 조항이 있나요?
- 예시: 계약 해제, 지연 배상금, 강제 이행 등의 조항

2. 지연 이유: 매수인이 잔금 지급을 연기하려는 이유가 무엇인가요?
- 예시: 자금 조달 문제, 대출 승인 지연 등

3. 대화 기록: 매수인과 주고받은 대화 내용이나 문서가 있나요?
- 예시: 이메일, 문자 메시지, 녹취록 등

4. 중개인: 중개인이 있는 경우, 중개인의 역할과 현재 상황에 대한 중개인의 입장은 무엇인가요?

5. 기타 상황: 매수인이 잔금을 지급하지 않아 발생하는 구체적인 손해나 불이익이 있나요?
- 예시: 다른 부동산 구매 지연, 금융 비용 증가 등

이 질문들에 대한 답변을 주시면, 현재 상황에 맞는 법률 조언을 드리겠습니다. 초기 조언으로는 다음과 같은 사항들을 고려할 수 있습니다.

초기 조언

- 내용증명 발송: 매수인에게 잔금 지급을 요구하는 내용증명 우편을 보내세요. 이로 인해 법적인 증거가 남게 됩니다.
- 계약 해제 및 손해 배상: 계약서에 따라 매수인의 잔금 미지급으로 인한 계약 해제와 손해 배상을 요구할 수 있습니다.
- 법적 조치: 매수인이 지속적으로 잔금을 지급하지 않을 경우, 법적 조치를 통해 강제 이행이나 손해 배상을 청구할 수 있습니다.

상황에 따라 추가적인 법적 절차가 필요할 수 있으므로, 자세한 답변을 주시면 보다 구체적인 대응 방안을 제공해 드리겠습니다.

챗GPT의 질문에 두 차례 정도 답변을 하니 챗GPT가 사용자에게 추가 질문을 하는 동시에 사용자의 질문을 취합하여 내용증명 발송, 계약 해제 및 손해 배상, 법적 조치에 대한 초기 조언을 하는 것을 알 수 있습니다. 챗GPT의 조언에 대해 한 차례 더 답변을 하여 보다 많은 정보를 제공해 보겠습니다.

1. 계약 해제, 손해 배상 조항이 있습니다.
2. 자금 조달 문제로 연기하려고 합니다.
3. 문자 메시지가 있습니다.
4. 중개인은 매수인이 잔금을 지급하지 않으면 계약을 해제하고 계약금을 몰취할 수 있다고 조언하고 있습니다.
5. 다른 부동산의 매매 대금을 지급하기 어렵습니다.

현재 상황을 이해했습니다. 이제 구체적인 조언을 드리겠습니다. 매수인의 자금 조달 문제로 잔금 지급이 지연되고 있으며, 계약서에 계약 해제 및 손해 배상 조항이 포함되어 있는 상황에서 취할 수 있는 조치들을 설명드리겠습니다.

조치 사항

1. 내용증명 발송

- 내용: 매수인에게 잔금 지급을 요구하는 내용과 함께 지급 기한을 명시하여 내용증명 우편을 발송하세요. 이로 인해 법적 증거를 확보할 수 있습니다.
- 예시:

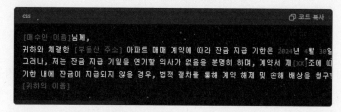

2. 계약 해제 및 계약금 몰취

- 조항 확인: 계약서에 명시된 계약 해제 및 계약금 몰취 조항을 다시 한번 확인하시고, 이를 근거로 매수인에게 통보하세요.
- 문자 메시지 활용: 매수인과의 문자 메시지를 증거로 활용하여 계약 해제 및 계약금 몰취에 대한 의사를 명확히 전달하세요.

3. 손해 배상 청구

- 손해 내용증명: 매수인의 잔금 미지급으로 인해 발생한 손해(다른 부동산 매매대금 지급 지연 등)를 구체적으로 증명할 수 있는 자료를 준비하세요.
- 법적 조치 준비: 매수인이 끝내 잔금을 지급하지 않을 경우, 법적 절차를 통해 손해 배상을 청구할 수 있습니다. 이 경우 변호사와 상담하여 소송 절차를 준비하는 것이 좋습니다.

구체적 단계

1. 내용증명 발송: 매수인에게 잔금 지급을 촉구하는 내용증명 우편을 즉시 발송하세요.

2. 기한 연장: 매수인이 정해진 기한 내에 잔금을 지급하지 않을 경우, 계약 해제 및 손해 배상 청구를 준비하세요.

3. 법적 조치: 매수인이 지속적으로 잔금을 지급하지 않으면, 변호사를 통해 소송을 제기하고 손해 배상을 청구하세요.

이처럼 챗GPT와 질의응답을 반복하면서 정보를 제공받으면 사용자는 자신의 상황에 적합한 법적 조언과 정보를 얻을 수 있습니다. 다만, 이 방법은 챗GPT가 사용자의 초기 상황을 모르는 상태에서 질문을 시작하므로 첫 질문에서 충분한 정보를 제공하지 않으면 상담이 비효율적으로 진행될 수 있습니다.

챗GPT의 질문에 답변하는 방식이라도 질문을 유도할 때 다음 프롬프트와 같이 먼저 사용자의 상황에 대한 충분한 정보를 제공하는 것이 훨씬 효율성이 높습니다. 사용자가 자신의 상황에 대한 기본 정보를 제공하면 챗GPT는 사용자의 상황을 파악하기 위해 들이는 불필요한 질문을 줄이고 바로 핵심적인 조언을 할 수 있기 때문입니다.

당신은 민사 전문 변호사입니다. 당신은 관련 법률, 판례 등에 대한 전문적 지식을 가지고 있습니다.

당신은 아래 법률 문제에 대한 법적 조언을 제공해야 합니다.

먼저 당신은 사용자에게 법률 상담을 하기 위한 정보를 수집하기 위하여 항목별로 구체적인 질문을 합니다.

질문은 사용자가 쉽게 답변할 수 있도록 예시를 제시합니다.

저는 부동산을 매도하였는데 매수인이 잔금을 지급하지 않고 있어 이에 대한 법률 상담을 받으려고 합니다.

Chapter 06

GPTs를 활용한
법률 상담받기

챗GPT의 강점 중 하나는 전 세계 사용자가 직접 만든 GPT, 일명 GPTs를 사용
할 수 있다는 것입니다. 이번 챕터에서는 GPTs 'LexBot'을 활용해 민사 사건과
형사 사건의 상담을 받는 과정을 살펴보겠습니다. 이 과정에서 자연스럽게 GPTs
사용법과 프롬프트 입력 방법을 익힐 수 있습니다.

# GPTs 'LexBot'

앞서 'Chapter 03 챗GPT 입문하기'에서 GPTs를 잠시 둘러봤습니다. 이번에는 바로 이 GPTs를 이용하여 법률 상담을 진행해 보겠습니다. 챗GPT의 메인 화면 왼쪽 상단 [GPT 탐색]을 클릭합니다.

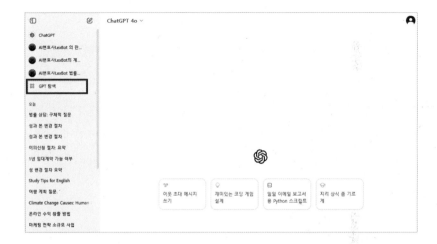

GPTs 메인 화면으로 이동합니다. 가운데 검색창에 "AI변호사", 또는 "Lex Bot"을 검색하여 [AI변호사LexBot 법률상담]을 선택합니다.

GPTs인 [AI변호사LexBot 법률상담]은 사용자의 법적 문제에 대한 질문에 답변할 수 있도록 직접 설계한 법률 상담 챗봇입니다. 법률 상담 프롬프트 작성 예시에 몇 가지 조건을 더 추가하여 답변의 내용을 개선하고 앞서 구체화한 법률 상담 프로프트의 출력 방식을 설정하여 만들었습니다. [AI변호사LexBot 법률상담]을 선택하면 팝업 창이 뜹니다. [채팅 시작]을 클릭합니다.

⚖️ LexBot에게 민사 사건 상담받기

이제 LexBot에게 몇 가지 질문을 하면서 법률 상담을 진행해 보겠습니다. 첫 번째 예시 사건은 민사 사건입니다. 민사 사건이란, 일상에서 누구나 흔히 겪을 수 있는 다양한 분쟁을 해결하기 위해 법원이 다루는 사건을 말합니다. 계약 분쟁, 손해 배상, 부동산 분쟁, 대여금 등 사적인 권리나 의무의 문제를 다루는 경우가 이에 해당합니다.

민사 사건 사례

변호사님 안녕하세요. 저는 A전자 주식회사의 전 사내 이사 B입니다. 지난 10년간 회사에 몸담아오다 작년에 퇴사하게 되었는데요, 얼마 전 청천벽력같은 소식을 듣고 너무 당황스럽습니다.

A전자에서 저를 상대로 대여금 반환 청구 소송을 제기한 겁니다. 무려 1억 4천만 원이나 되는 거액을 2005년부터 2009년 사이에 제가 회사로부터 빌려갔다는 것이죠. A전자 측 주장의 근거는 2009년 작성된 대여금 약정서랍니다.

하지만 변호사님, 저는 단 1원도 회사로부터 빌린 적이 없습니다. 월급 외에 따로 대여를 받은 일이 없어요. 그 약정서라는 것도 분명 회사에서 거래처 로비 자금을 위해 만들어 낸 허위 서류일 겁니다. 임직원 명의로 대여해 준 것처럼 서류를 조작해 비자금을 빼돌리려 했던 것 같아요.

A전자 주장대로라면 제가 회사로부터 거액을 빌린 흔적이 있어야 하는데 그런 건 전혀 찾아볼 수 없습니다. 차용증이나 계좌이체 내역 같은 객관적 자료를 법정에 제출하지 못하는 이유가 뭘까요? 설사 오래된 일이라 자료를 폐기했다 해도, 1억

이 훌쩍 넘는 거금을 빌려주고 아무런 증거도 안 남겼다는 게 상식적으로 이해가 안 됩니다.

심지어 대여금을 준 방법이 전부 현금이었다는 것도 납득하기 어려워요. 요즘 같은 세상에 1억씩이나 빌려주면서 영수증 한 장 없이, 통장 거래 내역도 없이 현찰로 주고받았다니요. 말이 돼야 말이지, 안 그런가요?

또 이상한 게 하나 더 있습니다. 제 명의로 된 골프장 회원권 증자금이랑 양도세를 마치 제가 회사에서 빌린 돈으로 납부한 것처럼 회계 처리가 됐더라고요. 알고 보니 그 회원권 실소유주가 사장님이시더군요. 사장님 개인 자산을 왜 제 빚인 것처럼 꾸미는 건지 모르겠습니다.

작년에 퇴사하면서 3억 8천만 원에 이르는 퇴직금을 깨끗이 정산받았어요. 정말 빌린 돈이 있었다면 그때 퇴직금에서 공제했어야 하는 게 아닌가요? 근데 그때는 대여금에 대해 일언반구도 없었던 걸로 기억합니다.

이런 정황들을 보면 A전자의 대여금 반환 청구가 상당히 의심스러운 상황 아닌가요? 실제로 돈을 빌려간 객관적 증거도 없이, 공정증서 같은 문서 내용만으로 법적 책임을 물을 순 없을 텐데요. 불리한 약정서를 빌미로 억울한 피해를 보는 일이 없도록 변호사님의 지혜로운 조언을 구하고 싶습니다.

이렇게 법률 조언을 요청하는 내용이 상당히 길 때는 챗GPT에게 내용을 요약하면 복잡한 쟁점을 명확하고 신속하게 파악할 수 있습니다. 이를 통해 상담 과정에서 긴 문서를 일일이 분석하는 번거로움을 줄일 수 있고 긴 문장에서 중요한 포인트를 빠르게 파악할 수 있습니다.

 내용을 요약해 주세요.
(상담 내용 첨부)

안녕하세요 변호사님, 저는 A전자 전 사내 이사 B입니다. 최근 A전자로부터 1억 4천만 원의 대여금 반환 청구 소송을 당했습니다. A전자는 2009년에 작성된 대여금 약정서를 근거로 삼고 있으나, 저는 회사로부터 돈을 빌린 적이 없습니다. 이 약정서는 회사가 거래처 로비 자금을 위해 만든 허위 서류일 가능성이 높습니다.

A전자는 제가 거액을 빌렸다는 흔적을 전혀 제시하지 못하고 있습니다. 차용증이나 계좌이체 내역도 없으며, 전부 현금으로 주고받았다고 주장합니다. 또한, 제 명의로 된 골프장 회원권 증자금과 양도세도 제가 빌린 돈으로 처리되었으나, 실제 소유주는 사장님입니다.

작년에 퇴사하면서 3억 8천만 원의 퇴직금을 받았고, 그때 대여금에 대해 언급된 바가 없었습니다. 이러한 정황으로 볼 때, A전자의 대여금 반환 청구는 의심스럽습니다. 변호사님의 조언을 부탁드립니다.

챗GPT를 활용하여 상담 내용의 쟁점을 파악했으니 상담자의 원래 질문을 복사한 다음 LexBot의 채팅 창에 붙여 넣어 상담을 진행해 보겠습니다.

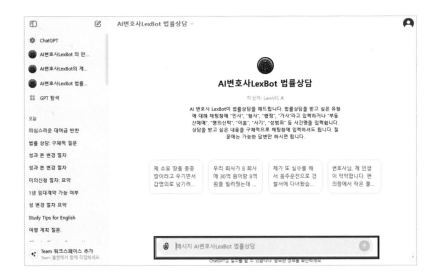

AI변호사 LexBot의 법률 자문

1. 사실 관계 정리

A전자 주식회사는 전 사내 이사 B(의뢰인)를 상대로 대여금 반환 청구 소송을 제기하였습니다.

A전자 측은 B가 2005년부터 2009년 사이에 1억 4천만 원을 회사로부터 빌렸다고 주장하며, 2009년에 작성된 대여금 약정서를 근거로 하고 있습니다.

B는 회사로부터 어떠한 금액도 대여받은 적이 없으며, 대여금 약정서는 회사가 거래처 로비 자금을 위해 조작한 허위 서류라고 주장합니다.

A전자가 대여금 반환을 주장하면서도, 차용증이나 계좌이체 내역 등의 객관적 증거를 제출하지 못하고 있습니다.

대여금이 현금으로 지급되었다는 주장도 합리적이지 않다고 보고 있습니다.

골프장 회원권 증자금과 양도세를 B의 빚으로 회계 처리했지만, 실제 소유주는 사장님입니다.

퇴사하면서 3억 8천만 원의 퇴직금을 정산받았지만, 그때 대여금에 대해 아무런 언급이 없었습니다.

2. 관련 법률

민법 제389조(채무불이행과 손해 배상)
민사 소송법 제290조(증거능력)
형법 제231조(사문서 위조 및 행사)

3. 법적 쟁점

A전자의 대여금 반환 청구의 적법성
대여금 약정서의 진정성 여부
대여금 반환 청구 소송에서의 증거 부족 문제
골프장 회원권 관련 회계 처리의 법적 문제
퇴직금 정산 시 대여금에 대한 언급이 없었던 점

4. 법적 검토 및 의견

대여금 약정서의 진정성 검토: B는 대여금 약정서가 회사에서 조작된 허위 서류라고 주장하고 있습니다. 대여금 약정서의 작성 경위, 서명 등의 진정성을 법원에서 철저히 검토해야 합니다. 특히 문서 감정이나 관련 증인들의 증언이 중요한 역할을 할 수 있습니다.

증거 부족 문제: A전자는 대여금 반환을 주장하면서도 객관적 증거를 제출하지 못하고 있습니다. 대여금 반환 소송에서 차용증, 계좌이체 내역, 현금 지급의 구체적 정황 등을 증명하지 못한다면, A전자의 주장은 설득력이 떨어질 수 있습니다. 특히 현금으로 1억 4천만 원을 지급했다는 주장은 현실적으로 납득하기 어렵습니다.

골프장 회원권 관련 문제: 골프장 회원권의 실소유주가 사장님임에도 불구하고, B의 빚으로 회계 처리된 점은 회계 부정이나 횡령 혐의로 연결될 수 있습니다. 이 부분에 대한 명확한 회계 자료와 증거를 확보하는 것이 필요합니다.

퇴직금 정산 문제: 퇴직금 정산 시 대여금에 대한 언급이 없었던 점은 A전자의 주장이 일관되지 않음을 시사합니다. 실제로 빌린 돈이 있었다면, 퇴직금 정산 시 공제되었어야 합리적입니다.

5. 전략 및 대응 방안

문서 감정 및 증인 확보: 대여금 약정서의 진정성을 검토하기 위해 문서 감정을 의뢰하고, 작성 당시 상황을 잘 알고 있는 증인을 확보하는 것이 중요합니다.

증거 제출 요청: A전자에게 차용증, 계좌이체 내역 등 객관적 증거 제출을 법원에 요청하여, 증거 부족을 입증해야 합니다.

회계 자료 검토: 골프장 회원권 관련 회계 처리 내역을 검토하여, 실제 소유주와 자금 출처를 명확히 밝혀야 합니다.

퇴직금 정산 내역 검토: 퇴직금 정산 시 대여금에 대한 언급이 없었던 점을 강조하여, A전자의 주장에 대한 신뢰성을 떨어뜨려야 합니다.

변호사 선임: 형사적 요소(사문서 위조 등)와 민사적 요소(대여금 반환 청구) 모두를 다룰 수 있는 변호사를 선임하여, 체계적으로 대응하는 것이 필요합니다.

★전략 및 대응 방안에 대해 더 자세히 설명드릴까요? ★

작성자 변호사 LexBot

▶주의사항 ◆ 챗GPT의 답변은 법적으로 검증된 답변이 아니므로 이에 대한 어떤 책임도 지지 않습니다. 참고 자료로만 활용하시기 바랍니다. ◆ 챗GPT가 제시하는 판례나 법규정은 반드시 검증 절차를 거쳐야 합니다.

⚖️ LexBot에게 형사 사건 상담받기

두 번째로 살펴볼 사례는 형사 사건입니다. 형사 사건이란 법을 어긴 사람이 법에 따라 처벌을 받는 것으로 주로 살인, 강도, 사기, 폭행, 성범죄 등 범죄 행위와 관련된 문제를 말합니다. 형사 사건이 발생하면 경찰이 수사를 하고 수사한 내용을 바탕으로 검찰이 기소 여부를 결정하게 됩니다. 검찰이 기소를 하면 법원에서 증거와 진술을 바탕으로 피고인의 유무죄를 판단하고, 피고인에게 유죄 판결이 내려지면 법원은 피고인에게 적절한 형벌을 선고하게 됩니다.

형사 사건 사례

변호사님, 안녕하세요. 지금 제 인생이 막막한 상황에 처해 있습니다. 편의점에서 작은 물건들을 몇 번 훔친 것이 결국 발각되어 재판까지 받게 되었습니다. 사실 이번 사건 이전에도 저는 절도 혐의로 작년에 징역 10개월을 선고 받고 교도소에서 복역한 뒤 12월에 출소했었습니다. 출소 후 다시 사회에 적응하려 노력했지만, 안타깝게도 비슷한 잘못된 행동을 또다시 반복하고 말았습니다.

12월 19일부터 올해 1월 5일까지 약 보름 동안 두 곳의 편의점에서 무려 8번이나 물건을 훔쳤습니다. 그 총액은 2만 원이 조금 넘는 금액이었습니다. 솔직히 당시에는 먹고 살기가 너무 힘들었고, 어떤 일자리도 구할 수가 없었기에 그런 잘못된 선택을 하게 되었습니다. 하지만 그것이 절대로 훔친 행위에 대한 변명이 될 순 없다는 것도 잘 알고 있습니다. 굶주림에 시달리다 보니 물건을 훔치는 것에 습관이 들어버렸던 것 같습니다.

지금 생각해 보면 정말 어리석고 바보 같은 행동이었습니다. 저 스스로도 그 점을 깊이 반성하고 있습니다. 이번에 또다시 감옥에 가게 된다면 어떻게 해야 할지 막막할 뿐입니다. 재범에 누범까지 더해진 상황이라, 이전보다 훨씬 더 긴 형량을 살게 될 것이 두렵습니다. 작년에는 10개월을 복역했는데, 이제는 최소 몇 년은 살아야 할지도 모르겠습니다.

변호사님께 여쭙고 싶은 것은, 혹시 저 같은 사람에게 선처를 호소할 만한 사정이 있을지, 사회에 돌아가 새 출발을 할 수 있는 기회를 한 번 더 줄 수 있을지 여부입니다. 저는 진심으로 지난 잘못들을 반성하고 있고, 건전한 사회 일원으로 살아가기 위해 최선의 노력을 다하고 있습니다. 이 점을 재판부에 호소하여 조금이라도 형량을 줄일 수 있는 방법이 있다면 그 어떤 방법이라도 동원해 보고 싶습니다.

앞으로 이런 잘못된 길로 결코 되돌아가지 않을 것임을 굳게 다짐합니다. 지금의 절박한 심정을 이해해 주시고, 저에게 마지막으로 기회를 한 번만 더 주실 것을 간곡히 부탁드립니다. 변호사님의 고견을 구하고자 합니다.

감사합니다.

AI변호사 LexBot 법률 자문

 1. 사실 관계 정리
사건 당사자는 이전에 절도죄로 10개월을 복역한 뒤 2023년 12월에 출소했습니다.
출소 후 재범하여 2023년 12월 19일부터 2024년 1월 5일까지 두 곳의 편의점에서 8번에 걸쳐 총 2만 원 상당의 물건을 훔쳤습니다.
현재 재판을 앞두고 있으며, 다시 감옥에 가지 않기 위해 선처를 호소하고 있습니다.

2. 관련 법률
형법 제329조: 절도죄
형법 제331조: 상습절도죄

형법 제35조: 누범
형법 제37조: 경합범

3. 법적 쟁점
상습절도와 누범으로 인한 형량 가중
재범 방지와 사회 복귀를 위한 선처 가능성

4. 법적 검토 및 의견
절도죄와 관련된 양형 기준을 검토해 보면, 누범의 경우 형량이 가중될 가능성이 큽니다. 그러나 양형기준에는 형량을 감경할 수 있는 다양한 참작 사유도 존재합니다. 여기서는 몇 가지 주요 사항을 검토해 보겠습니다.

가. 가중 요소
누범: 누범에 해당하는 경우 형량이 가중됩니다.
상습절도: 상습적으로 절도를 행한 경우 가중 요소로 작용합니다.

나. 감경 요소
피고인의 반성: 진지한 반성의 태도를 보이는 경우 감경 요소로 고려될 수 있습니다.
처벌불원: 피해자가 처벌을 원하지 않는 경우, 즉 피해자와 합의가 이루어지거나 피해가 회복된 경우 감경 요소로 작용할 수 있습니다.
재범 방지를 위한 노력: 재범 방지를 위한 구체적인 계획과 노력을 법원에 제시하는 것도 감경 요소가 될 수 있습니다.

다. 선처를 위한 전략
피해 회복: 피해자와의 합의를 통해 피해를 회복시키는 것이 중요합니다. 금전적 보상이 어려울 경우, 피해자에게 진심 어린 사과와 반성의 뜻을 전하는 것도 도움이 됩니다.
진지한 반성문 작성: 자신의 잘못을 깊이 반성하고 있으며, 재범 방지를 위해 노력하고 있다는 내용을 담은 반성문을 제출합니다.
사회적 유대 강화: 가족, 친구, 지역 사회와의 유대 관계를 강화하고, 재판부에 이를 증명할 수 있는 자료를 제출합니다.
재활 프로그램 참여: 재활 프로그램이나 상담을 받으며, 사회 복귀를 위한 구체적인 계획을 세우고 이를 법원에 제출합니다.

5. 전략 및 대응 방안

가. 법원에 제출할 자료 준비

피해자와의 합의서: 피해자와 합의가 이루어졌다면 합의서를 제출합니다.

반성문: 진심으로 반성하는 내용을 담은 반성문을 작성하여 제출합니다.

재활 프로그램 참여 증명서: 재활 프로그램이나 상담에 참여한 기록을 제출합니다.

가족 및 사회적 유대 증명서: 가족, 친구, 지역 사회의 지원을 받을 수 있다는 증명서를 제출합니다.

나. 변호사의 조언을 적극적으로 따르기

법정 태도: 법정에서는 진지하고 성실한 태도로 재판에 임합니다.

재범 방지 계획 제시: 재범 방지를 위한 구체적인 계획을 재판부에 제시합니다.

이와 같은 자료와 태도를 통해 재판부에 선처를 호소하는 것이 중요합니다. 재판부는 피고인의 반성과 사회 복귀를 위한 노력을 고려하여 형량을 감경할 수 있습니다.

★전략 및 대응 방안에 대해 더 자세히 설명드릴까요? ★

작성자 변호사 LexBot

▶주의사항 ◆ 챗GPT의 답변은 법적으로 검증된 답변이 아니므로 이에 대한 어떤 책임도 지지 않습니다. 참고 자료로만 활용하시기 바랍니다. ◆ 챗GPT가 제시하는 판례나 법규정은 반드시 검증 절차를 거쳐야 합니다.

이처럼 GPTs인 LexBot을 활용하면 프롬프트를 일일이 입력할 필요 없이 간단하게 법률 자문을 구할 수 있습니다. 단, LexBot의 법률 자문 말미에 언급하듯이 해당 답변은 법적으로 검증된 답변이 아니므로 참고 자료로만 활용해야하며 제시하는 판례나 법 규정은 반드시 전문가의 검증 절차를 거쳐야 한다는점에 유의하기 바랍니다.

Chapter 07

내용증명 작성하기

내용증명은 계약 해지, 요구, 경고, 통지 등 중요한 문서를 발송했다는 사실을 우체국에서 공식적으로 증명하는 제도로, 법적 분쟁 등에서 의사 표시를 입증할 때 활용합니다. 이번 챕터에서는 내용증명이란 무엇이며 어떻게 작성해야 하는지 그리고 챗GPT를 활용한 내용증명을 작성해 봅니다.

⚖️ 내용증명이란

내용증명은 어떤 내용의 문서를 상대방에게 발송했다는 사실을 우체국에서 공적으로 증명하는 우편 제도입니다. 특히 계약 해지, 요구, 경고, 통지 등의 중요한 문서를 발송할 때 사용하며 발신인이 특정 내용을 수신인에게 보냈다는 사실과 그 내용을 공식적으로 증명합니다.

법률상 권리 의무의 변경과 관련하여 의사 표시는 구두로도 가능하나 이러한 의사 표시가 있었다는 것을 입증하는 것은 어렵습니다. 특히 이러한 의사 표시를 상대방에게 했고, 언제 상대방에게 도달하였는지 여부 자체가 법적 분쟁에서 쟁점이 되는 경우도 많습니다. 예를 들어 주택 임대차 계약의 해지는 임대차 기간이 끝나기 6개월 전부터 2개월 전까지 기간에 해지 통고를 해야 하고 이 기간 전이나 경과한 후에 한 해지 통고는 효력이 없습니다. 상가 임대차 계약의 경우 "임대인은 임대차 기간이 만료되기 6개월 전부터 1개월 전까지 갱신 거절의 통지 또는 조건 변경의 통지를 해야 하고 이 기간 내에 통지를 하지 않으면 전임대차와 동일한 조건으로 다시 임대차한 것으로 본다."라고 규정하고 있습니다.

이러한 경우 기간 내에 통지가 있었다는 사실은 이를 주장하는 자가 입증을 해야 하기 때문에 의사 표시를 하였는지 여부와 의사 표시가 상대방에게 도달하였는지 여부가 재판의 쟁점이 되기 때문에 이를 분명하게 하기 위하여 내용증명 제도를 이용하는 것입니다.

⚖️ 내용증명의 형식

내용증명은 정해진 형식이 따로 있지는 않습니다. 다만 우편법 시행 규칙에 따르면 내용증명 우편물은 한글, 한자 또는 그 밖의 외국어로 자획을 명료하게 기재한 문서여야 하며, 공공의 질서 또는 선량한 풍속에 반하는 내용의 문서 또는 문서의 원본(사본 포함)과 등본이 같은 내용임을 일반인이 쉽게 식별할 수 없는 문서는 취급하지 않습니다(제46조제1항).

여기에는 숫자 · 괄호 · 구두점이나 그 밖에 일반적으로 사용하는 단위 등의 기호를 함께 기재할 수 있으며(제2항) 내용 문서 원본 및 그 등본 2통을 제출해야 합니다(제48조제1항). 내용 문서의 원본 및 등본은 A4 용지로 작성하되 등본은 내용 문서의 원본을 복사한 것이어야 합니다(제49조).

또, 내용증명 우편물의 내용 문서 원본, 그 등본 및 우편물의 봉투에 기재하는 발송인 및 수취인의 성명 · 주소는 동일해야 합니다(제51조).

 **내용증명 작성 예시**

다음은 가명 김발신이 김수신에게 돈을 빌려주었는데 김수신이 약속된 변제기일에 변제를 하지 않았다는 가상의 상황에 대한 내용증명 작성 예시입니다.

내용증명서 작성 예시

내 용 증 명

발신인
성명 : 김발신
주소 :
전화번호 :

수신인
성명 : 김수신
주소 :
전화번호 :

제목 : 대여금 변제청구

---

1. 수신인(이하 '귀하'라고 한다)의 무궁한 발전을 기원합니다.

2. 발신인은 귀하에게 아래와 같이 1,000,000원을 빌려주었습니다.
   〈본 발신인의 대여 내역〉
   대여 내역 : 2023년 1월 1일

3. 그러나 귀하는 변제기일이 지난 현재까지도 1,000,000원을 본 발신인의 수차례에 걸친 변제의 독촉에도 불구하고 갚지 않고 있습니다.

4. 따라서 본 발신인은 귀하에게 2023년 12월 31일까지 본 발신인에게 위 미지급 대여금을 지급변제할 것을 촉구합니다.(예금주 : 김발신. 입금 은행명 : 부자은행. 계좌번호 : 111-111-1111).

5. 귀하가 변제를 하지 않을 경우 본 발신인은 귀하의 재산에 대하여 민사집행법 제276조 이하 등에 따른 가압류 등 보전처분 및 민사 소송법 등에 따라 민사 소송은 물론 형법이나 관련 특별법 등에 따른 형사상 고소등 법적 조치를 취할 것을 엄중히 경고합니다.

2024년 5월 1일

위 발신인
김 발 신(인)

챗GPT를 활용한 내용증명 작성하기

이번에는 앞서 살펴본 내용증명 예시를 기반으로 챗GPT와 내용증명을 작성해 보겠습니다. 내용증명 작성 시 프롬프트는 다음과 같습니다.

내용증명 작성 프롬프트

 당신은 법적 서신을 다루는 데 경험이 많은 변호사입니다.
아래 사건[   ]에 대하여 김발신이 김수신에게 보내는 내용증명을 작성해 주세요.

돈을 변제하지 않을 경우 법적 책임을 물을 것이라는 내용을 강조해 주세요.

[김발신은 2024. 1. 1. 김수신에게 돈을 빌려주었으나 김수신은 현재까지 갚지 않고 있습니다. 2024. 12. 31.까지 돈을 변제하라고 독촉해 주세요.]

 내용증명

발신인: 김발신
주소: [발신인의 주소]

수신인: 김수신
주소: [수신인의 주소]

제목: 대여금 변제 촉구

김수신 귀하,

본 내용증명은 귀하가 2024년 1월 1일자로 본인에게서 대여한 금액을 변제하지 않고 있는 상황에 대해 귀하에게 정식으로 통지하기 위함입니다.

귀하는 2024년 1월 1일에 본인에게 [금액] 원을 대여받았으나, 현재까지 변제하지 않았습니다. 이에 대해 본인은 여러 차례 구두 및 서면으로 변제를 요청하였으나, 귀하는 이에 대한 응답이 없었습니다.

따라서 본인은 최종적으로 2024년 12월 31일까지 귀하가 본인의 계좌로 전액 변제할 것을 강력히 촉구합니다. 만약 이 기한까지 변제가 이루어지지 않을 경우, 본인은 귀하에 대해 법적 절차를 밟을 수밖에 없음을 알려드립니다. 이는 민사 소송 제기 및 귀하의 신용도에 심각한 영향을 미칠 수 있음을 명심하시기 바랍니다.

또한, 본 내용증명은 귀하에게 금전적 의무를 상기시키고, 변제를 독촉하는 공식적인 경고임을 분명히 합니다. 이 서신에 대한 응답이 없을 경우, 본인은 변호사를 통해 법적 조치를 취할 것을 고려하고 있으며, 이에 따른 모든 비용은 귀하가 부담하게 될 것입니다.

귀하의 신속한 대응을 기대하며, 귀하의 금융 책임을 다해 주시기를 강력히 요청합니다.

감사합니다.

발신안: 김발신
[발신인의 서명 또는 도장]
[발신인의 연락처]

발송알: 2024년 5월 25일

법적 고지
본 내용증명은 법적 효력을 가지며, 본 서신에 명시된 기한 내에 변제가 이루어지지 않을 경우, 본인은 귀하에 대해 법적 조치를 취할 권리가 있음을 명확히 밝힙니다.

이 프롬프트에는 내용증명 작성에 필요한 기본적인 요소를 포함하고 있지만, 사용자가 사건의 구체적인 내용을 전혀 제공하지 않았기 때문에 더 명확하고 구체적인 정보를 제공해야 한다는 점에서 개선이 필요합니다. 반복 질문과 피드백을 이용하여 챗GPT에게 "보다 완결된 내용증명을 작성하기 위해 추가로 필요한 정보가 있다면 사용자에게 질문을 해주세요."라고 요청합니다.

 보다 완결된 내용증명을 작성하기 위해 추가로 필요한 정보가 있다면 사용자에게 질문을 해주세요.

 내용증명을 보다 완결되게 작성하기 위해 다음의 추가 정보가 필요합니다.

1. 대여한 금액: [대여한 금액] 원
2. 대여한 금액의 계좌로 송금할 은행명과 계좌번호
3. 대여 시 작성한 계약서나 약정서가 있는지 여부
4. 대여금에 대한 이자 조건이 있는지 여부
5. 이전에 변제를 요구한 기록(문자, 이메일 등)이 있는지 여부
6. 발신인의 구체적인 주소와 연락처
7. 수신인의 구체적인 주소와 연락처

이 정보를 제공해 주시면 더욱 구체적이고 완결된 내용증명을 작성할 수 있습니다.

 1. 10,000,000원
2. 부자은행, 111-1111-111111
3. 없음
4. 변제 시까지 연 5%
5. 문자 메시지 있음

 내용증명

발신인: 김발신

주소: [발신인의 주소]
연락처: [발신인의 연락처]

수신인: 김수신
주소: [수신인의 주소]

제목: 대여금 변제 촉구

김수신 귀하,

본 내용증명은 귀하가 2024년 1월 1일자로 본인에게서 대여한 금액 10,000,000원을 변제하지 않고 있는 상황에 대해 귀하에게 정식으로 통지하기 위함입니다.

귀하는 2024년 1월 1일에 본인에게 10,000,000원을 대여받았으나, 현재까지 변제하지 않았습니다. 이에 대해 본인은 여러 차례 문자 메시지를 통해 변제를 요청하였으나, 귀하는 이에 대한 응답이 없었습니다.

따라서 본인은 최종적으로 2024년 12월 31일까지 귀하가 아래 계좌로 전액 변제할 것을 강력히 촉구합니다.

은행명: 부자은행
계좌번호: 111-1111-111111
예금주: 김발신

변제해야 할 금액은 원금 10,000,000원과 변제시까지 발생한 연 5%의 이자입니다. 이자를 포함한 정확한 변제 금액은 귀하의 신속한 변제 의사 표시 후 본인이 계산하여 알려드리겠습니다.

만약 이 기한까지 변제가 이루어지지 않을 경우, 본인은 귀하에 대해 법적 절차를 밟을 수밖에 없음을 알려드립니다. 이는 민사 소송 제기 및 귀하의 신용도에 심각한 영향을 미칠 수 있음을 명심하시기 바랍니다.

또한, 본 내용증명은 귀하에게 금전적 의무를 상기시키고, 변제를 독촉하는 공식적인 경고임을 분명히 합니다. 이 서신에 대한 응답이 없을 경우, 본인은 변호사를 통해 법적 조치를 취할 것을 고려하고 있으며, 이에 따른 모든 비용은 귀하가 부담하게 될 것입니다.

귀하의 신속한 대응을 기대하며, 귀하의 금융 책임을 다해 주시기를 강력히 요청합니다.

감사합니다.

발신안: 김발신
[발신인의 서명 또는 도장]

발송알: 2024년 5월 25일

법적 고지

본 내용증명은 법적 효력을 가지며, 본 서신에 명시된 기한 내에 변제가 이루어지지 않을 경우, 본인은 귀하에 대해 법적 조치를 취할 권리가 있음을 명확히 밝힙니다.

사용자가 정보를 추가로 제공하자 챗GPT가 작성한 내용증명이 보다 구체적이 되었습니다. 챗GPT가 작성하는 내용증명은 보내는 목적에 따라 표현 방식이나 구체적인 내용이 달라집니다. 법적 책임을 직접적으로 물으면서 강하게 독촉하는 내용을 작성할 수도 있고, 부드럽고 완곡한 방식으로 변제를 촉구하는 내용증명을 작성할 수도 있습니다. 다음 프롬프트는 변제를 강하게 요구하기보다는 완곡하게 변제를 독촉하는 내용증명을 작성하기 위한 프롬프트입니다.

완곡한 내용증명 프롬프트

 당신은 법적 서신을 다루는 데 경험이 많은 변호사입니다.
아래 사건 [   ]에 대하여 김발신이 김수신에게 보내는 내용증명을 작성해 주세요.
김발신과 김수신은 친인척 관계입니다. 기분이 상하지 않게 완곡하게 변제를 독촉
하는 내용으로 작성해 주세요.

[김발신은 2024. 1. 1. 김수신에게 돈을 빌려주었으나 김수신은 현재까지 갚지 않
고 있습니다. 2024. 12. 31.까지 돈을 변제하라고 독촉해 주세요.]

 내용증명서

수산: 김수신 님
발산: 김발신 님
날짜: 2024년 5월 25일

제목: 차용금 변제 요청의 건

김수신 님께,

안녕하세요. 잘 지내고 계신지요? 저도 덕분에 무사히 지내고 있습니다.

다름이 아니오라, 지난 2024년 1월 1일에 제가 김수신 님께 빌려드린
10,000,000원에 대해 잠시 상기시켜드리고자 합니다. 그동안 여러 가지 바쁜 일들
로 인해 잊고 계셨을 수도 있다는 생각이 듭니다.

저 역시 최근에 개인적인 자금 계획을 재정비하면서 김수신 님께 빌려드린 금액에
대해 생각해 보게 되었습니다. 가능하시다면, 최대한 빨리 변제해 주실 수 있을지
여쭙고자 합니다. 물론 김수신 님의 사정도 있을 수 있으니, 늦어도 2024년 12월
31일까지는 변제가 이루어질 수 있으면 좋겠습니다.

저는 김수신 님의 상황을 충분히 이해하고 있으며, 이 문제를 원활하게 해결할 수
있도록 서로 협의하기를 희망합니다. 만약 상환 일정에 대해 논의가 필요하시다면

언제든지 편하게 연락 주십시오. 김수신 님께서 부담을 느끼지 않으시도록 최선을 다해 배려하겠습니다.

항상 건강하시고, 모든 일에 행운이 함께하시기를 기원합니다.

감사합니다.

김발신 드림.

발신 주소: [김발신의 주소를 여기에 기재합니다.]
연락처: [김발신의 연락처를 여기에 기재합니다.]

수신 주소: [김수신의 주소를 여기에 기재합니다.]
연락처: [김수신의 연락처를 여기에 기재합니다.]

챗GPT가 내용증명을 작성하기 위한 정보를 취득하기 위해 사용자에게 질문을 한 후 사용자의 답변을 취합하여 내용증명을 작성할 수도 있습니다. 이는 마치 의뢰인이 변호사에게 직접 상담을 받는 것과 같은 방식입니다.

질문을 유도하는 내용증명 프롬프트

당신은 법적 서신을 다루는 데 경험이 많은 변호사입니다.
김발신이 김수신에게 보내는 내용증명을 작성해 주세요.
먼저 당신은 사용자가 어떤 내용으로 내용증명의 작성을 원하는지 질문합니다.
필요한 정보를 구체적으로 질문하여 사용자가 제공해야 할 정보를 명확히 이해할 수 있도록 합니다.
사용자의 답변을 바탕으로 필요한 정보를 수집하기 위하여 항목별로 구체적인 질문을 합니다.
각 질문에 대해 예시를 제공하여 사용자가 쉽게 이해하고 답변할 수 있도록 합니다.
정보 수집 과정을 단계별로 나누어 체계적으로 접근합니다.

내용증명을 작성하기 위해 몇 가지 중요한 정보를 수집해야 합니다. 아래의 질문에 답변해 주시면 이를 바탕으로 서신을 작성하겠습니다.

1. 내용증명을 보내는 이유: 내용증명의 목적을 알려 주세요. 예시: 채무 불이행, 계약 위반, 명예훼손 등.
- 예: "상대방이 대금 지급을 이행하지 않았습니다."

2. 상대방의 정보: 내용증명을 받을 사람(김수신)의 이름과 주소를 알려 주세요.
- 예: "김수신, 서울시 강남구 테헤란로 123"

3. 본인의 정보: 보내는 사람(김발신)의 이름과 주소를 알려 주세요.
- 예: "김발신, 서울시 종로구 세종대로 456"

4. 구체적인 사실 관계: 상대방과의 계약이나 약속에 대한 구체적인 내용을 설명해 주세요.
- 예: "2023년 1월 1일에 계약을 체결했고, 상대방은 3개월 내에 대금을 지급하기로 했습니다."

5. 요구 사항: 상대방에게 요구하는 사항을 구체적으로 명시해 주세요. 예: 대금 지급, 손해 배상, 사과 등.
- 예: "미지급 대금 100만 원을 2024년 6월 1일까지 지급해 주십시오."

6. 연락처: 상대방이 연락할 수 있는 본인의 연락처를 알려 주세요.
- 예: "전화번호: 010-1234-5678, 이메일: kim.sender@example.com"

이 질문들에 답변을 주시면 그에 맞춰 내용증명을 작성해 드리겠습니다.

 1. 대여금 미지급
2. 김수신, 서울
3. 김발신, 광주
4. 2024년 1월 1일 10,000,000원을 빌려줬으나 변제하지 않고 있음
5. 2024년 12월 31일까지 변제 독촉

주신 정보를 바탕으로 김발신이 김수신에게 보내는 내용증명 초안을 작성해 드리겠습니다.

내용증명

발신안: 김발신
주소: 광주시

수신안: 김수신
주소: 서울시

제목: 대여금 미지급에 대한 변제 촉구

1. 대여금 미지급 사실
저는 2024년 1월 1일 귀하에게 대여금 10,000,000원(일천만원)을 빌려주었습니다. 그러나 현재까지 귀하는 해당 금액을 변제하지 않고 있습니다.

2. 변제 요구
이에 저는 귀하에게 2024년 12월 31일까지 대여금 10,000,000원을 변제해 주실 것을 엄중히 요구합니다. 만약 위 기한 내에 변제가 이루어지지 않을 경우, 부득이하게 법적 조치를 취할 수밖에 없음을 알려드립니다.

3. 연락처
변제와 관련하여 문의 사항이 있으시면 아래 연락처로 연락 주시기 바랍니다.
전화번호: 010-1234-5678
이메일: kim.sender@example.com

본 내용증명은 추후 법적 분쟁 시 중요한 증거 자료로 사용될 수 있습니다. 원만한 해결을 기대하며 귀하의 신속한 조치를 부탁드립니다.

2024년 5월 25일
김발신

위 내용증명을 검토하시고 추가하거나 수정할 사항이 있으시면 알려 주세요.

챗GPT는 사용자가 기본적인 정보만 제공하더라도 내용증명 초안을 신속하게 작성합니다. 이 초안을 기반으로 하면 법률 지식이 없는 사용자도 필요한 내용만 수정해 완결된 내용증명을 작성할 수 있습니다. 문서 작성에 드는 시간과 비용도 적약할 수 있습니다. 다만, 챗GPT가 제공하는 내용은 기초적인 초안에 불과하므로 이에 대한 검증 절차가 필요합니다. 또, 챗GPT에 입력한 개인 정보가 외부에 유출되지 않도록 주의가 필요합니다.

Chapter 08

판결문 분석하기

챗GPT는 판결문에서 중요한 정보와 법적 개념을 파악해 법적 주장, 증거, 판단 기준 및 최종 결정을 세밀하게 분석합니다. 이를 통해 전문 용어나 법적 용어를 사용자가 이해하기 쉬운 언어로 설명하고, 여러 판결문 간의 연관성을 분석하여 법률 사례 연구나 학술 논문 작성에 필요한 비교 분석을 수행할 수 있는 방법을 설명합니다. 이번 챕터에서는 챗GPT를 활용해 판결문을 분석하는 방법을 살펴보겠습니다.

⚖️ 판결문이란

판결문은 법원에서 사건에 대한 판결을 내린 후 그 내용을 문서화한 것입니다. 판결문에는 사건의 배경, 사실 관계, 법적 근거, 판사의 판단 및 결론 등이 상세히 기술됩니다. 따라서 자신의 상황과 비슷한 사건을 법원에서 다뤘다면 판결문을 분석함으로써 예상 결과를 가늠하고 이에 대한 대응 전략을 세울 수 있습니다. 또, 특정 사건을 법원이 어떻게 해석하고 적용했는지 이해함으로써 자신의 법적 권리와 의무를 더 잘 이해할 수 있습니다. 법률을 공부하는 학생이나 연구자는 판결문을 분석함으로써 실제 법 적용 사례를 학습하고 연구할 수 있습니다.

챗GPT를 활용한 판결문 분석은 인공지능 기술을 법률 분야에 응용하는 가장 유용한 사례입니다. 챗GPT는 고급 자연어 처리 기능을 바탕으로 한 대화형 AI로, 다양한 데이터와 문서를 해석하고 분석하는 데 큰 잠재력을 가지고 있어 특히 판결문 분석에서 뛰어난 역량을 보여 줍니다.

챗GPT가 판결문을 분석할 때는 먼저 전체 문서에서 중요한 정보와 법적 개념을 파악합니다. 판결문의 법적 주장, 증거 제시, 법원의 판단 기준 및 최종 결정 등을 세밀하게 분석하여 각각의 법적 중요성과 연관성을 식별합니다. 예를 들어, 특정 사건에서 법원이 어떤 증거를 중요하게 고려했는지, 어떠한 법적 원칙을 적용했는지 등을 자동으로 파악하고 요약할 수 있습니다.

이 과정에서 챗GPT는 판결문에서 사용한 전문 용어나 법적 용어를 사용자가 이해하기 쉬운 언어로 설명할 수 있습니다. 이는 법률 전문가나 법학을 공부하는 학생뿐만 아니라 비전문가도 판결문에서 중요한 정보를 빠르게 취득할 수 있다는 장점이 있습니다. 예를 들어, '가처분'이나 '위자료'와 같은 용어가 등장하면 챗GPT는 이 용어들이 현재 사례에 어떻게 적용되는지를 설명하며 해당 법률 개념의 기초적인 이해를 돕습니다.

더 나아가 여러 판결문 간의 연관성을 분석하여 법률 사례 연구나 학술 논문 작성에 필요한 비교 분석도 수행할 수 있습니다. 예를 들어, 특정 법률 원칙이 다양한 판결에서 어떻게 적용되었는지를 시각화하고, 이를 통해 일관된 판례의 경향을 파악하거나 예외 사례를 식별할 수 있습니다. 이는 법률 전문가들이 법적 전략을 수립하거나 학문적 연구에 근거를 제공하는 데 매우 유용합니다.

챗GPT의 이러한 분석 기능은 법률 전문가들이 정보를 보다 효율적으로 처리하고 깊이 있는 법적 분석을 수행할 수 있게 도와줍니다. 또, 판결문의 추세와 패턴을 분석함으로써 법적 전략을 수립하거나 향후 맞닥뜨릴 법적 분쟁에 대비하는 데 중요한 도구가 됩니다.

이처럼 챗GPT는 법률 분야의 도구로, 귀중한 인사이트와 자동화를 지원합니다. 덕분에 법률 전문가들은 보다 신속하고 정확한 법적 서비스를 제공할 수 있으며, 법률 연구 및 교육에도 큰 발전을 가져올 수 있습니다. 이러한 인공지능의 활용은 법률 분야에서의 혁신을 촉진하고 법률 서비스의 질을 향상시키는 데 기여할 것입니다. 따라서 이번 챕터에서는 챗GPT를 활용해 판결 내용을 간편하게 분석하고, 중요한 정보를 추출한 다음 이를 분석하는 방법을 살펴보겠습니다.

판결문에서 중요한 정보 이해하기

법원의 재판은 사건이 처음 심사되는 지방법원(1심)에서 시작해 판결에 불복 시 지방법원 합의부나 고등법원(제2심)으로 항소하며 다시 불복할 경우 대법원(제3심)으로 상고하여 최종적으로 판단을 받습니다. 그만큼 사건의 공정한 처리와 판결의 오류를 시정하고 있습니다. 따라서 판결문 분석 결과를 바탕으로 하급심의 판결에 불복하는 경우 상급심에서 사용할 수 있는 대응 전략은 어떻게 수립하는지도 살펴보겠습니다.

판결문은 공정하고 투명한 사법 절차를 보장하기 위해 공개하는 것이 원칙입니다. 대법원은 대법원 홈페이지 대국민서비스(scourt.go.kr)를 통해 판결문의 일부를 공개하고 있습니다. [대국민서비스 → 종합법률정보]에서 판결문을 검색하거나 검색이 안 되는 판결문은 [대국민서비스 → 정보 → 판결서 인터넷 열람 → 열람신청하기]에서 사건 번호를 입력하거나 검색어를 입력하여 열람할 수 있습니다. 단, 온라인에서 판결문 전체를 열람하기 위해서는 건당 1,000원 결제가 필요합니다.

판결문 인터넷 열람(출처: 대법원 대국민서비스)

먼저 판결문에서 중요한 정보가 무엇인지를 이해해야 합니다. 필요한 정보만 이해하고 분석하기 위해 다음과 같이 프롬프트를 작성합니다.

판결문 분석 프롬프트

 당신은 법학 교수입니다. 당신은 판결문의 논리와 판사의 의도를 이해하고, 복잡합 법적 문제를 분석하는 능력이 탁월합니다.

첨부된 파일의 판결문에 대해 다음 사항을 분석해 주세요.
1. 판결문에서 다루고 있는 주요 법적 쟁점을 구체적으로 도출합니다.
2. 법원이 내린 판단과 그 판단의 근거가 되는 법률 조항, 판례, 논리를 상세히 분석 합니다. 특히, 법원이 어떠한 논리적 근거를 통해 결론에 도달했는지에 중점을 둡 니다.
3. 판결문에서 언급된 주요 법률 조항 및 관련 판례를 검토합니다. 각각의 조항 및 판례가 판결에 미친 영향을 분석하고, 판결문의 논리에 어떻게 기여하는지 평가 합니다.

4. 판결문에서 사용한 주요 법적 용어와 개념을 설명합니다. 특히 판결의 논리 전개에서 중요한 역할을 하는 용어와 개념을 중점적으로 다룹니다.

5. 판결문의 주요 내용을 요약합니다. 요약에는 핵심 쟁점, 법원의 판단, 법적 근거가 포함됩니다.

6. 판결문이 법체계 내에서 가지는 법적 의미를 분석합니다. 특히, 해당 판결이 기존 법리에 어떠한 영향을 미치는지, 유사한 사례에서의 적용 가능성을 검토합니다. 또한, 판결이 사회, 경제, 정치 등 다양한 측면에서 미치는 실질적 영향을 분석합니다.

7. 판결에 대한 비판적 평가를 포함합니다. 판결의 강점과 약점을 분석하고, 대안적 법리나 결과를 제시합니다.

분석을 원하는 판결문의 PDF 파일을 채팅 창에 첨부하고 앞서 작성한 판결문 분석 프롬프트를 입력합니다. 실제 서울남부지방법원 2018. 11. 22. 선고 2018가단223553 판결을 첨부해 보았습니다.

예시 판결문

판결문 요약·분석 프롬프트 ①

 서울남부지방법원 2018. 11. 22. 선고 2018가단223553 판결 손해 배상 분석

1. 판결문에서 핵심 쟁점 도출

원고(A)가 피고(B)인 공인중개사를 상대로 제기한 손해 배상 청구의 주된 쟁점은 피고가 매매대상인 건물의 부가가치세 과세 여부에 대해 적절히 설명하지 않았다는 점입니다.

원고는 피고가 부가가치세 과세 대상임을 설명하지 않고, 오히려 과세 대상이 아니라고 단언함으로써 원고에게 손해를 입혔다고 주장합니다.

2. 법리적 판단의 근거 분석

법원은 공인중개사법 제25조 제1항의 확인·설명의무와 시행령 제21조에 규정된 내용들을 검토했습니다.

판결문에서는 피고의 확인·설명의무 대상에 부가가치세 과세 여부가 포함되지 않으며, 피고가 이를 설명할 의무가 없었다고 판단하였습니다.

피고가 매매 계약 당시 중개대상물 확인·설명서를 교부하지 않았다는 원고의 주장 역시 증거가 부족하다고 판단하였습니다.

3. 관련 법 조항 및 판례 검토

공인중개사법 제25조 제1항: 중개대상물의 권리관계, 공법상 제한사항 등을 설명할 의무가 있음.

공인중개사법 시행령 제21조: 중개대상물에 대한 조세의 종류 및 세율은 확인·설명의무 대상에 포함되지 않음.

공인중개사법 제30조 제1항: 공인중개사의 손해 배상책임에 관한 조항.

판결문은 이러한 법 조항을 근거로 피고의 설명의무 위반을 인정하지 않았습니다.

4. 법적 용어 및 개념 설명

부가가치세: 거래가 이루어질 때 부과되는 세금으로, 재화나 용역의 부가가치에 대해 과세됩니다.

공인중개사법: 부동산 중개업에 종사하는 공인중개사의 자격, 의무 및 책임 등을 규정한 법률입니다.

확인·설명의무: 공인중개사가 중개대상물의 권리관계, 공법상 제한사항 등을 중개의뢰인에게 설명해야 하는 의무입니다.

5. 판결문 요약 및 의견 작성

요약: 원고는 피고가 매매대상 건물의 부가가치세 과세 여부를 잘못 설명하여 손해를 입었다며 손해 배상을 청구했으나, 법원은 피고의 설명의무 위반을 인정하지 않

고 원고의 청구를 기각하였습니다.

의견: 판결은 공인중개사의 설명의무 범위를 명확히 하여 중개사의 법적 책임을 제한한 것으로 보입니다. 다만, 중개 대상물의 조세 관련 정보는 거래 당사자에게 중요한 사항이므로, 중개사들의 보다 명확한 설명이 필요할 것으로 생각됩니다.

6. 법적 의미 분석

기존 법리에 미치는 영향: 공인중개사의 확인·설명의무 범위에 대한 명확한 기준 제시.

유사 사례에의 적용 가능성: 중개인의 설명의무 범위에 대한 선례로 작용할 가능성.

사회적, 경제적 영향: 부동산 거래에서 중개인의 책임 범위에 대한 이해를 돕고, 부가가치세와 같은 세금 문제에 대한 주의를 환기시킴.

7. 비판적 평가

강점: 법률 조항 및 관련 규정에 따른 명확한 판단. 공인중개사의 책임 범위를 구체적으로 제시.

약점: 원고의 입장에서 부가가치세와 같은 중요한 세금 문제가 설명의무에 포함되지 않는다는 점에서 공인중개사법의 한계를 드러냄.

대안적 법리: 부동산 거래 시 중요한 세금 문제도 설명의무에 포함시키도록 법 개정을 고려할 필요.

이 판결문은 공인중개사의 확인·설명의무 범위에 대해 명확히 규정하고 있으며, 이를 통해 유사한 사례에서의 법적 판단 기준을 제시합니다. 그러나 법 개정을 통해 중개인의 의무 범위를 확대하여 거래 당사자의 피해를 줄이는 방안도 고려할 수 있습니다.

또 다른 예시를 살펴보겠습니다. 헌법재판소는 2024년 4월 25일 유류분 제도에 대해 입법 목적의 정당성을 인정하면서도, 일부 조항이 헌법에 위반된다고 판단하였습니다. 유류분 제도란 사람이 죽어서 남긴 재산 중 일부를 망인의 의사와 관계없이 상속인이 상속받을 수 있도록 하여 가족들이 기본적인 생활을 유지하고, 생전에 망인을 도와 재산을 형성한 기여를 인정해 주며 상속인들이 망인의 재산을 받을 수 있을 거라는 기대를 보호해 주는 제도입니다.

그러나 유류분 제도는 가족 구조의 변화, 상속인이 망인을 학대하거나 방치한 경우에도 유류분을 받은 수 있다는 문제 등 개선의 목소리가 나오고 있었습니다. 이에 대해 최근 헌법재판소가 일부 조항이 헌법에 위반이라 판단한 것입니다. 헌법재판소의 결정문은 77쪽에 이르고 어려운 법률 용어의 사용으로 읽기가 쉽지 않습니다. 헌법재판소의 결정문 헌법재판소 2024. 4. 25. 결정 2020헌가4 사건에 대해 챗GPT에게 분석을 요구하였습니다. 해당 결정문은 헌법재판소(ccourt.go.kr)에서 사건 번호를 검색해 확인할 수 있습니다.

판결문 요약·분석 프롬프트 ②

당신은 법학 교수입니다. 당신은 판결문의 논리와 판사의 의도를 이해하고, 복잡합 법적 문제를 분석하는 능력이 탁월합니다.

첨부된 파일의 결정문에 대해 다음 사항을 분석해 주세요.

1. 결정문에서 핵심 쟁점을 도출합니다.
2. 쟁점별 헌법재판소의 판단과 근거를 자세히 분석합니다.
3. 관련 법 조항 및 판례를 검토합니다.
4. 법적 용어 및 개념을 설명합니다.
5. 결정문을 요약하고 의견을 작성합니다.
6. 결정문에서 제시된 재판관들의 개별 의견을 분석하고, 각 의견의 법리적 근거와 논거를 비교 설명합니다.
7. 결정문의 법적 의미와 실질적 영향을 분석합니다.
8. 웹 브라우징을 통해 신뢰할 수 있는 웹사이트에서 헌법재판소의 결정에 대한 비판적 논평을 찾아 정리하고 각 출처를 명시합니다.

첨부된 헌법재판소 결정문에 대한 분석을 진행하겠습니다.

1. 결정문에서 핵심 쟁점 도출
결정문에서 다루는 핵심 쟁점은 **민법 제1112조 등 유류분 조항의 헌법합치성 여부**입니다. 구체적으로는 다음과 같습니다.

유류분권리자와 유류분 비율의 적절성 (민법 제1112조)
유류분 산정의 기초재산 범위와 평가 방법 (민법 제1113조, 제1114조)
유류분반환청구권의 행사 방법 및 소멸시효 (민법 제1115조, 제1116조, 제1117조)
유류분 조항의 적용 대상과 기여분 인정 여부 (민법 제1118조)

2. 쟁점별 헌법재판소의 판단과 근거

(1) 유류분권리자와 유류분 비율 (민법 제1112조)

판단: 헌법재판소는 민법 제1112조의 제1호부터 제3호까지, 즉 직계비속, 배우자, 직계존속에 대한 유류분 비율을 헌법에 합치된다고 보았습니다. 하지만 형제자매를 유류분권리자로 포함하는 제4호는 헌법에 위반된다고 판단했습니다.

근거: 형제자매를 유류분권리자에 포함시키는 것은 시대적 변화와 맞지 않으며, 가족 간의 기대 이익을 보호하는 데 있어서 불합리하다고 보았습니다.

(2) 유류분 산정의 기초재산 (민법 제1113조, 제1114조)

판단: 헌법재판소는 유류분 산정 기초재산에 증여재산을 포함시키는 민법 제1113조 및 제1114조를 헌법에 합치된다고 판단했습니다.

근거: 유류분 산정의 기초재산에 피상속인의 생전 증여재산을 포함시키는 것은 유류분권리자의 권리를 보호하기 위해 필요하며, 이는 합리적이고 정당한 목적에 부합한다고 보았습니다.

(3) 유류분반환청구권 (민법 제1115조, 제1116조)

판단: 유류분반환청구권의 행사 방법과 반환의 순서를 규정한 민법 제1115조와 제1116조도 헌법에 합치된다고 보았습니다.

근거: 유류분반환청구권의 행사는 유류분권리자의 권리 보호와 수증자의 재산권 보호 사이의 균형을 적절히 유지하고 있다고 판단했습니다.

(4) 기여분 인정 (민법 제1118조)

판단: 헌법재판소는 유류분 제도에 기여분을 인정하지 않는 민법 제1118조가 헌법에 위반된다고 보았습니다.

근거: 상속 재산의 형성에 기여한 자의 기여분을 인정하지 않는 것은 형평성에 어긋나며, 이는 재산권 침해로 이어질 수 있다고 판단했습니다.

3. 관련 법 조항 및 판례 검토

관련 법 조항: 민법 제1112조, 제1113조, 제1114조, 제1115조, 제1116조, 제1118조

판례: 헌법재판소는 유사한 쟁점에서 일관되게 유류분 제도의 헌법 합치성을 유지하면서도, 시대적 변화에 따라 형제자매의 유류분권리를 인정하지 않기로 한 점에서 진보적인 판결을 내렸습니다.

4. 법적 용어 및 개념 설명

유류분: 상속인이 받을 수 있는 최소한의 상속분으로, 피상속인이 자유로이 처분할 수 없는 부분을 의미합니다.

유류분권리자: 유류분을 청구할 수 있는 자로서, 직계비속, 배우자, 직계존속, 형제자매 등이 해당됩니다.

유류분반환청구권: 유류분권리자가 유류분에 미치지 못하는 상속 재산을 받았을 때 부족한 부분에 대해 반환을 청구할 수 있는 권리입니다.

기여분: 상속 재산의 형성에 기여한 자에게 그 기여분에 해당하는 상속분을 인정하는 제도입니다.

5. 결정문 요약 및 의견

요약

헌법재판소는 민법 제1112조 제1호부터 제3호는 헌법에 합치되지만, 제4호는 헌법에 위반된다고 판결했습니다. 또한 민법 제1113조, 제1114조, 제1115조, 제1116조는 헌법에 합치되지만, 기여분을 인정하지 않는 민법 제1118조는 헌법에 위반된다고 판단했습니다.

의견

이 결정은 현대 사회의 가족 구조와 상속 재산의 형성 방식을 반영하여 형제자매의 유류분 권리를 배제함으로써 합리적인 판결을 내렸습니다. 또한, 기여분을 인정하지 않는 현행 법의 문제점을 지적하여 상속인의 기여를 보상하려는 방향으로 개선의 여지를 남긴 점에서 긍정적으로 평가할 수 있습니다.

6. 결정문의 법적 의미와 실질적 영향

이번 결정은 유류분 제도의 본래 목적을 유지하면서도, 시대적 변화에 따른 가족 구조의 변화를 반영하여 법적 형평성을 강화하는 방향으로 나아갔습니다. 이는 상속 분쟁에서 형제자매의 권리를 제한함으로써 상속인 간의 갈등을 줄이고, 기여분을 인정하여 상속 재산 형성에 기여한 자의 권리를 보장하는 방향으로 상속 법제를 개선하는 데 영향을 미칠 것입니다.

7. 헌법재판소 결정에 대한 비판적 목소리

헌법재판소 결정에 대한 비판적 목소리는 주로 형제자매의 유류분 권리를 배제한 점과 유류분 상실 사유를 별도로 규정하지 않은 점에 집중되고 있습니다. 특히, 피상속인을 장기간 유기하거나 학대한 상속인에게도 유류분을 인정하는 것은 국민 법감정에 어긋난다는 지적이 있습니다 (추천 : 네이버 블로그) (아시아경제) (법률신문).

쟁점별 헌법재판소의 판단과 근거에 대해 고등학생이 이해할 수 있을 정도로 쉽게 설명해 주세요.

쟁점별 헌법재판소의 판단과 근거를 쉽게 설명하기

1. 유류분권리자와 유류분 비율 (민법 제1112조)

헌법재판소 판단: 형제자매에게도 유류분을 주는 것은 부당하다고 했어요. 이유: 형제자매는 피상속인의 재산 형성에 거의 기여하지 않았기 때문에 그들에게 유류분을 주는 것은 합리적이지 않다고 본 거죠. 부모님이나 자녀, 배우자처럼 가깝고 중요한 사람들에게만 유류분을 주는 게 맞다고 판단했어요.

2. 유류분 산정의 기초재산 (민법 제1113조, 제1114조)

헌법재판소 판단: 유류분을 계산할 때 피상속인이 사망하기 전 1년간 준 증여 재산을 포함시키는 것은 적절하다고 했어요. 이유: 이는 유류분권리자를 보호하기 위해 필요해요. 피상속인이 생전에 재산을 많이 증여해서 상속 재산이 줄어들면 유류분권리자가 받을 몫이 줄어들기 때문에 이를 방지하기 위해 증여 재산을 포함시키는 것이 정당하다고 봤어요.

3. 유류분반환청구권 (민법 제1115조, 제1116조)

헌법재판소 판단: 유류분을 돌려받을 수 있는 방법과 순서를 정한 조항도 헌법에 맞다고 봤어요. 이유: 유류분권리자가 자신의 몫을 제대로 받지 못했을 때 그 부족한 부분을 돌려받는 것은 당연한 권리이고, 이를 위해 정해진 절차와 순서가 필요해요. 이렇게 해야 상속 분쟁이 덜 생기고, 다른 상속인의 권리도 보호할 수 있어요.

4. 기여분 인정 (민법 제1118조)

헌법재판소 판단: 상속 재산 형성에 기여한 사람에게 기여분을 인정하지 않는 것은 부당하다고 했어요. 이유: 가족 중에서 상속 재산을 모으는 데 큰 기여를 한 사람이 있다면 그 기여를 인정해 줘야 해요. 그렇지 않으면 그 사람의 노력이 무시되기 때

문에, 기여한 만큼의 몫을 인정해 주는 것이 공평하다고 본 거죠.

쉽게 이해할 수 있는 예시

1. 유류분권리자와 유류분 비율
만약 너희 집에서 아빠가 돌아가셨을 때 엄마와 너, 형제들이 유산을 나누어 가지게 되는데, 삼촌도 유산을 나눠가져야 한다고 하면 공평하다고 생각할 수 있을까? 삼촌은 우리 가족 재산을 모으는 데 별로 기여하지 않았기 때문에, 삼촌이 유산을 가져가는 것은 부당하다고 본 거야.

2. 유류분 산정의 기초 재산
아빠가 돌아가시기 전에 너희 집 돈을 친구들에게 많이 줬다고 생각해봐. 그러면 너와 가족들이 받을 돈이 줄어들겠지? 그래서 법원은 아빠가 돌아가시기 1년 전까지 준 돈도 다 포함해서 유산을 계산하라고 한 거야. 그래야 너와 가족들이 받을 돈이 너무 적어지지 않도록 보호할 수 있거든.

3. 유류분반환청구권
만약 아빠가 너한테 유산을 제대로 주지 않고 다른 사람에게 많이 줬다면, 너는 부족한 부분을 돌려받을 권리가 있어. 법원은 이런 상황에서 너가 어떻게 하면 돈을 돌려받을 수 있는지 절차를 정해 둔 거야. 그래야 다툼 없이 공평하게 나눌 수 있으니까.

4. 기여분 인정
너가 가족 중에서 가장 열심히 일해서 집안 재산을 모았다고 생각해봐. 그런데 다른 형제들이 너의 기여를 인정하지 않고 똑같이 나누자고 하면 억울하겠지? 그래서 법원은 열심히 기여한 사람에게는 그만큼 더 인정해 줘야 한다고 본 거야. 그래야 공평하니까.
이렇게 헌법재판소의 판단은 유류분 제도를 통해 상속에서의 공평함을 유지하려고 노력한 거야. 고등학생도 이해할 수 있게 최대한 쉽게 설명해 봤어!

이와 같이 챗GPT에게 판결문에 대한 분석을 요청하여 판결문의 내용을 한눈에 파악할 수 있고, 여기에 피드백과 반복을 활용하면 원하는 정보를 더 세세하게 얻을 수 있습니다.

⚖️ 항소심 대응을 위한 챗GPT 활용법

항소심이란 1심 판결에 불복하여 상급 법원에 항소하여 다시 재판을 받는 절차입니다. 판결문에서 정보를 얻는 것과 항소심 대응을 위해 판결문을 분석하는 것은 목적이 다르기 때문에 판결문 분석을 요청하는 프롬프트도 달라집니다.

먼저 분석을 원하는 판결문의 PDF 파일을 채팅 창에 첨부하고 판결문 분석 프롬프트를 입력합니다. 실제 광주지방법원 2020. 5. 12. 선고 2019가단505765 민사 판결문을 첨부해 보았습니다.

예시 판결문

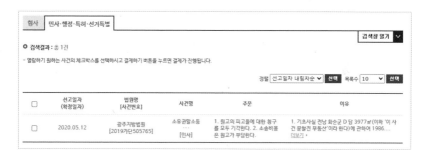

이 사건은 원고가 피고들을 상대로 부동산 소유권이전등기의 말소를 청구하는 사건입니다. 원고는 피고들에게 인감증명서를 발급받아 준 적은 있으나 피고들에게 부동산을 증여한 사실은 없고 피고들이 수용보상금을 받는 데 필요하다고 하여 인감증명서를 발급했다고 주장하였습니다.

항소심 대응을 위한 프롬프트 ① 민사 사건

당신은 법학 교수입니다. 당신은 판결문의 논리와 판사의 의도를 이해하고, 복잡한 법적 문제를 분석하는 능력이 탁월합니다.

첨부된 파일의 판결문을 분석해 주세요.

사용자의 질문에 대해 다음 조건을 만족하는 답변을 해야 합니다.

- 판결문을 분석한 후 패소자를 위한 항소의 전략과 주장을 개발합니다.
- 항소심에서 승소를 위해 필요한 증거 및 증인에 대한 계획을 구체적으로 설명합니다.
- 사용자의 이해를 높이기 위해 단계별로 설명합니다.
- 목차를 다음과 같이 구성해 주세요
  1. 사건의 배경
     가. 사건의 기본 사실 및 발생 배경
     나. 원고의 주장과 피고의 주장
     다. 법률적 쟁점
  2. 법원의 논리 및 판단 근거
     가. 적용된 법률
     나. 법률적 쟁점에 대한 법원의 판단
     다. 법원의 논리 및 판단 근거
  3. 판결의 결과
  4. 항소심에서 대응 전략
     가. 항소심에서 사용할 법적 전략과 주장
     나. 강화할 필요가 있는 증거 및 주장의 재구성
     다. 필요한 증거
  5. 항소심에서 승소 가능성

판결문 분석 및 항소 전략

1. 사건의 배경

가. 사건의 기본 사실 및 발생 배경

본 사건은 광주지방법원 2020. 5. 12. 선고 2019가단505765 소유권말소등기 사건입니다. 사건의 기본 사실은 다음과 같습니다.

사건 부동산은 전남 화순군에 위치한 3977m² 면적의 토지로, 1986년 10월 30일 원고 A와 공동 소유자 E, F, G 이름으로 소유권이전등기가 완료되었습니다.

이후 해당 부동산은 2010년 12월 23일과 2018년 9월 18일 두 차례에 걸쳐 여러 부동산으로 분할되었습니다.

원고는 E, F, G가 사망한 후 단독 명의로 소유권이전등기를 마쳤습니다.

2018년 10월 18일 피고들(B, C)을 합유자로 하는 소유권이전등기가 이루어졌습니다.

나. 원고의 주장과 피고의 주장

원고의 주장: 원고는 피고들에게 해당 부동산을 증여할 의사가 없었으며, 증여계약은 성립되지 않았다고 주장합니다. 원고는 착오 또는 피고들의 기망에 의해 증여 의사 표시를 했으므로 이를 취소한다고 주장했습니다.

피고의 주장: 피고들은 해당 부동산이 원고 등에게 명의신탁된 종중 소유의 부동산이며, 효율적인 관리와 소유권 이전을 위해 원고의 동의 하에 소유권이전등기를 마쳤다고 주장했습니다.

다. 법률적 쟁점

해당 부동산의 소유권이 실제로 누구에게 있는지 여부

원고의 증여 의사 표시가 착오 또는 기망에 의한 것인지 여부

증여계약의 유효성 여부

2. 법원의 논리 및 판단 근거

가. 적용된 법률

법원은 민법의 계약의 성립과 의사 표시에 관한 규정을 적용하여 사건을 판단했습니다.

나. 법률적 쟁점에 대한 법원의 판단

법원은 원고가 주장하는 바와 같이 증여계약이 성립하지 않았거나 착오 또는 기망에 의해 이루어진 것인지 여부를 중심으로 판단했습니다.

다. 법원의 논리 및 판단 근거

법원은 원고가 부동산 증여에 동의한 증거로서 피고들이 제출한 증거와 원고의 자필 확인서명을 인정했습니다.

원고의 착오 또는 기망 주장은 인정되지 않았습니다. 이는 원고가 직접 자필로 작성하고 서명한 확인서면에 소유권 이전을 명확히 기재한 점을 근거로 했습니다.

3. 판결의 결과

법원은 원고의 피고들에 대한 청구를 기각하고, 소송 비용은 원고가 부담하도록 판결했습니다.

4. 항소심에서 대응 전략

가. 항소심에서 사용할 법적 전략과 주장

증여계약의 성립 여부 재검토: 원고의 증여 의사 표시가 기망에 의해 이루어졌음을 강조합니다.

증거 보강: 원고가 실제로 증여의사를 가지지 않았음을 입증할 추가 증거를 제출합니다.

법률적 해석 강화: 민법상 의사 표시의 착오 및 기망에 대한 법리적 해석을 강화하여 주장합니다.

나. 강화할 필요가 있는 증거 및 주장의 재구성

확인서면의 진정성: 확인서면 작성 당시 원고가 증여의 의미를 정확히 이해하지 못했다는 점을 입증할 필요가 있습니다.

피고들의 기망 행위 증명: 피고들이 원고를 기망했음을 입증할 증거를 확보하고 제출합니다.

다. 필요한 증거

증인 진술: 당시 상황을 목격한 증인들의 진술을 확보합니다.

서류 증거: 원고가 피고들에게 부동산 증여 의사를 가지지 않았다는 사실을 입증할 수 있는 서류를 제출합니다.

전문가 의견: 부동산 법률 전문가의 의견서를 제출하여 원고의 주장을 뒷받침합니다.

5. 항소심에서 승소가능성

원고가 항소심에서 승소하기 위해서는 새로운 증거를 통해 원고의 주장(기망 또는 착오에 의한 의사 표시)을 뒷받침할 수 있어야 합니다. 특히, 피고들의 기망 행위를 입증할 수 있는 증거가 확보된다면 승소 가능성은 높아질 것입니다.

이와 같이 프롬프트에 따라 판결문의 요약은 물론이고 항소심의 대응 전략과 실익 그리고 결론까지 잘 정리된 답변을 받을 수 있습니다.

또 다른 예시로 형사 사건 판결문을 살펴보겠습니다. 형사 사건은 범죄 행위에 대해 범죄자를 처벌하고 형량을 결정하는 절차이므로 판결문의 분석도 민사 사건과는 달라질 수 밖에 없습니다. 앞서 민사 사건 프롬프트를 변형하여 광주지방법원 2013. 10. 11. 선고 2013고단3418 사기 사건 형사 판결문에 적용을 해보겠습니다. 이 사건은 피고인이 피해자 C, E로부터 돈을 차용하더라도 변제할 의사나 능력이 없이 피해자들로부터 금원을 편취한 사건으로 광주지방법원에서 징역 1년을 선고받은 사건입니다.

예시 판결문

형사 사건에서 또 한 가지 중요한 요소는 바로 양형입니다. 양형이란 피고인에게 선고할 형벌의 정도를 결정하는 것으로, 대법원 양형위원회 홈페이지는 범죄 유형에 따른 양형 기준에 대한 정보를 제공하고 있습니다. 양형 기준은 법관이 형을 정함에 있어 참고할 수 있는 기준입니다.

양형 기준(출처: 양형위원회(sc.scourt.go.kr))

양형 기준 PDF 파일을 다운받아 챗GPT의 채팅 장에 판결문과 함께 업로드하고 양형에 대한 의견도 함께 제시하도록 프롬프트를 다음과 같이 구성하였습니다.

항소심 대응을 위한 프롬프트 ② 형사 사건

 당신은 법학 교수입니다. 당신은 판결문의 논리와 판사의 의도를 이해하고, 복잡한 법적 문제를 분석하는 능력이 탁월합니다.
첨부된 파일의 판결문을 분석해 주세요.

사용자의 질문에 대해 다음 조건을 만족하는 답변을 해야 합니다.

– 판결문을 분석한 후 패소자를 위한 항소의 전략과 주장을 개발합니다.
– 항소심에서 승소를 위해 필요한 증거 및 증인에 대한 계획을 구체적으로 설명합니다.
– 사용자의 이해를 높이기 위해 단계별로 설명합니다.
– 목차를 다음과 같이 구성해 주세요
  1. 사건의 배경
   가. 공소 사실
   나. 피고인의 주장
  2. 법원의 논리 및 판단 근거
   가. 적용된 법률
   나. 법원의 논리 및 판단 근거
  3. 판결의 결과
  4. 항소심에서 대응 전략
   가. 항소심에서 사용할 법적 전략과 주장
   나. 강화할 필요가 있는 증거 및 주장의 재구성
   다. 필요한 증거 수집
   라. 항소심 예상 결과
  5. 양형에 대한 의견
   가. 이 사건의 형종 및 형량의 기준
   나. 이 사건에 적용
– 5. 양형에 대한 의견은 첨부 파일을 참고하여 구체적으로 제시합니다.

1. 사건의 배경
가. 공소 사실
피고인 A는 사기 혐의로 기소되었으며, 구체적인 혐의 내용은 다음과 같습니다.

피해자 C에 대한 사기:

2009. 5. 27.: 피고인은 광주시 북구 운암동 농협운암동 지소 앞에서 피해자 C에게 공사 자재를 구입할 돈이 필요하다며 200만 원을 빌려달라고 거짓말하여 이를 편취하였습니다.

2009. 6. 4.: 피고인은 도로공사 자재비로 200만 원을 더 빌려달라고 피해자 C에게 거짓말하여, 총 400만 원을 편취하였습니다.

피해자 E에 대한 사기:

2009. 3. 18: 피고인은 장성군 도로공사 현장 소장으로 일하고 있다며 피해자 E에게 200만 원을 빌려달라고 거짓말하여 이를 편취하였습니다.

2009. 4. 8: 피고인은 100만 원을 더 빌려달라며 피해자 E에게 거짓말하여 70만 원을 편취하였습니다.

2009. 4. 20: 피고인은 공사 현장에서 급히 돈이 필요하다며 100만 원을 더 빌려달라고 피해자 E에게 거짓말하여 이를 편취하였습니다.

나. 피고인의 주장
피고인은 피해자들에게 돈을 빌려달라는 요청을 했으나, 그 돈을 반환할 의사와 능력이 없었던 점을 부인하지 않았습니다. 하지만 피고인은 자신의 행동에 대한 후회와 반성을 표명하였습니다.

2. 법원의 논리 및 판단 근거
가. 적용된 법률
형법 제347조 제1항: 사기죄에 해당하며, 타인을 기망하여 재물을 편취한 행위에 대해 처벌합니다.

나. 법원의 논리 및 판단 근거
법원은 피고인이 피해자들을 기망하여 금전을 편취한 사실을 인정하였습니다. 피고인이 기망의 의도와 편취한 금액을 반환할 능력이 없었음을 고려하여, 피고인의 범행을 사기죄로 판단하였습니다.

3. 판결의 결과
법원은 피고인에게 징역 1년에 집행유예 2년을 선고하였습니다. 이는 피고인이 자신의 잘못을 반성하고 피해자 E와 합의한 점, 편취한 금액의 규모, 피고인의 건강상태 등을 참작한 결과입니다.

4. 항소심에서 대응 전략

가. 항소심에서 사용할 법적 전략과 주장

사실 관계의 재검토:

피고인이 피해자들에게 반환의사를 가지고 있었음을 강조하며, 반환할 수 없는 상황에 대한 객관적인 사정을 상세히 설명합니다.

피고인이 처음부터 기망의 의도가 없었음을 입증할 수 있는 증거를 제시합니다.

형량 경감 주장:

피고인이 범행을 반성하고 있으며, 재범의 위험이 없음을 강조합니다.

피해자 E와의 합의가 이루어진 점을 강조하여 선처를 호소합니다.

나. 강화할 필요가 있는 증거 및 주장의 재구성

피고인의 반성 및 재범 방지 노력:

피고인이 범행 후 진지하게 반성하고 있다는 증거(진술서, 상담 기록 등)를 제출합니다.

피고인의 재범 방지 노력을 입증할 수 있는 자료(사회 봉사 활동, 재교육 프로그램 참여 기록 등)를 제출합니다.

피해자와의 합의서:

피해자 E와의 합의 내용을 구체적으로 명시한 합의서를 제출합니다.

피해자가 피고인의 처벌을 원하지 않는다는 진술서를 제출합니다.

다. 필요한 증거 수집

피고인의 반성문 및 상담 기록:

피고인이 범행을 진지하게 반성하고 있다는 내용의 반성문과 상담 기록을 수집합니다.

피해자 진술서 및 합의서:

피해자 E와의 합의서를 제출하고, 피해자의 처벌 불원 의사를 확인하는 진술서를 제출합니다.

라. 항소심 예상 결과

항소심에서 위와 같은 전략과 증거를 통해 피고인의 진정한 반성과 재범 방지 노력을 강조할 경우, 형량이 경감될 가능성이 있습니다. 특히 피해자와의 합의가 이루어진 점이 중요한 참작 사유로 작용할 수 있습니다.

5. 양형에 대한 의견

가. 이 사건의 형종 및 형량의 기준

형법 제347조 제1항에 따른 사기죄의 형량은 기본적으로 징역형을 선택합니다.

양형 기준에 따르면, 사기범죄의 경우 편취 금액, 피해자의 피해 회복 여부, 피고인의 반성 정도 등을 종합적으로 고려합니다.

나. 이 사건에 적용
피고인은 총 670만 원을 편취하였으며, 피해자 E와는 합의를 이루어 피해 회복이 이루어졌습니다. 피고인의 반성과 재범 방지 노력을 고려할 때, 집행유예 판결이 적절하다고 판단됩니다. 다만, 피해자 C와의 합의가 이루어지지 않은 점을 추가적으로 해결하는 노력이 필요합니다.

위와 같은 분석과 전략을 통해 항소심에서 성공적인 결과를 얻을 수 있도록 준비하시기 바랍니다. 추가적인 증거 수집과 피해자와의 원만한 합의를 통해 형량 경감의 가능성을 높일 수 있습니다.

이번에는 범죄 사실에 대하여 일부 무죄를 받은 서울북부지방법원 2015. 10. 8. 선고 2015고단2536 사기, 사기 미수 사건에 대한 판결문을 첨부해 보았습니다. 이 사건은 보이스피싱으로 피고인이 징역 3년을 선고받았으나 일부 범죄 사실에 대해서는 증거가 없다는 이유로 무죄 판단을 받았습니다.

예시 판결문

형사 | 민사·행정·특허·선거특별

검색창 열기

● 검색결과 : 총 1건
- 열람하기 원하는 사건의 체크박스를 선택하시고 결제하기 버튼을 누르면 결제가 진행됩니다.

정렬 선고일자 내림차순 ∨ 선택 목록수 10 ∨ 선택

□	선고일자 (확정일자)	법원명 [사건번호]	사건명	주문	이유
□	2015.10.08	서울북부지방법원 [2015고단2536]	사기등 [형사]	피고인을 징역 3년에 처한다. 이 사건 공소사실 중 2015. 7. 9.자 피해자 D에 대한 5,000만 원 및 8...	범 죄 사 실 피고인은 중국에 있는 성명불상의 총책을 중심으로 조직된 보이스피싱 사기단의... 더보기 ›

항소심 대응을 위한 프롬프트 ③ 형사 사건

1. 사건의 배경
가. 공소 사실

피고인 A는 중국에 있는 성명불상의 총책을 중심으로 조직된 보이스피싱 사기단의 일원으로, 위 사기단 구성원들은 각기 역할을 분담하여 일부는 피해자들에게 경찰관이 예금 잔액을 보호해 주는 것처럼 거짓말을 하여 예금을 인출하도록 유인하고, 피고인 등은 경찰관으로 가장하여 피해자들로부터 직접 돈을 교부받는 역할을 담당했습니다.

피해자 C에 대한 범행:

2015년 7월 9일, 사기단의 일원은 피해자 C에게 전화를 걸어 경찰관을 보내 인출한 돈을 보관해 주겠다고 유인했습니다. 이에 속은 피해자는 1,500만 원을 인출하여 피고인에게 교부했습니다.

피해자 D에 대한 범행:

같은 날, 다른 사기단 일원은 피해자 D에게 주식을 현금으로 바꾸어 넘기라고 거짓말을 했습니다. 피고인은 경찰관으로 가장하여 피해자로부터 금원을 교부받으려 했으나, 피해자가 경찰에 신고함으로써 범행이 미수에 그쳤습니다.

나. 피고인의 주장

피고인은 일부 범죄 사실을 인정하면서도, 피해자 D에 대한 사기 범행에는 가담하지 않았다고 주장했습니다.

2. 법원의 논리 및 판단 근거
가. 적용된 법률

형법 제347조 제1항 (사기)

형법 제352조 (사기 미수)

형법 제30조 (공모 공동정범)

소송촉진 등에 관한 특례법 제32조 제1항 제1호 (배상신청 각하)

나. 법원의 논리 및 판단 근거

피해자 C에 대한 범행:

피고인이 피해자로부터 1,500만 원을 교부받은 점이 인정되어 사기죄가 성립한다고 판단하였습니다.

피해자 D에 대한 범행:

피해자 D의 진술과 증거에 의해 피고인이 2015년 7월 9일, 피해자 D에게 사기를 시도하였으나 미수에 그친 점이 인정되었습니다.

다만, 5,000만 원 및 8,000만 원의 사기 혐의는 피고인이 아닌 다른 사람이 범행을 저질렀다는 이유로 무죄가 선고되었습니다.

3. 판결의 결과

피고인 A에게 징역 3년을 선고

피해자 D에 대한 5,000만 원 및 8,000만 원 사기 혐의는 무죄

배상신청인의 배상명령신청은 각하

4. 항소심에서 대응 전략

가. 항소심에서 사용할 법적 전략과 주장

피해자 D에 대한 무죄 부분 재고:

피고인이 피해자 D에 대해 사기 범행을 하지 않았다는 점을 더욱 강조.

피해자 D의 진술의 신빙성을 문제 삼아, 새로운 증거와 증인을 통해 피고인의 무고함을 입증.

형량 감경을 위한 변론:

피고인이 범죄 사실 일부를 인정하고 반성하고 있는 점을 강조

피해자 D에 대한 범행이 미수에 그쳤다는 점을 강조하여 형량 감경을 호소

나. 강화할 필요가 있는 증거 및 주장의 재구성

피해자 D의 진술 신빙성 문제 제기:

피해자의 진술과 실제 사건 현장의 상황을 비교 분석하여 모순점을 부각

피해자가 경찰에 신고하게 된 경위 및 그 과정에서의 혼란을 증명

피고인의 알리바이 증명:

사건 당시 피고인의 위치 및 행동을 명확히 증명할 수 있는 증거(예: CCTV, 통화 기록 등) 확보

다. 필요한 증거 수집

피고인의 통화 내역 및 위치 정보:

사건 당시 피고인의 위치를 정확히 입증할 수 있는 통화 내역 및 GPS 데이터 확보

피해자 D의 진술과 관련된 추가 증인:
사건 현장에 있었거나 피해자 D와 관련된 증인을 추가로 소환하여 진술의 신빙성을 높이거나 반박

라. 항소심 예상 결과
피고인의 무죄 부분을 재고하여 일부 유죄 판결을 무죄로 뒤집을 가능성
피고인의 반성 및 범행 미수 점을 고려하여 형량이 감경될 가능성

5. 양형에 대한 의견
가. 이 사건의 형종 및 형량의 기준
법률상 처단형의 범위: 징역 1월 ~ 15년
양형기준상 권고형의 범위:
일반사기 〉 제1유형(1억 원 미만) 〉 특별가중영역(징역 1년 ~ 3년 9월)
나. 이 사건에 적용
특별가중인자:
불특정 다수의 피해자를 대상으로 한 범행
피해자에게 심각한 피해를 야기한 점
참작 요소:
피해자 D에 대한 범행이 미수에 그친 점
피고인이 일부 범죄 사실을 인정하고 반성하는 점
양형기준을 종합적으로 고려할 때, 항소심에서는 피고인의 형량이 다소 감경될 가능성이 있으며, 반성의 진정성과 추가 증거에 따라 무죄 판결의 확대를 기대할 수 있습니다.

항소심 예상 결과에 대해 구체적으로 설명해 주세요.

항소심 예상 결과
항소심에서는 여러 요인에 따라 결과가 달라질 수 있습니다. 다음은 구체적인 항소심 예상 결과입니다.

1. 기존 판결에 대한 검토
항소심에서는 1심 판결의 법적 오류나 새로운 증거의 발견 여부를 검토하게 됩니다.

1심 판결에서 무죄가 선고된 부분과 유죄가 선고된 부분을 각각 다시 평가합니다.

2. 무죄 판결 부분

1심 판결에서 무죄가 선고된 피해자 D에 대한 5,000만 원 및 8,000만 원 사기 혐의에 대해 항소심에서는 다음과 같은 결과가 예상될 수 있습니다.

무죄 유지: 피고인의 위치 정보와 피해자 D의 진술의 불일치를 입증하는 증거가 충분히 제출되면, 무죄 판결이 유지될 가능성이 높습니다.

유죄 판결: 새로운 증거가 제출되어 피고인이 실제로 해당 범행에 가담했음을 입증할 수 있다면, 유죄 판결이 내려질 수도 있습니다. 하지만, 현재 제출된 증거로 볼 때, 무죄 판결이 유지될 가능성이 높습니다.

3. 유죄 판결 부분

피고인에게 징역 3년이 선고된 피해자 C에 대한 사기 혐의에 대해 항소심에서는 다음과 같은 결과가 예상될 수 있습니다.

형량 감경: 피고인이 반성하고 있으며, 피해자 C에 대한 범행이 미수에 그친 점, 그리고 피해 회복을 위한 노력을 보여 줄 경우, 형량이 감경될 수 있습니다. 예를 들어, 징역 3년이 징역 2년으로 감경될 가능성이 있습니다.

형량 유지: 피고인의 범행이 조직적이고 계획적인 범행임을 고려할 때, 형량이 유지될 가능성도 있습니다. 그러나 피고인의 반성 및 피해 회복 노력 등의 양형 요소를 적극적으로 어필하면 감경 가능성이 있습니다.

4. 전체적인 결과 예상

항소심에서 유리한 결과를 얻기 위해서는 피고인의 반성, 피해자와의 합의, 새로운 증거 제출 등이 중요합니다. 항소심에서는 다음과 같은 결과를 예상할 수 있습니다.

무죄 부분 유지: 피해자 D에 대한 무죄 판결이 유지될 가능성이 큽니다. 피고인이 해당 범행에 직접 가담하지 않았다는 증거가 충분히 입증될 경우, 항소심에서도 무죄 판결이 유지될 것입니다.

형량 감경: 피해자 C에 대한 범행에 대해서는 피고인의 반성과 피해 회복 노력을 통해 형량이 감경될 가능성이 있습니다. 징역 3년이 징역 2년 또는 집행유예로 감경될 수 있습니다.

결론

항소심에서는 피고인의 반성 및 피해 회복 노력, 새로운 증거 제출 등을 통해 유리한 결과를 얻을 수 있습니다. 특히, 피해자 D에 대한 무죄 판결 유지와 피해자 C에 대한 형량 감경을 목표로 항소심 전략을 준비하는 것이 중요합니다. 피고인이 반성의 진정성을 보여 주고, 피해 회복을 위한 구체적인 계획을 제시한다면, 항소심에서 긍정적인 결과를 기대할 수 있습니다.

항소심에서 대응 전략을 세우기 위해 챗GPT를 활용하여 판결문을 분석하면 1심 판결문의 주요 내용을 신속하게 파악하고 중요한 법적 쟁점이나 논리적 비약 등을 찾아낼 수 있습니다. 또한 챗GPT는 다양한 관점에서 판결문을 분석할 수 있어 여러 가지 전략적 접근 방법을 제안할 수 있습니다. 다만 이 정보는 정확하지 않을 수 있으며 판결문의 전체적인 맥락이나 미묘한 의미를 놓칠 수 있고 법률과 판례는 지속적으로 변화하고 발전한다는 사실을 늘 염두에 두고 유의해야 합니다.

Chapter 09

고소장 작성하기

챗GPT는 사용자가 제공하는 정보를 체계적으로 정리하여 고소장을 효과적으로 작성하는 방법을 안내합니다. 이번 챕터에서는 고소장의 형식부터 챗GPT를 활용해 고소장을 작성하는 방법과 고소에 대응하는 방법까지 살펴보겠습니다.

⚖️ 고소장이란

고소장은 범죄 사실을 경찰이나 검찰 등 수사 기관에 알리고 피고소인을 처벌해달라고 요청하는 서류입니다. 고소인의 고소로 피고소인의 범죄에 대한 수사를 시작하게 됩니다. 고소인은 범죄로 피해를 입었다고 주장하며 경찰이나 검찰에 범죄 행위를 신고하고 처벌을 요구하는 사람을 말하고, 피고소인은 고소인이 제기한 고송의 대상이 되는 사람을 말합니다. 즉, 범죄 행위를 했다고 고소된 사람입니다.

고소장은 형식이 정해져 있지는 않습니다. 고소인은 수사 기관에 직접 출석하여 구두로 고소를 할 수도 있으나 고소장을 미리 작성하여 수사 기관에 제출하는 것이 일반적입니다. 고소장에는 고소인과 피고소인의 인적 사항, 고소 취지, 범죄 사실, 고소 이유, 관련 사건의 수사 및 재판 여부, 인적 증거, 증거 서류, 증거물 등을 기재하게 됩니다.

고소장의 기재 사항 중 가장 중요한 부분은 범죄 사실을 자세하게 적시하는 것입니다. 범죄 사실을 명확하게 기술해야 수사 기관이 사건을 정확히 이해하고 신속하게 처리할 수 있습니다. 범죄는 구성 요건에 해당하는 위법, 유책한 행위를 의미합니다. 따라서 범죄가 성립하기 위해서는 해당 범죄의 구성 요건을 충족해야 하므로 범죄 사실을 기재할 때에는 범조의 구성 요건이 잘 드러나도록 기재해야 합니다.

범죄의 구성 요건은 행위, 결과, 인과 관계 등 외부로 드러나는 요소와 행위자의 내면적 요소인 고의나 과실로 이루어집니다. 예를 들어 살인자의 구성 요건은 객관적 구성 요건으로 ① 사람, ② 살해 행위, ③ 행위와 사망 사이의 인과 관계가 있어야 성립합니다. A가 B를 칼로 찔러 사망하게 한 경우, A의 행위(사람을 칼로 찌르는 행위), B의 사망, A의 행위와 B의 사망 사이에 인과 관계가 있어야 범죄가 성립하는 것입니다. 사기죄라면 ① 타인의 재물 또는 재산상의 이익, ② 기망 행위, ③ 피해자의 재산 처분 행위, ④ 기망 행위와 재산 처분 행위의 인과 관계가 객관적 구성 요건입니다.

고소장의 형식이 정해져 있지는 않으나 경찰청 민원 포털(minwon.police.go.kr)은 고소장의 표준 서식을 제공하고 있습니다.

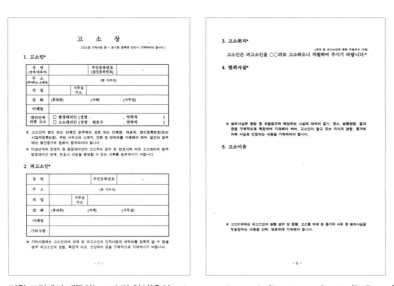

민원 포털에서 제공하는 고소장 양식(출처: minwon.police.go.kr/#customerCenter/fileDown)

⚖️ 챗GPT를 활용한 고소장 작성하기

챗GPT를 활용해 고소장을 작성해 보겠습니다. 고소장 작성 시 사용할 프롬프트는 다음과 같습니다.

고소장 작성 프롬프트

 당신은 형사 전문 변호사입니다. 당신은 고소장 작성 업무에 대한 전문적인 지식과 경험을 보유하고 있으며, 고객의 요구를 충족시킬 수 있는 최적의 법률 서비스를 제공합니다.

아래 사건에 대하여 고소장을 작성해 주세요.

고소장은 객관적이고 중립적인 입장으로, 사실 관계에 기반한 정보를 바탕으로 작성합니다.

고소장을 작성하기 전에 고소장 작성을 위한 정보를 취합하기 위해 사용자에게 질문을 합니다.

– 사용자의 답변을 바탕으로 필요한 정보를 수집하기 위하여 항목별로 구체적인 질문을 합니다.

– 범죄 유형에 따른 구체적인 질문을 합니다. 범죄 사실의 객관적 구성 요건에 대한 정보를 수집할 수 있는 질문을 합니다.

– 질문은 사용자가 쉽게 답변할 수 있도록 구체적인 예시를 제시합니다.

– 사용자의 답변을 바탕으로 고소장을 작성합니다.

– 고소장 초안이 작성된 후 사용자에게 수정할 사항이나 보충할 사항에 대한 질문을 합니다.

너무 억울합니다. 요즘 많이 힘들고 지쳐서 이렇게 고소를 결심하게 되었습니다. 2022년 3월 4일, 저는 광주시 북구 두암동 신한은행 앞에서 A를 만났습니다. 그때 A는 공사 현장에 들어갈 자재를 구입해야 하는데 돈이 없으니 200만 원만 빌려주면 3일 후에 이자를 서운하지 않게 더하여 갚아주겠다고 했습니다. 저는 그 말을 믿고 200만 원을 빌려주었습니다.

하지만 알고 보니 A는 그 돈을 공사 자재 구입에 쓰지 않고, 다른 용도로 사용할 계획이었습니다. 그리고 A는 이미 자신의 수중에 돈도 없었습니다.

그리고 나서 2022년 3월 4일, A는 다시 저에게 전화를 걸어, 이번에는 화순 도로 공사 현장에 자재가 없어서 공사를 하지 못하고 있으니 200만 원을 더 빌려 달라고 했습니다. 곧 공사비가 나오니까 전에 빌린 돈까지 이자를 더하여 한꺼번에 갚아주겠다고 했습니다. 저는 또 다시 피고인의 말을 믿고 200만 원을 송금했습니다.

그 후에도 A는 2022년 6월 5일과 6월 17일에 각각 100만 원씩 총 200만 원을 더 빌려달라고 하여, 저는 모두 400만 원을 송금했습니다. 그러나 역시 A는 이 돈도 공사 자재 구입에 사용하지 않은 걸 알게 되었습니다.

저는 피고인에게 여러 차례 돈을 빌려주었지만, 피고인은 돈을 갚지 않았고, 그 결과 저는 큰 경제적 피해를 입었습니다. 이러한 이유로 저는 A를 사기죄로 고소하고자 합니다.

고소장을 작성하기 위해 몇 가지 추가적인 정보를 확인해야 합니다. 답변해 주시면 고소장을 작성하는 데 큰 도움이 됩니다.

고소장 작성을 위한 질문

고소인의 정보:
성명:
주소:
연락처:

피고인의 정보:
성명:
주소 (가능한 경우):
연락처 (가능한 경우):

사건에 대한 자세한 경위:
처음 200만 원을 빌려주기 전 A와의 관계는 어떤 관계였나요? (친구, 지인, 동료 등)
처음 200만 원을 빌려줄 때 어떤 방식으로 돈을 전달했나요? (현금, 계좌이체 등)
이후 200만 원을 추가로 송금할 때도 같은 방식이었나요?
2022년 6월 5일과 6월 17일에 각각 100만 원씩 송금한 방식은 무엇이었나요?

증거 자료:

피고인과 주고받은 대화 내용이 저장된 메시지나 이메일 등이 있나요?

송금 내역을 증명할 수 있는 은행 거래 내역서가 있나요?

기타 관련 증거 자료가 있나요?

기타 사항:

피고인에게 언제, 어떤 방식으로 변제를 요구하셨나요?

피고인이 돈을 갚지 않은 이유에 대해 어떤 설명을 했나요?

이 사건과 관련하여 제3자의 증언이 가능한 사람이 있나요?

위 질문들에 답변해 주시면 고소장 초안을 작성하겠습니다.

고소장 초안 작성 후에는 수정할 사항이나 보충할 사항이 있는지 확인하겠습니다

---

1. 홍길동, 대구, 010-1111-1111

2. 김철수, 대구, 010-2222-2222

3. 친구, 현금, 계좌이체, 계좌이체

4. 문자 메시지, 은행 거래 내역서

5. 2022년 7월 20일경 전화로 변제를 요구, 차일피일 미루고 있음. 증인 없음.

고소장 초안

고 소 장

고 소 인

성명: 홍길동

주소: 대구

연락처: 010-1111-1111

피 고 인

성명: 김철수

주소: 대구

연락처: 010-2222-2222

고 소 취 지

피고인 김철수를 사기죄로 고소합니다.

범 죄 사 실

사건 개요: 고소인 홍길동은 피고인 김철수와 친구 관계로, 피고인의 거듭된 요청에 따라 총 600만 원을 빌려주었습니다. 그러나 피고인은 돈을 갚지 않았고, 고소인은 경제적 피해를 입었습니다.

사건 경위:

2022년 3월 4일, 광주시 북구 두암동 신한은행 앞에서 피고인 김철수는 고소인 홍길동에게 공사 현장 자재 구입을 위해 200만 원을 빌려 달라고 요청했습니다. 피고인은 3일 후에 이자를 더하여 갚겠다고 약속하였고, 고소인은 피고인의 말을 믿고 현금 200만 원을 전달하였습니다.

같은 날, 피고인은 다시 고소인에게 전화하여 화순 도로공사 현장에 자재가 없어서 공사를 못하고 있으니 200만 원을 더 빌려 달라고 요청하였습니다. 피고인은 곧 공사비가 나와서 전에 빌린 돈과 함께 이자를 더해 갚겠다고 하였고, 고소인은 이를 믿고 200만 원을 피고인의 계좌로 송금하였습니다.

이후 2022년 6월 5일과 6월 17일에 피고인은 각각 100만 원씩 추가로 빌려달라고 요청하였고, 고소인은 각각 100만 원씩 총 200만 원을 피고인의 계좌로 송금하였습니다.

피고인의 기망 행위: 피고인은 처음부터 자재 구입에 사용할 의사가 없었으며, 고소인으로부터 빌린 돈을 다른 용도로 사용할 계획이었습니다. 또한 피고인은 이미 자신의 수중에 돈이 없는 상태였음을 확인하였습니다.

변제 요구 및 결과: 고소인은 2022년 7월 20일경 피고인에게 전화로 변제를 요구하였으나, 피고인은 차일피일 미루며 변제를 하지 않고 있습니다.

증 거

피고인과 주고받은 문자 메시지

은행 거래 내역서

결 론

피고인의 행위는 형법 제347조 사기죄에 해당하므로, 피고인을 처벌해 주시기 바랍니다.

2024년 6월 1일

고소인: 홍길동 (서명 또는 날인)

추가 질문

고소장 초안에 추가하거나 수정할 사항이 있습니까?

법률적인 용어나 표현에 대해 이해하기 어려운 부분이 있습니까?

추가적으로 첨부할 자료나 증거가 더 있습니까?
위 질문들에 대해 답변해 주시면 최종 고소장을 완성하겠습니다.

이와 같이 프롬프트를 작성하고 고소하고 싶은 내용을 입력하면 챗GPT가 형식에 맞춰 질문하고 그에 대한 답변으로 최종 고소장을 완성합니다. 이번에는 프롬프트에 앞서 경찰청 민원 포털에서 내려받은 고소장 표준 서식 파일을 첨부하고 양식에 맞춰 고소장 작성을 요청해 보겠습니다.

고소장 표준 서식에 따른 프롬프트

당신은 형사 전문 변호사입니다. 당신은 고소장 작성 업무에 대한 전문적인 지식과 경험을 보유하고 있으며, 고객의 요구를 충족시킬 수 있는 최적의 법률 서비스를 제공합니다.

아래 사건에 대하여 고소장을 작성해 주세요

고소장은 객관적이고 중립적인 입장으로, 사실 관계에 기반한 정보를 바탕으로 작성합니다.

첨부된 파일의 양식으로 작성합니다.

고소장을 작성하기 전에 고소장 작성을 위한 정보를 취합하기 위해 사용자에게 질문을 합니다.

– 사용자의 답변을 바탕으로 필요한 정보를 수집하기 위하여 항목별로 구체적인 질문을 합니다.

– 범죄 유형에 따른 구체적인 질문을 합니다. 범죄 사실의 객관적 구성 요건에 대한 정보를 수집할 수 있는 질문을 합니다.

– 질문은 사용자가 쉽게 답변할 수 있도록 구체적인 예시를 제시합니다.

– 고소장 초안이 작성된 후 사용자에게 수정할 사항이나 보충할 사항에 대한 질문을 합니다.

[고소장 표준 서식 첨부]

고소 내용

너무 억울합니다. 요즘 많이 힘들고 지쳐서 이렇게 고소를 결심하게 되었습니다.

(중략)

이러한 이유로 저는 A를 사기죄로 고소하고자 합니다.

 고소장 작성을 위한 정보 수집 질문

고소인 정보

성명:

주민등록번호:

주소 (주거지 및 사무실):

직업:

전화번호 (휴대폰, 자택, 사무실):

이메일:

법정대리인 또는 변호사 대리 여부 (해당 시 성명 및 연락처):

피고소인 정보

성명:

주민등록번호 (알고 있다면):

주소 (현 거주지):

직업:

전화번호 (휴대폰, 자택, 사무실):

기타 사항 (고소인과의 관계, 성별, 특징적 외모 등):

고소 취지

어떤 범죄로 고소를 할 예정인지: 사기죄

처벌을 원하는 이유:

범죄 사실

사건 발생 일시 및 장소 (예: 2022년 3월 4일, 광주시 북구 두암동 신한은행 앞):

사건 경위 (돈을 빌려준 이유와 피고인의 거짓말):

추가적으로 돈을 빌려준 일시와 금액 (예: 2022년 3월 4일, 2022년 6월 5일, 2022년 6월 17일 등):

피해액 및 피해 상황:

고소 이유

피고소인의 범행 경위 및 정황:

고소를 결심하게 된 이유:

증거 자료

제출할 증거가 있는지 여부:

제출할 증거의 세부내역 (예: 송금 내역, 차용증, 문자 메시지 등):

관련 사건의 수사 및 재판 여부

동일 내용의 고소장을 다른 검찰청 또는 경찰서에 제출한 적이 있는지 여부:

본 사건과 관련된 형사 사건의 수사 유무:

본 사건과 관련된 민사 소송의 유무:

기타 사항

고소장 작성 및 제출일자:

위 질문에 답변해 주시면 고소장 초안을 작성하겠습니다. 추가로 필요한 정보가 있거나 질문이 있으시면 말씀해 주세요.

1. 홍길동, 대구, 010-1111-1111
2. 김철수, 대구, 010-2222-2222
3. 사기죄, 돈을 빌려간 후 갚지 않고 있고, 현재는 연락까지 두절됨.
4. 2022년 3월 4일 광주시 북구 두암동 신한은행 앞, 공사 현장 자재 구입 위해 200만 원을 빌려달라고 하였으나 나중에 알고 보니 공사를 진행하고 있지도 않았음. 2022년 3월 4일 200만 원, 2022년 6월 5일, 6월 17일 각 100만 원씩 총 200만 원, 총 피해액 600만 원
5. 피고소인은 공사 현장 자재를 구입하지도 않으면서 고소인을 기망함. 피고소인은 차일피일 미루더니 현재는 연락이 두절됨.
6. 문자 메시지, 은행 거래 내역서
7. 관련 사건 없음

고소장 초안

고 소 장

고소인

성명: 홍길동

주민등록번호: (작성 필요)

주소: 대구

직업: (작성 필요)

전화: 010-1111-1111

이메일: (작성 필요)

피고소인

성명: 김철수

주민등록번호: (알고 있다면 작성 필요)

주소: 대구

전화: 010-2222-2222

기타 사항: (고소인과의 관계, 성별, 특징적 외모 등 추가 작성 가능)

고소 취지 고소인은 피고소인 김철수를 사기죄로 고소하오니 처벌하여 주시기 바랍니다.

범죄 사실 피고소인은 2022년 3월 4일 광주시 북구 두암동 신한은행 앞에서 고소인을 만나 공사 현장에 자재를 구입할 돈이 필요하다며 200만 원을 빌려달라고 요청하였습니다. 피고소인은 3일 후에 이자를 포함하여 갚겠다고 약속했으나, 나중에 알고 보니 공사 현장을 진행하고 있지 않았고, 돈을 다른 용도로 사용할 계획이었습니다.

이후 2022년 3월 4일, 피고소인은 다시 고소인에게 전화를 걸어 화순 도로공사 현장에 자재가 없어서 공사를 진행하지 못하고 있으니 200만 원을 더 빌려달라고 요청하였습니다. 피고소인은 곧 공사비가 나올 것이라며 이전에 빌린 돈까지 함께 갚겠다고 했고, 고소인은 다시 200만 원을 송금하였습니다.

그 후에도 피고소인은 2022년 6월 5일과 6월 17일에 각각 100만 원씩 추가로 빌려달라고 요청하였고, 고소인은 총 400만 원을 더 송금하였습니다. 그러나 피고소인은 이러한 돈을 공사 자재 구입에 사용하지 않았고, 현재까지 돈을 갚지 않았으며, 연락이 두절된 상태입니다. 총 피해액은 600만 원입니다.

고소 이유 피고소인은 공사 현장 자재를 구입하지도 않으면서 고소인을 기망하였고, 차일피일 미루다가 현재는 연락이 두절된 상태입니다. 이에 고소인은 큰 경제적 피해를 입었으며, 이러한 이유로 피고소인을 사기죄로 고소하게 되었습니다.

증거 자료

문자 메시지

은행거래 내역서

관련 사건의 수사 및 재판 여부

동일 내용의 고소장을 다른 검찰청 또는 경찰서에 제출한 적이 없습니다.

본 사건과 관련된 형사 사건의 수사는 없습니다.

본 사건과 관련된 민사 소송은 없습니다.

기타 사항 (기타 작성 필요 시 추가)

본 고소장에 기재한 내용은 고소인이 알고 있는 지식과 경험을 바탕으로 모두 사실대로 작성하였으며, 만일 허위 사실을 고소하였을 때에는 형법 제156조 무고죄로 처벌받을 것임을 서약합니다.

2024년 6월 1일
고소인 (인)
제출인 (인)
○○경찰서 귀중

위 고소장 초안에 수정할 사항이나 추가할 사항이 있으시면 알려 주시기 바랍니다.

첨부한 고소장 표준 서식에 맞게 고소장이 작성된 것을 확인할 수 있습니다. 표준 서식 외에 원하는 고소장 양식이 있다면 형태를 지정하고 출력을 요청하면 됩니다. 이렇게 작성한 고소장에 부족한 부분이 있으면 범죄 사실에 "다른 사람에게도 돈을 빌리고 갚지 않고 있습니다." 또는 물적 증거로 "녹취록을 추가해 주세요."와 같이 피드백과 반복을 활용해 고소장을 완성할 수 있습니다.

⚖️ 챗GPT를 활용한 고소 대응하기

챗GPT는 다양한 법정 상황에서 유용하게 활용할 수 있습니다. 앞서 살펴봤듯이 피해자의 입장에서 법적 조언을 받거나 고소장을 작성하는 데 도움을 받아 자신의 상황에 더 효과적으로 대처할 수 있습니다. 반대로 피고소인 입장에서도 챗GPT는 중요한 역할을 할 수 있습니다. 고소당한 범죄 사실에 대해 방어 전략을 세우는 데 필요한 정보와 조언을 제공함으로써 피고소인이 자신을 변호하는 데 필요한 자료를 준비하고 법적 절차를 이해하며 효과적인 대응책을 마련하는 데 도움을 줄 수 있습니다. 마찬가지로 법률 용어를 쉽게 설명하고, 유사한 사례를 제공하면서 법적 방어 전략을 구체화하여 피고소인이 자신의 권리를 보호할 수 있도록 지원합니다.

따라서 이번에는 피고소인 입장에서 고소 사실에 대응하기 위한 프롬프트를 작성해 보겠습니다. 앞서 홍길동이 고소한 내용을 바탕으로 챗GPT가 작성한 고소장을 이 프롬프트에 첨부하였습니다. 프롬프트는 크게 피고소인이 고소 사실을 부인하는 경우와 인정하는 경우로 나눠서 살펴보겠습니다.

고소 대응 프롬프트(고소 사실을 부인하는 경우)

 당신은 형사 전문 변호사입니다.
첨부된 고소장에 대하여 피고소인의 방어 전략을 세워주세요
피고소인이 사기죄로 처벌받지 않기 위해 주장해야 할 사항과 제출해야 할 증거를 구체적으로 알려 주세요.
[고소인이 작성한 고소장 첨부]

피고소인 김철수가 사기죄로 처벌받지 않기 위해 주장을 세우고 제출해야 할 증거를 다음과 같이 정리할 수 있습니다.

1. 방어 전략
피고소인이 사기죄로 처벌받지 않기 위해서는 다음과 같은 방어 전략을 세울 수 있습니다.

a. 금전 대여의 의도 및 용도
- 피고소인은 처음부터 금전을 빌려서 자재 구입에 사용할 의도가 있었음을 주장해야 합니다.
- 자재 구입을 위한 실제 계획 및 구체적인 용도를 입증할 수 있는 자료를 제출해야 합니다.

b. 채무 상환 능력 및 의도
- 피고소인이 금전을 빌릴 당시 채무 상환 능력이 있었거나, 빌린 돈을 갚을 의도가 있었다는 점을 증명해야 합니다.
- 이를 위해 피고소인의 당시 재정 상태를 입증할 수 있는 은행 잔고, 소득 증빙 자료 등을 제출해야 합니다.

c. 금전 대여 관련 커뮤니케이션
- 피고소인과 고소인 간의 문자 메시지, 이메일, 통화 기록 등을 통해 돈을 빌린 경위와 상환 의도를 확인할 수 있는 증거를 제시해야 합니다.
- 특히, 돈을 갚기 위한 노력이나 계획을 구체적으로 언급한 기록이 있다면 유리하게 작용할 수 있습니다.

d. 금전 사용 내역
- 빌린 금전을 실제로 자재 구입이나 공사에 사용했음을 입증할 수 있는 영수증, 거래 내역서 등을 제출해야 합니다.
- 공사와 관련된 계약서, 작업 내역서 등을 통해 돈의 사용 목적을 구체적으로 증명할 수 있습니다.

2. 주장 및 제출할 증거
피고소인이 주장해야 할 사항과 제출해야 할 증거는 다음과 같습니다.

a. 주장 사항

가. 금전 대여의 목적: 피고소인은 자재 구입을 위해 금전을 빌렸으며, 이를 다른 용도로 사용할 의도가 없었음을 주장합니다.

나. 채무 상환 의지: 피고소인은 금전을 빌릴 당시 채무를 상환할 능력과 의지가 있었으며, 이를 입증할 수 있는 자료가 있음을 주장합니다.

다. 금전 사용 내역: 피고소인은 빌린 금전을 실제로 공사 자재 구입에 사용하였으며, 이에 대한 구체적인 내역을 제출합니다.

라. 상환 노력: 피고소인은 고소인에게 돈을 갚기 위해 노력하였으며, 이와 관련된 커뮤니케이션 기록을 제출합니다.

b. 제출할 증거

가. 금전 사용 증빙 자료:
- 자재 구입 영수증
- 자재 공급 업체와의 거래 내역서
- 공사 관련 계약서 및 작업 내역서

나. 재정 상태 증빙 자료:
- 피고소인의 은행 잔고 증명서
- 당시 소득 증빙 자료 (급여명세서 등)

다. 커뮤니케이션 기록:
- 피고소인과 고소인 간의 문자 메시지, 이메일, 통화 기록
- 피고소인이 돈을 갚기 위해 노력한 흔적이 있는 대화 기록

라. 상환 계획 증빙 자료:
- 피고소인이 돈을 갚기 위한 계획을 언급한 기록
- 상환 일정에 대한 논의 내용

마. 피고소인의 신뢰성 입증 자료:
- 피고소인이 이전에 채무를 상환한 기록이 있다면 제출
- 피고소인의 신용 상태를 입증할 수 있는 자료

3. 구체적인 예시
- 피고소인은 2022년 3월 27일에 고소인에게 돈을 빌릴 때, 자재 구입을 위해 실제로 자재 업체와 계약을 맺었음을 증명하는 계약서와 영수증을 제출합니다.
- 피고소인은 2022년 3월 4일에 추가로 돈을 빌릴 때, 공사 진행 상황과 자재 구입 필요성을 설명한 문자 메시지를 제출합니다.
- 피고소인은 2009년 6월 5일과 6월 17일에 각각 100만 원씩 빌린 후, 실제 자재 구입에 사용한 내역을 상세히 기재한 영수증과 거래 내역서를 제출합니다.

챗GPT의 조언에 따라 피고소인은 사기 의도가 없었음을 입증함으로써 방어 전략을 세울 수 있습니다. 이렇게 사용자는 대략적인 대응 방안과 필요한 증거를 파악한 다음 변호사의 조언을 받아 전략을 구체화하고 증거를 체계적으로 준비할 수 있습니다.

그러나 챗GPT의 답변은 피고소인이 방어 전략을 세우기 위한 기본적인 지침 수준으로, 피고소인이 제공한 정보가 없기 때문에 개인의 상황에 맞춤화된 방어 전략이라고 보기는 어렵습니다. 피고소인에게 맞춤화된 방어 전략을 세우기 위해서는 피고소인도 챗GPT에게 구체적인 정보를 제공해야 합니다. 따라서 챗GPT가 사용자에게 질문을 하고 사용자가 답변을 하면서 필요한 정보를 얻을 수 있도록 다음과 같이 프롬프트를 재구성합니다.

피고소인 맞춤형 고소 대응 프롬프트(고소 사실을 부인하는 경우)

당신은 형사 전문 변호사입니다.
첨부된 고소장에 대하여 피고소인의 방어 전략을 세워주세요.
피고소인의 방어 전략을 세우기 위해 피고소인에게 범죄 사실에 대한 질문을 통해 정보를 수집합니다.
– 사건의 발생 배경, 구체적 사실 관계, 증거 등 항목별로 단계를 나누어 구체적으로 질문합니다.

– 고소된 범죄 유형에 따라 필요한 구체적인 질문을 합니다.

– 범죄 사실의 객관적 구성 요건에 대한 정보를 수집할 수 있는 질문을 합니다.

– 범죄 사실을 반박하기 위한 증거에 대한 질문을 합니다.

– 질문은 사용자가 쉽게 답변할 수 있도록 구체적인 예시를 제공합니다.

피고소인이 범죄 사실에 대하여 반박하기 위한 전략을 명확히 제시합니다.

피고소인이 제출해야 할 증거의 구체적인 예시를 제공하고, 이를 어떻게 확보할 수 있는지 제시합니다.

[고소인이 작성한 고소장 첨부]

 피고소인의 방어 전략 수립을 위한 질문

1. 사건 발생 배경

피고소인께서 고소인에게 돈을 빌린 배경에 대해 설명해 주실 수 있습니까?

예시: "공사 자재 구입을 위해 돈이 필요했습니까?" "실제로 공사를 진행하고 있었습니까?"

2. 구체적 사실 관계

고소인이 주장한 날짜와 금액이 정확합니까? 정확하지 않다면 실제로 돈을 받은 날짜와 금액은 어떻게 되나요?

예시: "2022년 3월 4일, 3일 후에 이자를 포함해 갚겠다고 약속했습니까?" "2022년 3월 4일에 실제로 200만 원을 받으셨나요?"

고소인이 주장하는 연락 두절 상태에 대해 설명해 주실 수 있습니까?

예시: "고소인과 연락이 끊어진 이유가 무엇인가요?" "연락이 두절된 후 고소인에게 연락을 시도했습니까?"

3. 증거

고소인과의 거래에 대해 어떤 증거를 가지고 있습니까?

예시: "은행 거래 내역서가 있습니까?" "문자 메시지나 통화 기록이 있습니까?"

피고소인의 주장에 대한 증거를 확보할 수 있는 방법이 무엇입니까?

예시: "공사 현장 사진이나 관련 서류가 있습니까?" "피고소인이 실제로 자재를 구매하려는 노력을 했음을 입증할 수 있는 증거가 있습니까?"

4. 범죄 사실의 객관적 구성 요건에 대한 정보

피고소인이 실제로 자재를 구매하거나 공사를 진행하려고 했음을 입증할 수 있는 서류나 증인이 있습니까?

예시: "공사 현장의 계약서나 발주서가 있습니까?" "공사와 관련된 증인(예: 공사 담당자, 자재 공급자)이 있습니까?"

5. 범죄 사실을 반박하기 위한 증거

피고소인이 돈을 받은 후 어떤 용도로 사용했는지 입증할 수 있는 자료가 있습니까?

예시: "돈을 송금한 내역이나 사용처를 입증할 수 있는 영수증이 있습니까?"

피고소인이 고소인에게 돈을 갚으려는 노력을 했음을 입증할 수 있는 자료가 있습니까?

예시: "돈을 갚기 위해 시도한 기록이나 고소인과의 대화 내용이 있습니까?"

피고소인의 방어 전략

1. 사실 관계 반박

피고소인이 실제로 공사 자재를 구입하려 했음을 입증할 수 있는 증거를 제출합니다. 예를 들어, 자재 구입을 위한 계약서, 발주서, 자재 공급자와의 통화 기록 등을 확보합니다.

2. 고소인의 주장 반박

고소인이 주장하는 연락 두절 상태에 대한 반박 자료를 준비합니다. 예를 들어, 고소인과의 통화 기록, 문자 메시지, 이메일 등을 제출하여 연락을 시도했음을 입증합니다.

3. 돈 사용 내역 증명

피고소인이 받은 돈을 실제로 어떻게 사용했는지 입증할 수 있는 자료를 제출합니다. 예를 들어, 돈의 사용 내역을 입증할 수 있는 영수증, 거래 내역서 등을 확보합니다.

4. 돈을 갚으려는 노력 증명

피고소인이 고소인에게 돈을 갚기 위해 노력했음을 입증할 수 있는 자료를 제출합니다. 예를 들어, 돈을 갚기 위해 시도한 기록, 고소인과의 대화 내용 등을 준비합니다.

제출해야 할 증거의 구체적인 예시

- 공사 현장 사진 및 계약서
- 자재 구입 관련 서류 및 발주서
- 은행 거래 내역서
- 고소인과의 문자 메시지 및 통화 기록
- 공사와 관련된 증인의 진술서

이러한 증거를 확보하고 제출함으로써 피고소인이 사기죄 혐의를 반박할 수 있도록 합니다. 증거 확보에 어려움이 있다면 변호사와 협력하여 필요한 자료를 수집하고 전략을 수립하는 것이 중요합니다.

1. 공사 현장에 자재 구입을 위해 돈이 필요했습니다. 실제로 공사를 진행하고 있는 현장입니다.
2. 고소인이 주장한 날짜와 금액은 정확합니다. 공사 현장의 사정으로 공사가 중단되었고, 돈을 변제할 방법이 없어 연락을 거부한 것입니다.
3. 공사 현장 사진도 있고, 실제 제가 인부를 고용한 증거도 있습니다.
4. 공사 자재를 구입한 영수증도 있습니다.
5. 빌린 돈의 일부를 공사 자재를 구입하였고, 생활이 어려워 일부는 생활비로 사용하였습니다. 공사가 중단되어 공사 대금을 못받았고, 고소인에게 지급할 여력이 없어 변제를 못하고 있습니다.

피고소인의 방어 전략 수립

1. 사건 발생 배경 확인

피고소인이 공사 현장에 자재 구입을 위해 돈이 필요했고, 실제로 공사를 진행하고 있었음을 확인했습니다.

피고소인은 공사 현장의 사정으로 인해 공사가 중단되었고, 돈을 변제할 방법이 없어 연락을 거부한 상황입니다.

2. 구체적 사실 관계 확인

피고소인은 고소인이 주장한 날짜와 금액이 정확함을 인정했습니다.

피고소인은 공사 현장의 사진과 인부를 고용한 증거가 있으며, 공사 자재를 구입한 영수증도 보유하고 있습니다.

3. 증거 확보 및 제출 준비

피고소인은 공사 현장 사진, 인부 고용 증거, 공사 자재 구입 영수증을 제출할 수 있습니다.

피고소인이 빌린 돈의 일부를 생활비로 사용했으나, 공사가 중단되어 공사 대금을 받지 못한 상황을 설명합니다.

방어 전략

사실 관계 반박

공사 진행 증명: 피고소인이 실제로 공사를 진행하고 있었음을 입증하기 위해 공사 현장 사진, 인부 고용 증거, 공사 자재 구입 영수증을 제출합니다.

공사 중단 이유: 공사 현장의 사정으로 인해 공사가 중단되었음을 입증할 수 있는 자료를 제출합니다. 예를 들어, 공사 중단 사유를 설명하는 서류나 관련 담당자의 진술서를 확보합니다.

고소인의 주장 반박

연락 두절 이유: 피고소인이 고소인과의 연락을 거부한 이유가 공사 중단으로 인한 경제적 어려움 때문임을 설명합니다. 피고소인이 고소인에게 돈을 갚으려 했으나, 여력이 없음을 입증할 수 있는 자료를 제출합니다.

돈 사용 내역 증명

공사 자재 구입 영수증 제출: 피고소인이 빌린 돈의 일부를 공사 자재 구입에 사용했음을 입증할 수 있는 영수증을 제출합니다.

생활비 사용 내역 설명: 피고소인이 빌린 돈의 일부를 생활비로 사용한 이유를 설명합니다. 예를 들어, 공사 중단으로 인해 생활이 어려워졌음을 입증할 수 있는 자료를 제출합니다.

공사 대금 미지급 상황 설명

공사 대금 미지급 입증: 피고소인이 공사 대금을 받지 못했음을 입증할 수 있는 자료를 제출합니다. 예를 들어, 공사 대금을 청구했으나 받지 못한 기록이나 관련 서류를 제출합니다.

제출해야 할 증거의 구체적인 예시

- 공사 현장 사진
- 인부 고용 증거 (예: 인부의 진술서, 고용 계약서)
- 공사 자재 구입 영수증
- 공사 중단 사유를 설명하는 서류나 관련 담당자의 진술서
- 공사 대금을 청구했으나 받지 못한 기록이나 관련 서류

이러한 증거를 확보하고 제출함으로써 피고소인이 사기죄 혐의를 반박할 수 있도록 합니다. 변호사와 협력하여 필요한 자료를 수집하고 전략을 수립하는 것이 중요합니다.

고소인의 고소장이 접수되면 수사관은 먼저 고소인으로부터 고소인 진술을 받고 이후 피고소인을 소환하여 고소인 진술을 바탕으로 피고소인에 대한 범죄 사실을 신문합니다. 따라서 피고소인은 범죄 사실을 부인할 경우 고소장에 기재된 내용을 바탕으로 방어 전략을 세우고 필요한 증거를 수집하여 피고소인의 진술을 받을 필요가 있습니다. 방어 전략을 세우는 방법 중 하나가 수사

관의 예상 질문을 뽑아 보고 그에 대한 답변을 준비하는 것입니다. 이 과정 역시 챗GPT의 도움을 받을 수 있습니다. 다음은 수사관의 예상 질문을 뽑는 프롬프트며 앞서 준비한 고소장 파일을 첨부하였습니다.

수사관의 예상 질문 프롬프트

당신은 형사 전문 변호사입니다.
피고소인은 범죄 사실을 부인하고 있습니다.
피의자 신문 시 예상대는 질문을 제시해 주세요.

피의자 신문 시 예상되는 질문
1. 사건 발생 배경 관련 질문
피고소인께서 고소인을 처음 만난 시점은 언제입니까?
고소인과의 관계는 어떤 관계입니까?
공사 현장에서 어떤 일을 맡고 계셨습니까?
2. 구체적 사실 관계 관련 질문
고소인으로부터 돈을 빌린 날짜와 금액이 정확합니까?
처음 돈을 빌릴 때 공사 자재 구입을 위한 목적이라고 설명하셨나요?
그 후 추가로 돈을 빌린 이유는 무엇입니까?
고소인과 주고받은 문자 메시지나 통화 내용이 있습니까?
3. 공사 진행 여부 관련 질문
공사 현장이 실제로 존재합니까? 공사 현장의 위치는 어디입니까?
공사 현장에서 실제로 자재를 구입하고 공사를 진행하셨나요?
공사가 중단된 이유는 무엇입니까?
공사 중단에 대한 증거 자료(예: 공사 중단 공문, 공사 진행 사진 등)를 가지고 있습니까?
4. 돈 사용 내역 관련 질문
고소인으로부터 빌린 돈을 어떻게 사용하셨습니까?
빌린 돈의 일부를 생활비로 사용했다고 하셨는데, 구체적으로 어떤 용도로 사용하셨습니까?
공사 자재를 구입한 영수증을 제출할 수 있습니까?
공사비를 받지 못해 경제적 어려움을 겪고 있음을 입증할 수 있는 자료가 있습니까?

5. 고소인과의 연락 두절 관련 질문

고소인과의 연락이 끊어진 이유는 무엇입니까?

연락을 거부한 후, 고소인과 다시 연락을 시도한 적이 있습니까?

고소인에게 돈을 갚기 위해 어떤 노력을 하셨습니까?

6. 기타 방어 자료 관련 질문

고소인의 주장에 대해 반박할 수 있는 다른 증거나 증인이 있습니까?

공사 자재를 구입하기 위해 실제로 돈을 사용했음을 입증할 수 있는 추가 자료가 있습니까?

고소인에게 돈을 갚으려 했다는 증거가 있습니까?

예상되는 질문 예시

사건 발생 배경

"고소인과는 언제 처음 알게 되었습니까?"

"고소인과 어떤 관계였습니까?"

"공사 현장에서 어떤 역할을 맡고 있었습니까?"

구체적 사실 관계

"고소인으로부터 2022년 3월 4일에 200만 원을 빌리셨습니까?"

"추가로 200만 원을 빌리신 이유는 무엇입니까?"

"2022년 6월 5일과 6월 17일에 각각 100만 원씩 더 빌리신 이유는 무엇입니까?"

"고소인과 주고받은 문자 메시지나 통화 내용을 제출할 수 있습니까?"

공사 진행 여부

"실제 공사 현장이 어디에 있습니까?"

"공사 현장에서 실제로 자재를 구입하고 공사를 진행하셨습니까?"

"공사가 중단된 이유는 무엇입니까?"

"공사 중단에 대한 증거 자료가 있습니까?"

돈 사용 내역

"고소인으로부터 빌린 돈을 어떻게 사용하셨습니까?"

"빌린 돈의 일부를 생활비로 사용하셨다고 하셨는데, 구체적으로 어떤 용도로 사용하셨습니까?"

"공사 자재를 구입한 영수증을 제출할 수 있습니까?"

"공사비를 받지 못해 경제적 어려움을 겪고 있음을 입증할 수 있는 자료가 있습니까?"

연락 두절 이유

"고소인과의 연락이 끊어진 이유는 무엇입니까?"

"연락을 거부한 후, 고소인과 다시 연락을 시도한 적이 있습니까?"

"고소인에게 돈을 갚기 위해 어떤 노력을 하셨습니까?"

기타 방어 자료

"고소인의 주장에 대해 반박할 수 있는 다른 증거나 증인이 있습니까?"

"공사 자재를 구입하기 위해 실제로 돈을 사용했음을 입증할 수 있는 추가 자료가 있습니까?"

"고소인에게 돈을 갚으려 했다는 증거가 있습니까?"

피고소인이 이러한 질문에 대한 답변을 준비하고, 관련 증거를 확보하는 것이 중요합니다. 변호사는 이러한 답변을 토대로 피고소인의 방어 전략을 더욱 구체화하고, 법적 대응을 준비해야 합니다.

이번에는 피고소인이 사실을 인정하는 경우 대응하기 위한 프롬프트를 작성해 보겠습니다.

고소 대응 프롬프트(고소 사실을 인정하는 경우)

당신은 형사 전문 변호사입니다.

첨부된 고소장에 대하여 피고소인의 방어 전략을 세워주세요.

피고소인은 고소 사실에 대해 모두 인정하고 있습니다..

피고소인이 고소 사실에 대해 모두 인정하는 상황에서는 법적 책임을 최소화하고 피고소인의 형량을 줄이기 위한 방어 전략을 세우는 것이 중요합니다. 다음은 피고소인이 사기죄로 처벌받는 경우, 그 형량을 줄이기 위한 방어 전략과 주장할 사항들입니다.

1. 방어 전략

a. 반성 및 재발 방지

- 피고소인이 자신의 잘못을 깊이 반성하고 있으며, 재발 방지를 위해 노력하고 있다는 점을 강조합니다.
- 진심 어린 반성문을 제출합니다.

b. 피해자와의 합의
- 피해자와의 합의를 시도하여 합의서 및 피해자의 선처 탄원서를 제출합니다.
- 피고소인이 피해 금액을 모두 변제하거나 변제 계획을 제시합니다.

c. 범행의 경위 및 동기 설명
- 범행에 이르게 된 경위와 불가피한 동기(예: 피고소인의 경제적 어려움 등)를 설명하여 법원의 이해를 구합니다.

d. 피고소인의 처벌 경감 사유 제시
- 피고소인의 초범 여부, 경제적 곤란, 건강 상태, 가족 부양 의무 등 처벌을 경감할 수 있는 사유를 제시합니다.
- 피고소인이 사회에서의 선행 및 공헌 활동을 해왔음을 입증할 자료를 제출합니다.

2. 주장할 사항 및 제출할 증거

a. 반성 및 재발 방지
가. 진심 어린 반성문:
- 피고소인은 자신의 잘못을 깊이 반성하고 있으며, 다시는 이런 일이 발생하지 않도록 노력하고 있습니다.
- 반성문에 반성의 구체적인 내용과 앞으로의 계획을 포함합니다.

b. 피해자와의 합의
가. 합의서:
- 피해자와의 합의를 통해 피해 변제가 이루어졌음을 입증할 합의서를 제출합니다.
- 피해자가 선처를 탄원하는 탄원서를 받습니다.

나. 피해 변제 증빙 자료:
- 피해 금액을 변제한 영수증이나 계좌 이체 내역을 제출합니다.

- 변제 계획이 있는 경우, 변제 계획서와 이를 뒷받침할 수 있는 재정 계획을 제출합니다.

c. 범행의 경위 및 동기 설명
가.경제적 어려움:
- 피고소인이 경제적 어려움 때문에 범행에 이르게 되었음을 입증할 자료를 제출합니다.
- 피고소인의 경제적 상황을 설명하는 소득 증빙 자료, 부채 내역 등을 제출합니다.

d. 처벌 경감 사유
가. 초범 여부:
- 피고소인이 초범임을 입증할 자료를 제출합니다.
- 경찰 기록 조회서 등을 통해 이전 범죄 기록이 없음을 증명합니다.

나. 건강 상태:
- 피고소인의 건강 상태가 좋지 않음을 입증할 의료 기록이나 진단서를 제출합니다.

다. 가족 부양 의무:
- 피고소인이 가족을 부양하고 있음을 입증할 가족 관계 증명서 및 가족 구성원의 진술서를 제출합니다.

라. 사회 공헌 활동:
- 피고소인이 사회에서 선행을 해왔음을 입증할 수 있는 봉사활동 확인서, 추천서 등을 제출합니다.

3. 구체적인 전략 예시
- 반성문 작성: 피고소인은 자신의 잘못을 진심으로 반성하며, 다시는 이런 일이 발생하지 않도록 다짐하는 반성문을 제출합니다.
- 피해자와의 합의: 피해자와의 합의를 통해 피해 금액을 모두 변제하고, 피해자가 선처를 탄원하는 탄원서를 제출합니다.
- 경제적 어려움 설명: 피고소인은 경제적 어려움 때문에 범행에 이르게 되었음을

설명하며, 이를 뒷받침하는 소득 증빙 자료와 부채 내역을 제출합니다.
- 처벌 경감 사유 제시: 피고소인의 초범 여부, 건강 상태, 가족 부양 의무 등을 입증할 수 있는 자료를 제출하여 처벌을 경감받을 수 있도록 노력합니다.

이와 같은 방어 전략과 증거 제출을 통해 피고소인의 형량을 최대한 줄이는 것이 목표입니다. 변호사의 조언을 받아 방어 전략을 구체화하고 필요한 증거를 체계적으로 준비하는 것이 중요합니다.

제출할 증거 중 반성문과 탄원서는 피고소인의 처벌을 경감해달라 요청할 수 있는 자료입니다. 따라서 앞서 답변에 이어서 반성문과 탄원서를 챗GPT에게 작성해달라 요청하겠습니다.

반성문은 피고인이 자신이 저지른 범죄에 대해 반성하는 마음을 담아 작성하는 문서입니다. 반성문은 피고인이 자신의 잘못을 인정하고 재범의 의지가 없음을 법원에 전달하는 문서로 피고인의 반성 정도를 평가하는 데 참고가 되고 형량에 영향을 미칩니다. 다음 프롬프트에 직업, 재산, 가족 관계 등의 정보를 함께 제공하면 피고인에게 맞춤화된 반성문이 작성됩니다.

반성문 작성 프롬프트

 이 사건에서 피고인이 작성할 수 있는 반성문을 작성해 주세요.

 반성문의 예시는 다음과 같습니다. 피고소인의 상황에 맞게 일부 수정하거나 추가할 사항이 있다면 수정 후 제출하시면 됩니다.

반 성 문

존경하는 재판장님께,

저는 이번 사건의 피고소인 김철수입니다. 먼저, 이번 사건으로 인해 피해자 홍길동님께 큰 심려와 경제적 피해를 끼친 점에 대해 깊이 사죄드립니다. 또한, 저의 잘못된 행동으로 인해 사회적 물의를 일으킨 점에 대해 진심으로 반성하고 있습니다.

2022년 3월 27일, 2022년 3월 4일 그리고 2009년 6월 5일 및 6월 17일에 걸쳐 고소인에게 총 800만 원을 빌린 것은 사실입니다. 이 과정에서 저는 공사 자재 구입을 이유로 돈을 빌렸으나, 경제적 어려움으로 인해 이를 제대로 사용하지 못하고 상환도 지연되었습니다.

당시 저는 경제적 어려움에 처해 있었고, 이러한 어려움에서 벗어나기 위해 고소인에게 돈을 빌리게 되었습니다. 하지만, 이러한 이유가 저의 행동을 정당화할 수 없다는 것을 잘 알고 있습니다. 저는 고소인에게 큰 실망과 경제적 손실을 안겨 주었고, 이에 대해 깊이 반성하고 있습니다.

이번 사건을 계기로 저는 제 자신을 되돌아보며, 다시는 이러한 잘못을 저지르지 않겠다고 다짐했습니다. 현재 저는 피해자와의 합의를 위해 최선을 다하고 있으며, 피해 변제를
고 다짐했습니다. 현재 저는 피해자와의 합의를 위해 최선을 다하고 있으며, 피해 변제를 위해 노력하고 있습니다. 고소인과의 합의를 통해 피해 금액을 모두 변제할 수 있도록 최선을 다할 것을 약속드립니다.
이번 사건을 계기로 저는 제 자신을 되돌아보며, 다시는 이러한 잘못을 저지르지 않겠다고 다짐했습니다. 현재 저는 피해자와의 합의를 위해 최선을 다하고 있으며, 피해 변제를 위해 노력하고 있습니다. 고소인과의 합의를 통해 피해 금액을 모두 변제할 수 있도록 최선을 다할 것을 약속드립니다.

또한, 앞으로는 성실하게 살아가며, 사회에 긍정적인 영향을 미치는 사람이 되도록 노력하겠습니다. 다시는 이와 같은 일이 발생하지 않도록 스스로를 철저히 관리하고, 반성하는 마음으로 하루하루를 살아가겠습니다.

존경하는 재판장님, 저의 진심 어린 반성과 재발 방지를 위한 노력을 감안하여 주시기를 간곡히 부탁드립니다. 피해자와 사회에 다시는 실망을 끼치지 않도록 최선을 다할 것을 약속드리며, 저에게 한 번 더 기회를 주시기를 간청합니다.

감사합니다.

2024년 5월 25일

피고소인 김철수

이 반성문을 참고하시어 상황에 맞게 수정하여 제출하시면 됩니다. 추가로 필요한 내용이 있거나 수정할 사항이 있다면 말씀해 주세요.

반성문과 함께 피고인의 형량에 영향을 미치는 문서 중 하나가 탄원서입니다. 탄원서는 피고인에 대한 선처를 호소하거나 피해자가 겪은 어려움을 알리고 법의 엄정한 적용을 요구하는 등 다양한 목적을 위해 작성될 수 있습니다. 이 탄원서는 법원이 피고인에 대한 판결을 내리는 과정에서 참작할 수 있는 자료로 활용됩니다.

탄원서 작성 프롬프트

 선처를 호소하는 탄원서를 작성해 주세요.

 다음은 피고소인의 선처를 호소하는 탄원서 예시입니다. 상황에 맞게 수정하여 사용하시면 됩니다.

탄 원 서

존경하는 재판장님께,

저는 이번 사건의 피고소인 김철수의 친구이자 가족인 홍길동입니다. 이번 사건으로 인해 많은 분들께 심려를 끼친 점에 대해 깊이 사죄드립니다. 저는 피고소인 김철수가 저지른 잘못을 깊이 반성하고 있으며, 그의 진심 어린 사과와 후회하는 마음을 전하기 위해 이 탄원서를 작성하게 되었습니다.

김철수는 평소 성실하고 책임감 있는 사람으로, 주위 사람들에게 신뢰를 받으며 살아왔습니다. 하지만 경제적 어려움으로 인해 고소인에게 금전을 빌리게 되었고, 이로 인해 큰 잘못을 저지르게 되었습니다. 김철수는 이번 사건을 계기로 자신의 잘못을 깊이 깨닫고 있으며, 다시는 이런 일이 발생하지 않도록 다짐하고 있습니다.

피고소인은 현재 피해자와의 합의를 위해 최선을 다하고 있으며, 피해 변제를 위해 모든 노력을 기울이고 있습니다. 또한, 피해자에게 진심으로 사과하며, 이번 일을 통해 자신의 잘못을 반성하고 있습니다. 저는 김철수가 진심으로 반성하고 있으며, 다시는 같은 실수를 반복하지 않을 것이라고 확신합니다.

피고소인은 경제적 어려움 속에서도 가족을 부양하며 성실하게 살아왔습니다. 그의 가족들은 이번 사건으로 인해 큰 충격을 받았으며, 피고소인의 잘못된 선택으로 인해 많은 고통을 겪고 있습니다. 그러나 김철수는 자신의 잘못을 깊이 뉘우치며, 다시는 이런 일이 발생하지 않도록 최선을 다할 것입니다.

존경하는 재판장님, 김철수에게 다시 한번 기회를 주시기를 간곡히 부탁드립니다. 그의 진심 어린 반성과 피해자에게 끼친 피해를 보상하려는 노력을 감안하여 주시기를 바랍니다. 피고소인이 사회에 다시 기여할 수 있도록 선처해 주신다면, 그는 분명히 성실하고 책임감 있는 삶을 살아갈 것입니다.
이 탄원서를 통해 피고소인의 반성과 노력에 대해 전하며, 그의 선처를 간곡히 부탁드립니다. 재판장님의 너그러운 마음으로 피고소인에게 다시 한번 기회를 주시기를 간청합니다.

감사합니다.

2024년 5월 25일

탄원인 홍길동 (서명)

이 탄원서를 참고하시어 상황에 맞게 수정하여 제출하시면 됩니다. 추가로 필요한 내용이 있거나 수정할 사항이 있다면 말씀해 주세요.

이처럼 챗GPT를 이용하면 비전문가도 법률 전문가의 도움을 받지 않고도 어느 정도 완결된 고소장을 작성할 수 있습니다. 다만 챗GPT는 주어진 정보를 바탕으로 고소장을 작성하기 때문에 입력된 정보가 정확하고 충분한 정보를 제공해야 합니다. 따라서 사건의 세부 사항, 증거 자료, 관련 법률 등을 정확하고 상세하게 입력하여야 합니다.

Chapter 10

지급명령 신청서 작성하기

챗GPT에게 채권자와 채무자의 정보, 청구 취지, 청구 원인 등을 입력하면 지급명령 신청서를 작성할 수 있습니다. 이를 통해 사용자는 복잡한 법적 절차를 간편하게 처리할 수 있고, 시간과 비용을 절약할 수 있습니다. 이번 챕터에서는 지급명령 신청서란 무엇이며 챗GPT를 활용해 어떻게 지급명령 신청서를 작성하는지 살펴보겠습니다.

⚖️ 지급명령이란

지급명령은 채권자가 채무자에게 채무 이행을 요구하기 위해 법원을 통해 신속하게 채권을 확정할 수 있는 절차로, 독촉 절차라고도 합니다. 지급명령 절차는 채권자와 채무자의 인적 사항, 청구하는 금액과 그에 대한 근거, 지급명령을 신청하는 이유를 기재한 지급명령 신청서를 법원에 제출하면 법원은 별도의 심문 절차 없이 지급명령서를 채무자에게 송달합니다.

채무자는 지급명령을 받은 날로부터 2주 이내에 이의 제기를 할 수 있습니다. 이의 제기가 있을 경우 지급명령 절차는 중단되고, 민사 소송 절차로 전환됩니다. 채무자가 지급명령을 받은 후 2주 이내에 이의 제기를 하지 않으면 지급명령은 확정됩니다. 확정된 지급명령은 확정 판결과 동일한 효력을 가지게 됩니다. 지급명령이 확정되면 채권자는 이를 근거로 강제 집행을 신청할 수 있습니다. 강제 집행을 통해 채무자의 재산 압류, 경매 등을 통해 채권을 회수할 수 있습니다.

이와 같이 지급명령 절차는 매우 빠르게 진행이 되고 소송에 비해 비용이 적게 듭니다. 또한 소송의 경우 서면 제출, 증거 제출, 변론 등 여러 단계의 절차를 거쳐야 하므로 오랜 시간이 걸리지만 지급명령은 채권자가 신청서를 제출하고 법원이 이를 검토하여 발부하는 단순한 절차로 이루어지고, 지급명령이 확정되면 확정 판결과 동일한 효력을 가지므로 신속하고 효율적인 채권 회수 방법으로 널리 사용하고 있습니다.

지급명령 신청서 작성 예시는 다음과 같습니다.

지급명령 신청서 작성 예시

지급명령 신청서

채 권 자 홍 길 동 (-   )
주소

채 무 자 김 철 수 (-   )
주소

청 구 취 지

채무자는 채권자에게 아래 청구 금액을 지급하라는 명령을 구함
금 10,000,000원
위 1항 금액에 대하여 이 사건 지급명령정본이 송달된 다음 날부터 다 갚는 날까지 연 12%
의 비율로 계산한 돈

독촉 절차 비용

금 66,900원(내역 : 송달료 62,400원, 인지대 4,500원)

청 구 원 인

채권자는 2023. 3. 1. 채무자에게 금 10,000,000원을 변제기 2023. 12. 31.로 정하여 빌
려주었습니다. 그러나 채무자는 위 돈을 변제하지 않고 있습니다.
채권자는 수차례 채무자에게 대여금 변제를 요청하였으나 채무자는 이에 응하지 않으므로
청구 취지 기재와 같은 지급명령을 신청합니다.

2024. 5. 2.

채권자 홍 길 동 (서명 또는 날인)
연락 가능한 전화번호

서울중앙지방법원 귀중

⚖️ 챗GPT를 활용한 지급명령 신청서 작성

대법원 홈페이지에서 제공하는 [대국민서비스]를 이용하면 소송 관련 각종 양식을 다운받을 수 있습니다. 검색 포털에서 "대법원" 또는 브라우저 주소창에 scourt.go.k를 입력하고 대법원 홈페이지로 이동한 다음 메인 화면에서 [대국민 서비스]를 클릭합니다.

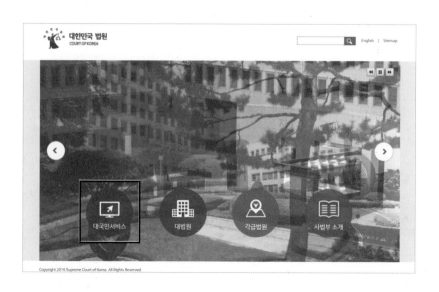

화면 오른쪽 아래 [양식]을 클릭합니다.

양식 모음 페이지에서 원하는 양식을 검색하면 양식 파일을 다운받을 수 있습니다. 이곳에서 "지급명령 신청서"를 검색하면 가사, 민사에 따라 표준 양식, 이의 신청서 등의 양식을 다운받을 수 있습니다.

지급명령 신청서 양식을 다운받아 챗GPT에 파일을 첨부하고 이 파일의 형식으로 지급명령 신청서를 작성할 것을 요청합니다. 프롬프트는 다음과 같습니다.

지급명령 신청서 작성 프롬프트 ①

당신은 10년 차 변호사입니다.
첨부된 지급명령 신청서의 양식으로 다음 사건에 대한 지급명령 신청서를 작성해 주세요.

홍길동은 2023. 3. 1. 김철수에게 금 10,000,000원을 변제기 2023. 12. 31로 정하여 빌려주었습니다. 그러나 김철수는 위 돈을 변제하지 않고 있습니다.
[지급명령 신청서 양식 첨부]

채권자 및 채무자 정보
• 채권자: 홍길동
주소: [홍길동의 주소 입력]
• 채무자: 김철수
주소: [김철수의 주소 입력]

청구 취지
채무자는 채권자에게 아래 청구 금액을 지급하라는 명령을 구함

금 10,000,000원
위 1항 금액에 대하여 이 사건 지급명령정본이 송달된 다음 날부터 갚는 날까지 연 5%의 비율로 계산한 돈

독촉 절차 비용
금 [송달료 및 인지대 합산 금액] 원 (내역: 송달료 [송달료 금액] 원, 인지대 [인지대 금액] 원)

청구 원인
- 2023년 3월 1일, 채권자 홍길동은 채무자 김철수에게 금 10,000,000원을 변제기 2023년 12월 31일로 정하여 대여하였습니다.
- 그러나 김철수는 약정한 변제기까지 위 금액을 변제하지 않고 있습니다.

첨부 서류
1. 대여금 계약서 (사본)
2. 변제기 약정서 (사본)

20__. __. __.

채권자 홍길동 (서명 또는 날인)

연락 가능한 전화번호: [홍길동의 연락 가능한 전화번호]

법원 귀중

유의 사항
1. 연락 가능한 전화번호에는 언제든지 연락 가능한 전화번호나 휴대전화번호 그 밖에 팩스번호, 이메일 주소 등을 함께 기재하여 주십시오.
2. 이 신청서를 접수할 때에는 당사자 1인당 6회분의 송달료를 현금으로 송달료 수납 은행에 예납해야 합니다.

위 예시를 바탕으로 지급명령 신청서 양식을 작성해 주세요. 필요한 정보를 정확히 입력해야 하며, 추가적으로 문의 사항이 있으시면 언제든지 말씀해 주세요.

이와 같이 챗GPT에게 주어진 정보가 부족하면 이자 부분, 인지, 송달료와 같은 부분에 오류가 있을 수 있습니다. 따라서 챗GPT에게 최대한 많은 정보를 제공해야 완결된 지급명령 신청서를 작성할 수 있습니다. 인지대, 송달료와 같은 정보는 대한민국 법원 전자소송 홈페이지를 통해 확인할 수 있습니다.

대한민국 법원 전자소송 홈페이지(출처: ecfs.scourt.go.kr)

"완결된 지급명령 신청서를 작성하기 위해 추가로 필요한 질문이 있다면 사용자에게 질문을 해주세요."라고 요청하여 챗GPT에게 추가 정보를 제공하면 완결된 지급명령 신청서를 작성할 수 있습니다.

또다른 방법으로는 곧바로 지급명령 신청서 작성을 요청하기보다는 챗GPT가 사용자에게 필요한 정보를 받아 취합하도록 유도하는 것도 좋은 방법입니다. 변호사에게 일부 정보만 주고 지급명령 작성을 요구하기보다는 변호사를 직접 만나 질문에 답변을 하면서 정보를 주었을 때 완결된 소송 서류를 작성할 수 있는 것과 같다고 생각하면 됩니다.

지급명령 신청서 작성 프롬프트 ②

 당신은 10년 차 변호사입니다.
첨부된 지급명령 신청서의 양식으로 다음 사건에 대한 지급명령 신청서를 작성해 주세요.
지급명령을 작성하기 전에 필요한 정보를 취합하기 위해 사용자에게 질문을 합니다.

지급명령 신청서를 작성하기 위해 필요한 정보를 취합하겠습니다. 아래 질문에 답변해 주시면 감사하겠습니다.

1. 채권자 정보
- 채권자의 성명 또는 법인명:
- 주소:
- 연락 가능한 전화번호:

2. 채무자 정보
- 채무자의 성명 또는 법인명:
- 주소:

3. 청구 내용
- 청구 금액:
- 이자율 (예: 연 5%):
- 지급명령정본 송달 후 이자 발생 시작일:

4. 독촉 절차 비용
- 송달료:
- 인지대:

5. 청구 원인
- 채권 발생 사유 (예: 대여금, 물품 대금 등):
- 구체적인 내용:

6. 첨부 서류
- 첨부할 서류 목록 (예: 계약서, 거래명세서 등):

위 질문에 대한 답변을 주시면 지급명령 신청서를 작성하겠습니다.

1. 홍길동
2. 김철수
3. 청구 금액 10,000,000원, 이자 연 5%, 2023년 3월 1일부터 이자 발생
4. 송달료 56,000원, 인지대 25,000원
5. 대여금, 2023. 3. 1. 10,000,000원 빌려줌
6. 거래명세서

제공해 주신 정보를 바탕으로 지급명령 신청서를 작성하겠습니다.

지급명령 신청서

채권자
- 성명: 홍길동
- 주소: [채권자의 주소를 여기에 기재해 주세요]
- 연락 가능한 전화번호: [채권자의 연락 가능한 전화번호를 여기에 기재해 주세요]

채무자
- 성명: 김철수
- 주소: [채무자의 주소를 여기에 기재해 주세요]

청구 취지
채무자는 채권자에게 아래 청구 금액을 지급하라는 명령을 구함

1. 금 10,000,000원
2. 위 1항 금액에 대하여 이 사건 지급명령정본이 송달된 다음 날부터 갚는 날까지 연 5%의 비율로 계산한 돈

독촉 절차 비용
- 송달료: 56,000원
- 인지대: 25,000원

청구 원인

대여금

2023년 3월 1일에 채권자가 채무자에게 10,000,000원을 빌려줌

첨부 서류

1. 거래명세서

20 . .

채권자 (홍길동 서명 또는 날인)

연락 가능한 전화번호 [홍길동의 연락 가능한 전화번호]

법원 귀중

위 내용을 바탕으로 지급명령 신청서를 작성하여 제출해 주세요. 주소와 연락 가능한 전화번호를 추가로 기재해 주시면 됩니다. 추가 질문이나 수정 사항이 있으면 알려 주세요.

이처럼 챗GPT를 활용하여 지급명령 신청서를 작성하면 문서 작성 시간을 단축시킬 수 있는 것은 물론이고 문서 양식에 익숙하지 않다면 빠뜨릴 수 있는 정보들도 챙길 수 있습니다. 다만 특정 상황에 필요한 특수한 조항을 정확히 반영하지 못할 수 있으므로 유의하여야 합니다.

Chapter 11

민사 소장 작성하기

민사 소장을 작성할 때 챗GPT를 활용하면 사용자가 제공한 정보를 바탕으로 법적 용어와 구성에 맞게 체계적인 소장을 작성할 수 있습니다. 이번 챕터에서는 민사 소장의 개념과 형식 그리고 민사 소장 작성을 위한 챗GPT 프롬프트 활용법을 살펴보겠습니다.

⚖️ 민사 소장이란

민사 소장은 민사 소송을 제기하기 위해 법원에 제출해야 하는 서면을 말합니다. 소장 제출은 재판의 시작으로, 내용에 따라 소송의 승패가 좌우되고 판결의 내용이 결정되므로 기재 사항을 빠짐없이 적시하되 명확하고 간결하게 작성해야 합니다.

민사 소송은 다음 절차로 진행됩니다. 먼저 소장을 법원에 제출하면 피고에게 소장부본이 송달됩니다. 피고에게 소장이 송달되면 답변서 제출 기한(30일)이 만료된 직후 재판장이 사건 기록을 검토하여 처리 방향을 결정하는데 그때까지 답변서가 제출되었는지에 따라 절차가 달라집니다.

먼저 기한 내에 답변서가 제출되지 않았거나 자백 취지의 답변서가 제출된 경우에는 일단 무변론 판결 대상 사건으로 분류됩니다. 피고가 기한 내에 부인하는 취지의 답변서를 제출하여 원고 청구를 다투는 경우 재판장은 바로 기록을 검토하고 사건을 분류하여 심리 방향을 결정합니다.

원칙적으로 재판장은 가능한 한 최단 기간에 제1회 변론기일을 지정하고 쌍방 당사자가 법관 면전에서 사건의 쟁점을 확인하고 상호 반박하는 기회를 가지게 됩니다.

변론 기일 등의 절차가 진행되는 과정에서 쌍방 당사자는 준비 서면에 의한 주장의 제출과 더불어 그 주장을 뒷받침하는 증거 신청과 증거를 제출해야 하고 판사는 판결을 하게 됩니다.

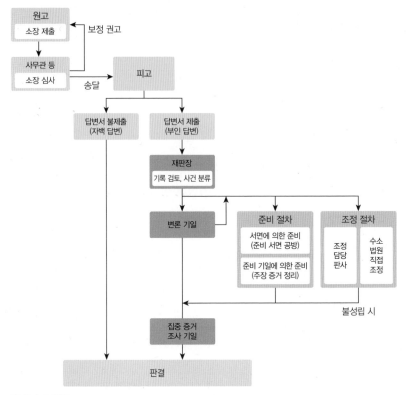

민사 소송 절차

⚖️ 소장의 형식

소장에는 ① 소장 제목, ② 원·피고 이름 및 주소와 연락처, ③ 사건명, ④ 청구 취지(청구를 구하는 내용), ⑤ 청구 원인(권리 또는 법률 관계의 성립 원인 사실), ⑥ 입증 방법, ⑦ 첨부 서류, ⑧ 작성 연월일, ⑨ 기명 날인 그리고 ⑩ 법원의 표시가 담겨 있어야 합니다. 소장의 기본적인 서식 예시는 다음과 같습니다.

소장의 예시

소 장

원 고   성명 주민등록번호( )
 주소
 연락 가능한 전화번호

피 고   성명 주민등록번호( )
 주소
 연락 가능한 전화번호

대여금 청구 등의 소

청 구 취 지

1. 피고는 원고에게   원 및 이에 대하여 소장부본 송달 다음 날부터 다 갚는 날까지 연
   12%의 비율로 계산한 돈을 지급하라.
2. 소송 비용은 피고가 부담한다.

3. 제1항은 가집행할 수 있다.
라는 판결을 구합니다.

청 구 원 인

입 증 방 법

첨 부 서 류

소송 비용(인지, 송달료) 납부서 각 1부
위 입증 서류 각 1통
소장부본

20 . . .

　원고　서명 또는 날인

　법원 귀중

소장의 기재 사항 중 가장 잘 작성해야 할 부분은 ④ 청구 취지와 ⑤ 청구 원인입니다. 청구 취지는 원고가 소송을 제기하면서 법원으로부터 판결받기를 원하는 내용입니다. 따라서 청구 취지는 판결의 기준이 됩니다. 법원은 청구 취지를 기준으로 판결하므로 청구 취지를 명확하고 구체적으로 기재해야 합니다.

금전 청구의 청구 취지 기재 예시

피고는 원고에게 금 20,000,000원 및 이에 대해 2023. 4. 1.부터 이 사건 소장부본 송달일까지는 연 5%, 그 다음 날부터 완제일까지는 연 120%의 각 비율에 의한 금액을 지급하라.
소송 비용은 피고의 부담으로 한다.
제1항은 가집행할 수 있다.

청구 원인은 민사 소장에서 원고가 청구 취지에서 요구한 법적 구제를 요청하는 이유와 근거를 상세히 설명하는 부분으로, 육하원칙에 따라 사실 관계를 일목요연하게 작성해야 합니다. 특히 사건별로 기재해야 할 사항인 요건 사실을 잘 정리할 필요가 있습니다. 요건 사실은 법률상 청구가 성립하기 위해 필요한 사실들을 말합니다.

예를 들어, 대여금 사건일 경우에는 금전소비대차계약을 체결한 사실, 금전을 지급한 사실, 이자를 약정한 사실(이자 약정 있는 경우)이, 임금 사건일 경우에는 근로자로서 일정 기간 근무한 사실, 지급하기로 된 임금액이, 매매 대금 사건일 경우에는 매매 계약을 체결한 사실이, 지연손해금을 청구하는 경우는 매매 목적물에 대한 소유권 이전·인도를 마친 사실이 바로 요건 사실입니다. 법원이 청구를 인용하려면 원고가 주장하는 사실이 법률적으로 청구를 뒷받침하는 요건 사실에 부합해야 합니다. 사건별 청구 원인에 기재해야 할 사항은 대법원 나홀로 소송 홈페이지에서 확인할 수 있습니다.

대법원 나홀로소송 홈페이지(pro-se.scourt.go.kr)

⚖️ 챗GPT를 활용한 민사 소장 작성

앞서 설명했듯이 소장을 작성할 때는 청구 원인을 구체적이고 일목요연하게 정리해야 합니다. 따라서 챗GPT로 소장을 잘 작성하려면 필요한 정보를 체계적으로 제공해야 합니다. 소장의 기본적인 형식은 앞서 지급명령 신청서 양식을 내려받았던 대법원 홈페이지(scourt.go.k)의 [대국민 서비스 → 민원안내 → 양식 모음]에서 "소장"을 검색해 다운받을 수 있습니다.

이제 앞서 살펴본 소장 작성 방법을 바탕으로 민사 소장 작성을 위한 프롬프트를 작성해 보겠습니다. 대법원에서 제공하고 있는 소장 형식에 맞추기 위해 소장 양식 파일을 첨부하고 이 형식에 따라 소장 작성을 요청하였습니다. 먼저

챗GPT에게 페르소나를 부여하고 이 페르소나가 가진 능력을 구체적으로 알려 준 다음 소장 작성을 위한 조건을 구체적으로 기재하였습니다.

소장 작성 프롬프트

당신은 민사법에 대한 깊은 이해를 가지고 있는 법학 박사이자 변호사입니다. 당신은 다양한 민사 소송을 수행해 본 경험이 있으며 법적 주장을 명확하고 설득력 있게 작성할 수 있는 표현력을 가지고 있습니다. 당신은 의뢰인의 상황을 이해하고 적절한 법률 조언을 제공한 경험이 풍부하고, 사건의 사실 관계를 정확히 파악하여 법률 조항과 판례를 소장에 반영합니다.

아래 사건에 대해 다음 조건을 만족하는 소장을 작성해 주세요

1. 소장을 작성하기 전에 소장 작성에 필요한 정보를 취합하기 위해 사용자에게 질문을 합니다.
2. 사용자에게 질문을 해 사건명, 청구 취지와 청구 원인, 입증 방법에 대한 구체적인 정보를 파악합니다.
3. 각 단계마다 필요한 정보를 파악하고, 사용자가 제공하는 정보에 따라 세부적인 질문을 통해 구체적인 내용을 확보한 후 소장을 작성합니다.
4. 청구 원인은 요건 사실 항목별로 구체적으로 질문을 합니다.
5. 사용자에게 질문을 할 때는 질문에 대한 예시를 제공합니다.
6. 사용자의 답변에 추가 질문을 통해 정보를 구체적으로 수집합니다.
7. 객관적이고 중립적인 입장을 유지하고, 사실 관계에 기반한 소장을 작성합니다.
8. 첨부된 파일의 형식으로 소장을 작성합니다.

....

저는 2023년 11월 4일 김철수와 주택 공사 계약을 체결하였고 2024년 5월 30일 공사를 완료하였습니다. 그런데 김철수는 공사 잔금을 대금을 지급하지 않고 있습니다.

〈소장 형식 파일 첨부〉

소장을 작성하기 위해 몇 가지 추가 정보를 확인하고자 합니다. 아래 질문에 답변해 주시면 소장을 준비하는 데 큰 도움이 되겠습니다.

1.사건명:
- 사건의 이름을 정해야 합니다. 예를 들어 "공사 대금 청구 소송" 등으로 표현할 수 있습니다.
- 사건명 예시: "공사 대금 청구 소송"

2. 원고 정보:
- 원고의 성명, 주민등록번호, 주소, 연락처를 제공해 주세요.
- 원고 정보 예시:
  - 성명: 홍길동
  - 주민등록번호: 123456-1234567
  - 주소: 서울특별시 중구 을지로 1가 123
  - 연락처: 010-1234-5678

3. 피고 정보:
- 피고의 성명, 주민등록번호, 주소, 연락처를 제공해 주세요.
- 피고 정보 예시:
  - 성명: 김철수
  - 주민등록번호: 765432-7654321
  - 주소: 서울특별시 강남구 테헤란로 456
  - 연락처: 010-8765-4321

4. 청구 취지:
- 원고가 요구하는 사항을 명확하게 기술해 주세요. 예를 들어, "피고는 원고에게 공사 잔금을 지급하라"와 같은 내용을 포함하면 됩니다.
- 청구 취지 예시:
  - 피고는 원고에게 10,000,000원 및 이에 대하여 소장부본 송달 다음 날부터 다 갚는 날까지 연 12%의 비율로 계산한 돈을 지급하라.
  - 소송 비용은 피고가 부담한다.
  - 제1항은 가집행할 수 있다.

5. 청구 원인:
- 청구의 원인에 대한 구체적인 사실을 기술해 주세요. 예를 들어, 계약 체결 일자, 공사 완료 일자, 미지급된 잔금의 금액 등을 포함해야 합니다.

- 청구 원인 예시:
  - 원고는 2023년 11월 4일 피고와 주택 공사 계약을 체결하였고, 2024년 5월 30일 공사를 완료하였습니다. 그러나 피고는 공사 잔금 10,000,000원을 지급하지 않고 있습니다.

6. 입증 방법:
- 청구 원인을 입증할 수 있는 서류나 증거를 제공해 주세요. 예를 들어, 계약서, 공사 완료 증명서, 미지급 잔금에 대한 청구서 등을 첨부하면 됩니다.
- 입증 방법 예시:
  - 계약서 사본 1부
  - 공사 완료 증명서 1부
  - 미지급 잔금 청구서 1부

위 질문들에 답변해 주시면 소장을 작성하겠습니다. 추가로 필요한 정보가 있다면 계속해서 질문 드리겠습니다.

챗GPT는 사용자가 제공하는 정보를 바탕으로 소장을 작성하기 때문에 최대한 많은 정보를 제공해야 합니다. 정보가 부족하거나 불분명하면 챗GPT가 작성한 소장도 불충분하거나 불명확한 정보로 오류가 발생할 가능성이 높아집니다. 여기서는 챗GPT의 질문에 대해 간단한 정보만 제공해 보았습니다.

1. 사건명: 공사 대금 청구 소송
2. 원고 홍길동 주소 광주 123456-7890121
3. 피고 김철수 주소 서울 123456-7890122
4. 청구 취지: 피고는 원고에게 50,000,000원 및 이에 대하여 소장 부본 송달 다음 날부터 다 갚는 날까지 연 12%의 비율로 계산한 돈을 지급하라.
5. 청구 원안: 원고는 2023년 11월 4일 피고와 주택 공사 계약을 공사 대금 2억원에 체결하였습니다. 원고는 2024년 5월 30일경 공사를 완료하였습니다. 그러나 피고는 공사 잔금 50,000,000원을 지급하지 않고 있습니다.
6. 공사 도급 계약서, 내용증명

소장 작성에 필요한 기본 정보를 확인하였습니다. 소장을 작성하기 전에 몇 가지 추가 질문을 통해 더욱 구체적인 정보를 파악하고자 합니다.

1. 계약 체결 및 공사 완료 관련 추가 정보:
- 계약 체결 시 작성된 공사도급계약서의 주요 내용(예: 공사의 범위, 일정, 조건 등)을 간략히 설명해 주시겠습니까?
- 공사가 완료된 사실을 입증할 수 있는 추가적인 자료가 있습니까? 예를 들어, 공사 완료 보고서, 현장 사진, 감리 보고서 등

2. 내용증명 발송 관련 정보:
- 피고에게 발송한 내용증명의 발송일자 및 주요 내용은 무엇입니까? (예: 잔금 지급 요청, 지급 기한 등)
- 내용증명 발송 후 피고의 반응이나 답변이 있었습니까?

3. 기타 입증 서류:
- 계약서와 내용증명 외에 추가적으로 제출할 수 있는 서류나 증거가 있습니까? 예를 들어, 공사 대금 지급 요구서, 공사 진행 상황 관련 문서 등.

위 질문에 답변해 주시면 더욱 구체적이고 명확한 소장을 작성하는 데 도움이 될 것입니다. 감사합니다.

1. 2023년 11월 4일 공사 도급 계약을 체결, 20평 주택을 2024년 5월말까지 공사하기로 계약, 준공 서류 있음
2. 공사 완료 후 2024년 6월 10일경 공사 대금 잔금 50,000,00원을 지급하여 달라는 내용증명을 보냄. 피고는 주택 공사의 하자 보수를 요구하면서 공사 대금 지급을 거절하고 있음

제출해 주신 정보를 바탕으로 소장을 작성하겠습니다. 아래는 작성된 소장 초안입니다.

소 장

원고: 홍길동

주민등록번호: 123456-7890121
주소: 광주광역시
연락처: 010-1234-5678

피고: 김철수
주민등록번호: 123456-7890122
주소: 서울특별시
연락처: 010-8765-4321

사건명: 공사 대금 청구 소송

청 구 취 지

1. 피고는 원고에게 50,000,000원 및 이에 대하여 소장 부본 송달 다음 날부터 다 갚는 날까지 연 12%의 비율로 계산한 돈을 지급하라.
2. 소송 비용은 피고가 부담한다.
3. 제1항은 가집행할 수 있다.
라는 판결을 구합니다.

청 구 원 인

1. 계약 체결 및 공사 완료 사실

원고는 2023년 11월 4일 피고와 주택 공사 계약을 공사 대금 200,000,000원에 체결하였습니다. 계약 내용에 따르면, 원고는 20평 주택을 2024년 5월 말까지 완공하기로 하였고, 이에 따라 공사를 진행하였습니다.

원고는 2024년 5월 30일경 공사를 완료하였으며, 준공 서류를 제출하였습니다.

2. 잔금 지급 요청 및 피고의 거부

원고는 2024년 6월 10일경 피고에게 공사 대금 잔금 50,000,000원을 지급해달라는 내용증명을 발송하였습니다.

그러나 피고는 주택 공사의 하자 보수를 요구하면서 공사 대금 지급을 거절하였습니다.

3. 법적 근거 및 청구의 이유

피고의 하자 보수 요구는 정당한 근거 없이 공사 대금 지급을 지연시키기 위한 것으로 판단되며, 이에 따라 원고는 피고에게 미지급된 잔금 50,000,000원을 지급받아야 할 법적 권리가 있습니다.

입증 방법

1. 공사 도급 계약서 사본 1부
2. 공사 완료 준공 서류 1부
3. 내용증명 발송 확인서 1부

첨부 서류

1. 소송 비용(인지, 송달료) 납부서 각 1부
2. 위 입증 서류 각 1통
3. 소장부본

2024년 . .

원고 홍길동 (서명 또는 날인)

법원 귀중

이 소장 초안이 귀하의 요구 사항에 부합하는지 검토해 주시고, 수정이나 추가 정보가 필요한 부분이 있다면 알려주시기 바랍니다.

사용자가 제공한 정보가 매우 제한적임에도 챗GPT가 어느 정도 완성된 소장을 작성하였습니다. 만약 소장에 잘못한 내용이 있거나 오류가 발견된다면, 피드백을 통해 수정을 요구하거나 내용의 삭제를 요구하면 됩니다. 또는 챗GPT의 맨 마지막 답변 아래 메뉴 중 [응답 다시 생성하기]를 클릭해 답변을 다시 생성하는 것도 하나의 방법입니다. 챗GPT는 사용자의 질문에 동일한 답변을 하지 않기 때문에 답변을 다시 생성하면 달라진 답변을 받을 수 있습니다.

"이 소장 초안이 귀하의 요구사항에 부합하는지 검토해 주시고, 수정이나 추가 정보가 필요한 부분이 있다면 알려주시기 바랍니다."

지금 번역하기

응답 다시 생성하기

완성도 높은 소장은 사용자가 챗GPT에게 얼마나 상세하고 충분한 정보를 제공하느냐에 달려 있습니다. 따라서 소장의 기본적인 내용은 비슷할지라도 제공하는 정보에 따라 세부적인 내용이 달라질 수 있습니다.

Chapter 12

답변서 작성하기

답변서는 원고의 소장에 대해 자신의 입장을 밝히는 반박 문서로, 앞서 살펴봤던 소장을 작성할 때와 마찬가지로 사용자와의 질의응답이 큰 영향을 미칩니다. 이번 챕터에서는 답변서란 무엇이며 형식은 어떠한지를 파악하고 챗GPT를 활용해 답변서를 작성하는 방법을 안내합니다.

⚖️ 답변서란

민사에서 답변서란, 민사 소송에서 피고가 원고의 소장에 대해 자신의 입장을 밝히고 반박하는 문서입니다. 피고는 법원으로부터 소장부본을 송달받은 경우 30일 이내에 답변서를 제출하여야 합니다. 만일 30일 이내에 답변서를 제출하지 않으면 해당 사건은 변론 없이 선고 기일을 지정해 판결을 선고하는 무변론 판결 대상 사건이 됩니다. 이는 피고가 소송에서 다투지 않겠다는 의사로 해석되기 때문에 법원은 피고가 원고의 청구를 인정한 것으로 볼 수 있고 무변론 판결 선고를 합니다. 그러나 이 기간에 피고가 원고의 청구 내용을 다투는 답변서를 제출하면 판사는 기록을 검토하고 심리를 통한 재판을 시작하게 됩니다.

답변서에는 원고의 소장에 기재된 청구 취지와 청구 원인에 대한 구체적인 반박 내용을 적어야 합니다. 청구 취지에 대한 답변에는 원고의 청구를 인정하는지 또는 다투는지를 분명히 밝혀야 하고, 청구 원인에 대한 답변에는 원고가 소장에서 주장하는 사실을 인정하는지 또는 인정하지 않는지를 밝힙니다. 만약 인정하지 않는 사실에 관하여는 그 사유를 개별적으로 적어야 합니다.

답변서의 기본 양식은 대법원 홈페이지 [대국민 서비스 → 민원안내→ 양식 모음]에서 "답변서"를 검색해 다운받을 수 있습니다.

답변서 양식 다운받기(출처: www.help.scourt.go.kr)

답변서의 기본 양식은 다음과 같습니다.

답변서 양식

답 변 서

사건번호 20   가
원 고 이 름
피 고 이 름

위 사건에 관하여 피고는 다음과 같이 답변합니다.

청구 취지에 대한 답변

원고의 청구를 기각한다.
소송 비용은 원고가 부담한다.

청구 원인에 대한 답변

20 . . .
피고   (날인 또는 서명)

OO 지방법원 귀중

⚖️ 챗GPT를 활용한 답변서 작성

이제 챗GPT를 활용해 답변서를 작성해 보겠습니다. 먼저 소장 파일을 준비해 챗GPT 채팅 창에 첨부합니다. 첨부할 소장의 내용은 다음과 같습니다.

소장

소 장

원 고 홍길동(800000-0000000)
        주소 서울
피 고 김철수(800000-0000001)
        주소 서울
대여금 청구의 소

청 구 취 지

피고는 원고에게 20,000,000원 및 이에 대하여 소장부본 송달 다음 날부터 다 갚는 날까지 연 12%의 비율로 계산한 돈을 지급하라.
소송 비용은 피고가 부담한다.
제1항은 가집행할 수 있다.
라는 판결을 구합니다.

청 구 원 인

원고는 2023년 3월 1일 피고에게 금 10,000,000원을 변제기 2023년 12월 31일로 정하여 대여하였습니다.
원고는 2023년 4월 10일 피고에게 금 10,000,000원을 변제기 2023년 12월 31일 정하여 대여하였습니다.

피고는 원고에게 2023년 12월 31일까지 20,000,000원을 변제하여야 함에도 이를 변제하지 않고 있습니다.

따라서 피고는 원고에게 20,000,000원 및 이에 대하여 소장부본 송달 다음 날부터 다 갚는 날까지 연 12%의 비율로 계산한 돈을 지급하여야 합니다.

입 증 방 법

1. 갑 제1호증   거래 내역서
1. 갑 제2호증   문자 메시지

첨 부 서 류

소송 비용 납부서 각 1부
위 입증 서류   각 1통
소장부본   1부

20 . . .
원고 홍길동 (날인 또는 서명)

서울중앙지방법원 귀중

이렇게 작성된 소장 파일을 챗GPT 채팅 창에 첨부하고 답변서 작성을 위한 프롬프트를 다음과 같이 입력합니다.

답변서 작성 프롬프트

 당신은 민사법에 대해 깊은 이해를 가지고 있는 변호사로서 법률 문서 작성 전문가입니다. 당신은 다양한 민사 소송을 수행해 본 경험이 있습니다. 소장의 주요 내용, 당사자 간의 관계 등을 종합적으로 파악하고 해당 사건에 최적의 방어 전략을 수립하는 답변서를 작성합니다.

당신은 답변서를 작성하기 위해 다음 절차를 수행합니다.

먼저 첨부된 소장의 세부 사항을 신중하게 분석하고 원고의 주장 등 주요 쟁점들을 파악합니다.

사용자가 제공한 [1] 정보를 기반으로 가능한 법적 방어 근거를 파악합니다.

사용자가 첨부한 소장에 반박하는 데 필요한 정보를 취득하기 위해 사용자에게 질문합니다.

사건의 배경과 주요 사실에 대해 질문합니다.

질문을 할 때는 항목에 따라 단계적으로 하고 구체적 예시를 제공합니다.

입증 방법을 확인하고 그 증거의 신뢰성과 적법성을 검토합니다.

사용자의 답변을 바탕으로 소장에서 제기된 각 쟁점을 다루는 구조화된 답변서를 작성합니다.

- 소장의 청구 내용과 주장에 대한 반박 및 법적 근거를 제시하여 답변서를 작성합니다.
- 답변서는 원고의 주장을 논리적으로 반박하고 모든 증거를 제공해야 합니다.
- 답변서는 첨부된 답변서 형식으로 작성합니다.

[1] 실제로 돈을 빌린 것은 맞으나 빌린 돈을 갚는 대신 원고의 친구에게 제 차의 소유권을 이전하였습니다.

[소장 파일 첨부] [답변서 양식 파일 첨부]

 답변서를 작성하기 위해 다음 절차를 따르겠습니다. 먼저 소장의 내용을 분석하고, 사용자가 제공한 정보를 바탕으로 필요한 추가 정보를 요청한 후 이를 바탕으로 구조화된 답변서를 작성하겠습니다.

소장의 주요 내용 분석

소장의 주요 내용은 다음과 같습니다.

- **사건 번호**: [정보 없음]
- **원고**: 홍길동 (주소: 서울)
- **피고**: 김철수 (주소: 서울)

- **청구 취지**:

1. 피고는 원고에게 20,000,000원 및 이에 대하여 소장 부본 송달 다음 날부터 다 갚는 날까지 연 12%의 비율로 계산한 돈을 지급할 것

2. 소송 비용은 피고가 부담할 것

3. 제1항은 가집행할 수 있다는 판결을 구함

- **청구 원인**:

1. 원고는 2023년 3월 1일 피고에게 10,000,000원을 변제기 2023년 12월 31일로 정하여 대여함

2. 원고는 2023년 4월 10일 피고에게 10,000,000원을 변제기 2023년 12월 31일로 정하여 대여함

3. 피고는 원고에게 2023년 12월 31일까지 20,000,000원을 변제하여야 하나 변제하지 않음

4. 따라서 피고는 원고에게 20,000,000원 및 이에 대하여 소장 부본 송달 다음 날부터 다 갚는 날까지 연 12%의 비율로 계산한 돈을 지급하여야 함

질문

1. 원고의 친구에게 차량 소유권을 이전하였다는 사실을 증명할 수 있는 서류나 증거가 있습니까? (예: 차량 소유권 이전 증명서, 계약서 등)

2. 원고의 친구와의 거래 내역이나 이를 증명할 수 있는 증거가 있습니까? (예: 문자 메시지, 이메일, 기타 서류)

3. 차량의 현재 소유주가 원고의 친구임을 확인할 수 있는 자료가 있습니까?

4. 차량의 소유권 이전이 대여금 변제를 위한 것이었음을 증명할 수 있는 증거가 있습니까?

이 질문들에 대한 답변을 바탕으로 답변서 초안을 작성하겠습니다. 필요한 정보와 증거를 제공해 주시면 답변서 작성이 원활히 진행될 수 있습니다.

답변서 초안

아래는 제공된 답변서 양식을 기반으로 작성된 답변서 초안입니다.

답변서

사건번호: 20 가

원 고: 홍길동
피 고: 김철수

위 사건에 관하여 피고는 다음과 같이 답변합니다.

청구 취지에 대한 답변
1. 원고의 청구를 기각한다.
2. 소송 비용은 원고가 부담한다.

청구 원인에 대한 답변
1. 원고가 주장한 2023년 3월 1일 및 2023년 4월 10일 대여 사실은 인정한다.
2. 피고는 원고에게 대여금 20,000,000원을 갚기 위하여 원고의 친구에게 피고 소유의 차량을 이전하였다.
3. 이에 따라 대여금 변제 의무는 차량 소유권 이전으로 종결되었다.
4. 차량 소유권 이전 사실을 증명할 수 있는 관련 서류를 첨부한다(첨부 서류 목록 및 설명).

첨부 서류:
1. 차량 소유권 이전 증명서
2. 원고 친구와의 거래 내역 증명 서류
3. 기타 증거 자료

20 ...

피고: 김철수 (날인 또는 서명)

○○ **지방법원 귀중**

위 초안을 바탕으로 추가 정보 및 증거를 제공해 주시면 최종 답변서를 완성하겠습니다.

1. 원고의 친구에게 차량 소유권을 이전하였다는 차량등록증이 있습니다.
2. 원고가 돈을 변제하는 대신 원고의 친구에게 제 차량을 이전하라고 하였습니다.

 주신 정보를 바탕으로 답변서를 아래와 같이 작성했습니다.

답변서

사건번호: 20 가

원고: 홍길동
피고: 김철수

위 사건에 관하여 피고는 다음과 같이 답변합니다.

청구 취지에 대한 답변
1. 원고의 청구를 기각한다.
2. 소송 비용은 원고가 부담한다.

청구 원인에 대한 답변
1. 원고가 주장한 2023년 3월 1일 및 2023년 4월 10일 대여 사실은 인정한다.
2. 피고는 원고에게 대여금 20,000,000원을 갚기 위하여 원고의 지시에 따라 원고의 친구에게 피고 소유의 차량을 이전하였다.
3. 피고는 원고의 지시에 따라 원고의 친구에게 차량 소유권을 이전함으로써 대여금 변제 의무를 종결하였다.
4. 차량 소유권 이전 사실을 증명할 수 있는 차량등록증을 첨부한다.

첨부 서류:
1. 차량 소유권 이전 증명서 (차량등록증)
2. 원고가 돈을 변제하는 대신 차량을 이전하라고 지시한 것을 증명할 수 있는 문자 메시지 또는 이메일 등

20 . . .

피고: 김철수 (날인 또는 서명)

○○지방법원 귀중

이 답변서를 제출하기 전에 몇 가지를 확인하고 싶습니다.

1. 원고의 지시가 문자 메시지나 이메일 등으로 기록되어 있습니까? 만약 있다면,
   해당 증거 자료를 첨부할 수 있습니다.
2. 차량등록증 사본을 준비해 주시면 최종 답변서에 첨부할 수 있습니다.

해당 사항들을 확인해 주시면 최종 답변서를 제출하도록 하겠습니다.

1. 원고가 차량을 이전하라는 문자 메시지는 있습니다.
2. 차량등록증 사본이 있습니다.

제공해 주신 추가 정보를 바탕으로 최종 답변서를 작성하겠습니다.

답변서

사건번호: 20 가

원 고: 홍길동
피 고: 김철수

위 사건에 관하여 피고는 다음과 같이 답변합니다.

청구 취지에 대한 답변
1. 원고의 청구를 기각한다.
2. 소송 비용은 원고가 부담한다.

청구 원인에 대한 답변
1. 원고가 주장한 2023년 3월 1일 및 2023년 4월 10일 대여 사실은 인정합니다.

위 내용으로 답변서를 제출하시면 됩니다. 필요 서류들을 준비하시고, 아래 형식에 맞추어 답변서를 작성 및 제출하시면 됩니다.

혹시 추가적으로 도움이 필요하신 부분이나, 다른 문의 사항이 있으시면 언제든지 알려 주시기 바랍니다.

이처럼 챗GPT를 사용해 답변서를 작성하면 소장의 주요 내용을 분석한 후 관련 법률, 판례, 법적 용어 등을 빠르게 이해할 수 있습니다. 또, 문법적으로도 올바르고 매끄러운 문장을 작성해 전문적이고 신뢰성 있는 문서를 작성할 수 있습니다. 다만 복잡한 사건이라면 모든 상황과 맥락을 이해하고 적절히 반영하기 어려울 수 있으므로 사건의 상세한 맥락을 충분히 설명해야 합니다.

Chapter 13

계약서 검토하기

계약서는 누구나 일상에서 접할 수 있는 법률 문서이자 분쟁 시 명확한 증거 자료
입니다. 챗GPT를 활용한 계약서 검토는 사용자가 제공하는 계약서 초안을 바탕으
로 계약서의 조항과 내용을 체계적으로 분석하는 방법입니다. 챗GPT는 계약서의
각 조항을 검토하고, 법적 문제점이나 리스크를 식별하며, 필요한 수정 사항을 제
안합니다.

⚖️ 계약이란

계약은 당사자 간의 약속으로, 쌍방이 의사가 합치되면 성립됩니다. 예를 들어, 갑이 아파트를 팔고 을이 아파트를 매수한다면, 두 사람은 아파트 매매 계약의 중요 부분을 협의하고 합의하게 됩니다. 이 합의가 이루어지면 부동산 매매 계약이 성립하게 됩니다.

계약은 법률 행위를 할 수 있는 당사자가 특정 목적 사항에 관하여 확정되고 실현 가능한, 적법한 경우에 효력이 발생합니다. 계약서란 이러한 계약 당사자 사이의 합의 사항을 기재한 서면으로, 당사자의 의사 해석의 기준이 되며 계약의 목적을 명확히 이해하는 데 도움이 됩니다. 또한, 계약서는 다툼이 발생했을 때, 예를 들어 소송이 제기되는 경우에 중요한 증거 자료가 되며 계약서의 존재 자체가 분쟁을 예방하는 역할을 합니다.

계약서는 명확하고 이해하기 쉽게 작성해야 합니다. 따라서 모호한 표현을 피하고 명확한 용어를 사용해야 합니다. 예를 들어 "적절한 시기"보다는 "2024년 12월 31일까지"와 같이 구체적인 표현을 사용하는 것이 좋습니다. 어려운 용어를 사용해 복잡하게 작성하면 후일 해석을 둘러싸고 분쟁이 발생할 가능성이 크므로 누구나 이해할 수 있게 작성해야 합니다.

계약서는 모든 중요한 사항이 빠짐없이 기재되어 있어야 합니다. 완전성이 보장되지 않으면 계약 당사자 간에 오해나 분쟁이 발생할 수 있습니다. 따라서 계약의 목적, 범위, 기간, 조건, 의무와 권리, 대가, 해지 조건, 위약금 등 기타 중요한 조항 등을 명확하고 구체적으로 작성해야 합니다.

또 한 가지 중요한 것은 일관된 용어 사용입니다. 불분명한 용어는 정의를 통해 의미를 분명하게 해야 합니다. 예를 들어 "갑은 을에게 용역을 제공하고, 을은 갑에게 대가를 지급한다."와 같은 문장에서 "본 계약에서 '용역'은 마케팅 서비스 제공을 의미하며, '대가'는 서비스 제공에 대한 금전적 보상을 의미한다."와 같이 "용역"과 "대가"를 정의합니다.

계약서 작성 후에는 법적 문제나 무효 조항이 있는지 확인하고 계약서에 명시된 의무와 조건이 실제로 이행 가능한지 확인해야 합니다.

⚖️ 챗GPT를 활용한 계약서 검토

계약서 검토를 위한 프롬프트를 작성할 때는 계약서의 목적, 주요 조건, 법적 의무, 권리 및 책임 등을 포함하여 앞서 살펴본 계약서 작성 방법을 지켰는지 확인할 수 있도록 구성해야 합니다.

계약서 검토 프롬프트

당신은 계약법에 대한 깊은 이해와 경험이 있는 계약법 전문 변호사입니다. 당신은 대형 로펌과 중소기업 법률 자문을 다수 경험했으며, 다양한 산업 분야에서의 계약서 검토와 작성 업무를 수행해 왔습니다. 당신은 복잡한 계약서의 내용을 빠르고 정확하게 분석하는 능력을 가지고 있습니다.
첨부된 계약서의 검토 및 분석 업무를 수행해 주세요.

당신은 다음 조건을 만족하는 답변을 해야 합니다.
- 객관적이고 중립적인 입장을 유지하고, 법적 기준과 사례에 근거한 평가를 제공합니다.
- 계약서에서 사용된 법적 용어와 정의가 일관성 있는지 검토합니다.
- 계약서 각 조항이 명확하고 분명하게 작성되었는지 검토합니다.
- 계약서에 포함되어야 할 모든 중요한 사항이 빠짐없이 기재되어 있는지 검토합니다. 이를 위해 산업별 또는 계약 유형별 필수 사항을 기준으로 합니다.
- 계약 당사자 간의 권리와 의무가 균형 잡히게 배분되어 있는지 확인합니다. 각 당사자의 권리와 의무를 나열하고 불균형이 발생할 수 있는 부분을 식별합니다.
- 계약서 각 조항의 잠재적인 문제점이나 리스크를 분석합니다.
- 계약 종료 후에도 당사자가 준수해야 할 의무가 명확하게 규정되어 있는지 확인합니다

공정거래위원회는 공정하고 투명한 거래를 촉진하기 위해 다양한 분야의 표준계약서 만들어 제공하고 있습니다. 공정거래위원회가 제공하고 있는 표준계약서 중 하나인 무인세탁소 표준 약관은 다음과 같습니다.

무인세탁소 표준 약관(출처: 공정거래위원회)

이 표준 약관을 첨부한 다음 계약서 검토를 위한 프롬프트를 적용하면 다음과 같습니다.

표준 약관 첨부한 계약서 검토 프롬프트

 당신은 계약법에 대한 깊은 이해와 경험이 있는 계약법 전문 변호사입니다. 당신은 대형 로펌과 중소기업 법률 자문을 다수 경험했으며, 다양한 산업 분야에서의 계약서 검토와 작성 업무를 수행해 왔습니다. 당신은 복잡한 계약서의 내용을 빠르고 정확하게 분석하는 능력을 가지고 있습니다.
첨부된 계약서의 검토 및 분석 업무를 수행해 주세요.

당신은 다음 조건을 만족하는 답변을 해야 합니다.

– 객관적이고 중립적인 입장을 유지하고, 법적 기준과 사례에 근거한 평가를 제공합니다.

– 계약서에서 사용된 법적 용어와 정의가 일관성 있는지 검토합니다.

– 계약서 각 조항이 명확하고 분명하게 작성되었는지 검토합니다.

– 계약서에 포함되어야 할 모든 중요한 사항이 빠짐없이 기재되어 있는지 검토합니다. 이를 위해 산업별 또는 계약 유형별 필수 사항을 기준으로 합니다.

– 계약 당사자 간의 권리와 의무가 균형 잡히게 배분되어 있는지 확인합니다. 각 당사자의 권리와 의무를 나열하고 불균형이 발생할 수 있는 부분을 식별합니다.

– 계약서 각 조항의 잠재적인 문제점이나 리스크를 분석합니다.

– 계약 종료 후에도 당사자가 준수해야 할 의무가 명확하게 규정되어 있는지 확인합니다.

[계약서(표준 약관) 첨부]

 첨부된 계약서를 검토한 결과는 다음과 같습니다.

각 조항의 명확성과 분명성

계약서의 각 조항은 비교적 명확하고 분명하게 작성되어 있습니다. 각 조항은 고객과 사업자 모두가 이해하기 쉽게 잘 구성되어 있으며, 특정 용어에 대한 정의도 포함되어 있어 혼동의 여지를 줄이고 있습니다.

포함되어야 할 중요한 사항

계약서에는 무인세탁소 운영과 관련된 중요한 사항이 전반적으로 잘 포함되어 있습니다. 주요 항목들은 다음과 같습니다.

- 목적: 계약의 목적과 범위를 명확히 정의하고 있습니다(제1조).

무인세탁소의 정의: 무인세탁소가 어떤 시설을 포함하는지 구체적으로 설명하고 있습니다(제2조).

- 사업자의 의무: 사업자가 준수해야 할 구체적인 의무 사항이 명시되어 있습니다(제3조).

- 고객의 의무: 고객이 지켜야 할 의무 사항이 상세히 기술되어 있습니다(제4조).

- 세탁 요금: 요금의 게시 및 지불 방법에 대한 규정이 명확히 명시되어 있습니다 (제5조).
- 손해 배상: 손해 배상에 대한 기준과 절차가 상세히 명시되어 있습니다(제6조, 제7조).
- 이용 요금의 환급: 환급 조건에 대한 내용이 포함되어 있습니다(제8조).
- 세탁물 회수: 회수하지 않은 세탁물의 처리 방법과 이에 대한 규정이 포함되어 있습니다(제9조).
- 약관의 해석: 약관 해석과 관련된 분쟁 해결 절차가 명시되어 있습니다(제10조).
- 관할 법원: 법적 분쟁이 발생할 경우 관할 법원을 명시하고 있습니다(제11조).

잠재적인 문제점 및 리스크
계약서에서 발견된 잠재적인 문제점과 리스크는 다음과 같습니다.

1. 책임의 한계 (제6조, 제7조):
- 고객의 과실로 인한 손해에 대해 사업자가 책임을 지지 않지만, 과실 여부 판단에 있어 분쟁이 발생할 가능성이 있습니다. 이 경우 명확한 증거 제시가 필요합니다.
- 손해 배상 기준은 비교적 명확하지만, 고객이 입증하지 못하는 경우 배상액이 제한될 수 있어 고객에게 불리할 수 있습니다.

2. 미회수 세탁물의 처분 (제9조):
- 세탁물 회수에 대한 고객의 인지 여부가 불명확할 경우 분쟁이 발생할 수 있습니다. 고객에게 명확히 알릴 수 있는 추가적인 조치가 필요할 수 있습니다.

3. 환급 및 보관료 (제8조, 제4조 ⑤항):
- 세탁물 보관 요청 시 보관료를 청구할 수 있으나, 보관료의 구체적인 기준이 명시되어 있지 않아 분쟁의 소지가 있습니다. 보관료에 대한 명확한 규정이 필요합니다.

4. 고객의 의무 (제4조):
- 고객이 세탁 방법을 충분히 이해하지 못한 경우 발생할 수 있는 문제를 방지하기 위해 더 구체적인 안내가 필요합니다. 특히, 세탁물의 재질에 따른 주의 사항을 명확히 고지할 필요가 있습니다.

5. 약관 변경 절차:
- 약관 변경 시 고객에게 어떻게 통지할지에 대한 구체적인 절차가 명시되어 있지 않습니다. 이를 명확히 할 필요가 있습니다.

6. 개인 정보 보호:
- 무인세탁소 이용 시 수집될 수 있는 고객의 개인 정보 보호에 대한 내용이 포함되지 않았습니다. 관련 법령에 따라 개인 정보 보호 조항을 추가하는 것이 좋습니다.

추가 고려사항
- **계약서의 갱신 및 수정 절차:**
계약서 변경 시 통지 방법과 절차를 명확히 규정하여, 고객이 약관 변경 사항을 충분히 인지할 수 있도록 해야 합니다.

이상으로 계약서 검토를 마치며, 추가적인 질문이나 수정 요청이 있으면 말씀해 주세요.

공정거래위원회가 작성한 표준 약관에 대해 챗GPT는 전반적으로 주요 사항을 잘 규정하고 있다고 평가하고 있습니다. 다만 일부 조항의 모호성을 지적하고 명확히 규정함으로써 잠재적인 분쟁을 예방할 수 있고 계약서의 완성도를 높일 수 있다는 조언을 하고 있습니다.

이처럼 챗GPT를 활용한 계약서 검토는 효율성과 비용 측면에서 많은 이점이 있습니다. 챗GPT는 짧은 시간 내에 많은 양의 문서를 분석하고 검토하는 것은 물론이며 기본적인 오류나 누락된 부분을 빠르게 찾아낼 수 있습니다. 그러나 복잡한 문맥이나 특정 법률 용어를 정확히 이해하지 못할 수 있고 문서의 맥락을 이해하는 데 한계가 있을 있을 수 있습니다. 또, 계약서에 포함된 민감한 정보가 유출되지 않도록 유의해야 합니다.

PART 4

법률 분야에서
챗GPT의 한계와 미래

Chapter 14

챗GPT의 도전과 과제

챗GPT는 훌륭한 법률 상담가이자 법률 전문가들의 보조 도구지만, 잘못 사용하면 오히려 독이 될 수 있는 도구이기도 합니다. 이번 챕터에서는 지금까지 살펴본 법률 서비스에 챗GPT를 적용했을 때의 이점과 함께 봐야 할 그 이면, 챗GPT의 한계와 유의사항을 다룹니다.

인공지능의 시대

인공지능의 발달은 우리의 삶을 크게 변화시키고 있습니다. 교육, 산업, 의학 그리고 법률도 포함되어 있습니다. 특히 법률 시장에서 챗GPT와 같은 대규모 언어 모델은 법률 상담, 문서 작성, 판례 분석 등 다양한 업무에 혁신을 가져오고 있습니다. 하지만 이러한 기술이 모든 법률 문제를 완벽히 해결할 수 있는 만능 도구는 아니며 아직까지는 그 한계도 분명합니다. 이 한계는 크게 다음 4가지로 정리할 수 있습니다.

1. 복잡한 법률 해석의 어려움

법률 문서는 고도로 전문화된 용어와 표현을 사용합니다. 이 용어들은 일상 언어와 달리 매우 구체적이고 특정한 의미를 가지는 동시에 다의적일 수 있습니다. 법률 용어는 상황에 따라 정의가 달라지고, 같은 용어라도 문맥에 따라 의미가 다를 수 있기 때문입니다. 챗GPT는 광범위한 데이터를 기반으로 훈련되었지만, 모든 법률 용어와 그 다양한 문맥을 완벽히 이해하는 데는 한계가 있습니다. 이는 법률 문서의 특수성과 복잡성 때문입니다. 법률 용어의 미세한 차이나 맥락을 이해하고 정확하게 해석하는 것은 현재의 챗GPT 기술로는 완벽히 수행하기 어렵습니다

2. 상황에 따른 맥락 이해 부족

법률 문제는 종종 특정한 맥락이나 배경에 따라 달라집니다. 이는 법률적 판단

이 단순히 법 조문에 따라 결정되지 않고, 사건의 모든 세부 사항을 고려하여 이루어지기 때문입니다. 두 사건이 유사해 보이지만, 각각의 사건에 적용되는 법률적 해석이나 판결은 다를 수 있습니다. 예를 들어, 동일한 계약 위반 사건이라도 계약의 성격, 당사자들의 의도, 계약 체결 당시의 상황 등에 따라 법률적 판단이 달라질 수 있습니다. 계약서의 문구가 명확하지 않으면 법원은 계약 체결 당시의 상황과 당사자들의 의도를 파악하여 판결을 내립니다. 하지만 챗GPT는 이러한 세부적인 맥락을 완전히 이해하고 반영하지 못하기 때문에 사용자에게 맞춤형 법률 조언을 제공하는 데 있어 한계로 작용합니다.

법률 자문은 사용자 맞춤형으로 제공되어야 합니다. 즉, 사용자의 상황과 필요에 따라 법률 조언이 달라질 수 있으나 챗GPT는 사용자의 구체적인 상황을 완벽히 이해하고 그에 맞춤형 조언을 제공하는 데 한계가 있습니다.

3. 실시간 업데이트의 어려움

법률은 지속적으로 변화합니다. 새로운 법률이 제정되고 기존 법률이 개정되며 판례는 계속해서 축적되고 변화합니다. 판례는 법률의 적용 방법과 범위를 구체화하기 때문에 이를 정확히 이해하고 반영하는 것이 중요합니다. 그러나 챗GPT는 특정 시점까지의 데이터를 기반으로 훈련되기 때문에 이러한 지속적인 변화를 실시간으로 반영하는 데 한계가 있습니다. 챗GPT와 같은 언어 모델은 대규모 데이터 세트로 훈련되며, 새로운 데이터를 추가로 학습시키는 과정은 매우 복잡하고 큰 비용이 듭니다. 따라서 새로운 법률 정보를 실시간으로 반영하려면 대규모 데이터 업데이트와 재훈련 과정이 필요하고 이는 기술적으로 매우 도전적인 과제입니다. 또, 실시간으로 데이터를 업데이트하는 것은 현재 기술 수준에서는 실현하기 어려운 부분이 많습니다.

법률 데이터는 단순히 법률 텍스트만을 포함하는 것이 아니라 법원의 판례, 법률 해석, 정부의 정책 변화 등 다양한 요소를 포함합니다. 이러한 데이터는 모두 공신력 있고 최신 정보를 포함해야 하는데, 이를 확보하는 것이 아직까지는 쉽지 않습니다. 다양한 법률 문서와 판례가 공개되지 않거나, 데이터 형식이 일관되지 않아 수집과 처리에 어려움이 따릅니다. 따라서 챗GPT를 사용하여 법률 자문을 받을 때는 이러한 한계를 인식하고 최신 법률 정보가 반영되었는지 검증하는 과정이 필요합니다.

4. 잘못된 법률 조언의 위험

챗GPT는 법률 전문가가 아니기 때문에 제공하는 정보나 조언이 정확하지 않을 수 있습니다. 방대한 양의 데이터를 기반으로 훈련되었지만, 법률 조항이나 판례의 세부 사항을 잘못 이해하거나 오해할 수 있으며, 그 결과 잘못된 정보를 제공할 수 있습니다. 잘못된 법률 조언은 법적 분쟁이나 불이익을 초래할 수 있습니다.

무엇보다 챗GPT는 법률 조언을 할 때 잘못된 법률 조항을 제시하거나 가상의 판례를 생성하는 경우가 종종 있어 사용자가 이를 실제 법률 정보로 오인할 우려가 큽니다. 실제 뉴욕의 변호사 스티븐 슈워츠Steven Schwartz가 개인 상해 소송에서 챗GPT를 사용해 판례를 검색하던 중 챗GPT가 만들어 낸 허구의 판례를 실재한다고 오인하고 법원에 제출하였다가 제재를 받은 사례가 있습니다. 또 다른 변호사 총 케Chong Ke 역시 가족법 사건에서 챗GPT가 만든 가상의 판례를 인용했다가 법원으로부터 벌금을 부과받기도 했습니다.

챗GPT가 만든 판례를 재판에 활용한 사례(출처: globalnews.ca)

이처럼 챗GPT가 잘못된 판례를 인용하거나 법률 조항을 오해하여 제공한 조언을 따른 사용자는 법적으로 불리한 상황에 처할 수 있습니다. 인공지능은 어디까지나 도구에 불과하며 도구를 사용한 사용자가 책임을 져야 하기 때문입니다. 따라서 챗GPT에게 법률 상담을 받을 때는 참고 자료로만 활용하고 답변을 항상 비판적으로 검토해야 하며 반드시 검증 절차를 수반해야 합니다.

이처럼 챗GPT는 법률 분야에서 혁신적인 도구로서 큰 잠재력을 가지고 있지만, 그 한계 역시 명확합니다. 복잡한 법률 해석, 맥락 이해, 실시간 업데이트, 최신 판례 적용, 잘못된 조언, 할루시네이션 등 다양한 도전 과제가 있습니다. 이러한 한계를 인식하고 보완하기 위한 방안을 모색하는 것이 중요합니다. 그러나 이러한 한계에도 챗GPT는 변호사의 업무를 보조하여 업무 효율성을 높이고 누구나 쉽게 인공지능으로 법률 서비스를 받게 될 것이라는 점은 분명합니다.

찾아보기